汽车传感器

QICHE
CHUANGANQI
RUMEN DAO JINGTONG
QUANTUJIE

入门到精通全图解

于海东　主编

U0808139

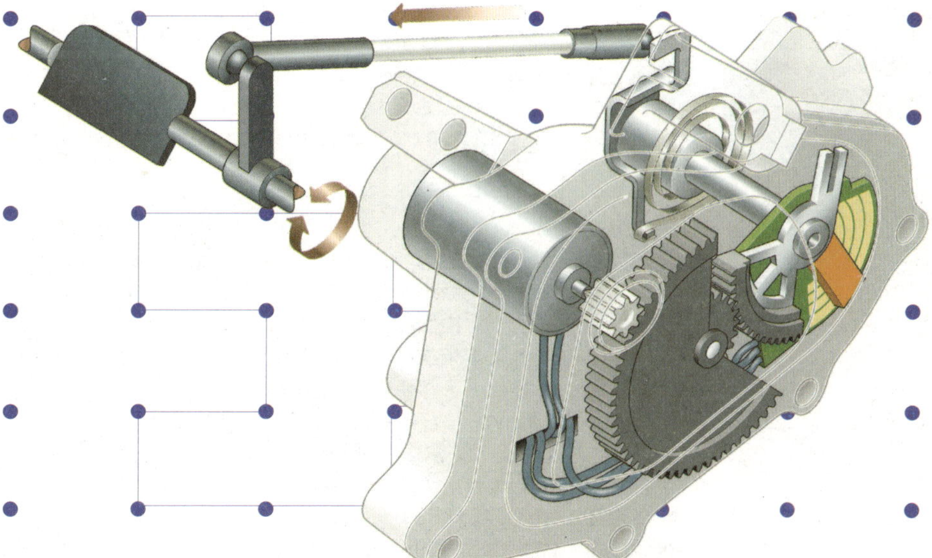

化学工业出版社
·北京·

本书从实际出发，系统、全面地介绍了目前在汽车上常用的传感器的分类、安装位置、工作原理、拆装及检测，并兼顾部分老旧车型的重要传感器。在内容编排上突出安装位置及检测方法。在本书的开篇将汽车常见系统传感器的安装位置及与正文对应的页码用彩色插图的形式直观地展现出来，方便广大读者朋友快速查找，找到需要查阅的内容。在传感器工作原理讲述过程中出现的电路原理图，均采用原厂原图绘制的方式保留线径、线色等汽车电路图基本特点，并增设附录，对电路图线径、线色等内容做详细介绍，有助于广大读者朋友全面理解传感器工作原理。

本书语言精练、通俗易懂，可供广大汽车维修从业人员使用，同时也可作为各汽车职业院校在校师生的辅助参考教材使用。

图书在版编目（CIP）数据

汽车传感器入门到精通全图解/于海东主编. —北京：化学工业出版社，2017.5（2020.1重印）

ISBN 978-7-122-29315-2

Ⅰ.①汽… Ⅱ.①于… Ⅲ.①汽车-传感器-图解 Ⅳ.①U463.6-64

中国版本图书馆CIP数据核字（2017）第055652号

责任编辑：周　红　　　　文字编辑：陈　喆
责任校对：吴　静　　　　装帧设计：尹琳琳

出版发行：化学工业出版社
（北京市东城区青年湖南街13号　邮政编码100011）
印　　装：高教社（天津）印务有限公司
710mm×1000mm　1/16　印张$12^3/_4$　字数240千字
2020年1月北京第1版第3次印刷

购书咨询：010-64518888
售后服务：010-64518899
网　　址：http://www.cip.com.cn
凡购买本书，如有缺损质量问题，本社销售中心负责调换。

定　　价：69.00元

版权所有　违者必究

前言
Foreword

近十年来随着现代电子技术的快速发展，产生了许多新的技术成就，并被广泛应用在汽车中。汽车电子电控系统在汽车中的应用比重越来越多。电子电控系统不仅从发动机控制系统逐步深入到底盘综合控制（空气悬架、制动控制、转向控制等）、车身安全舒适控制（四区独立空调、被动安全系统、智能进入许可等）、辅助驾驶控制（宝马车系碰撞警告、车道偏离/变更警告、交叉行驶警告、方向导向与堵车辅助系统等），而且还扩展至信息通信和车载多媒体等。

作为汽车电子电控系统感知元件的传感器更是被广泛地安装在汽车的各个部位。普通汽车上有几十种到近百种传感器，而部分豪华汽车上则更是安装了上百种传感器。目前车辆大多采用总线系统共享电子电控系统的“触角”——传感器的信息，所以传感器的好坏会直接影响到相关系统甚至整车性能。因此掌握汽车传感器的工作原理、安装位置、检测、拆装方法就变得至关重要。

快速发展的电子电控技术使得传感器的结构也在不断地改进，并逐渐淘汰了一些响应迟钝、信号不够精确的传感器，出现了各种新型传感器。

本书从实际出发，系统、全面地介绍了目前在汽车上常用的传感器的分类、安装位置、工作原理、拆装及检测，并兼顾部分老旧车型的重要传感器。在内容编排上突出安装位置及检测方法。在本书的开篇将汽车常见系统传感器的安装位置及与正文对应的页码用彩色插图的形式直观地展现出来，方便广大读者朋友快速查找，找到需要查阅的内容。在传感器工作原理讲述过程中出现的电路原理图，均采用原厂原图绘制的方式保留线径、线色等汽车电路图基本特点，并增设附录，对电路图线径、线色等内容做详细介绍，有助于广大读者朋友全面理解传感器工作原理。传感器检测环节选取具有代表性的车型，确保数据准确，但因检测环境、工具有差别，数据有所出入也在所难免，仅供读者朋友参考使用。

本书由于海东主编，参加编写的还有邓家明、廖苏旦、曹文治、罗文添、邓晓蓉、陈海波、刘青山、杨廷银、王世根、于梦莎、邓冬梅、邢磊、廖锦胜、谭强、谭敦才、潘晓杰、李颖欣、李娟、李杰、徐三军、曾伟。

本书可作为广大汽车维修从业人员的参考用书，同时也可作为各汽车职业院校在校师生的辅助参考教材使用。

由于我们水平有限，加之时间仓促，书中难免存在不足之处，敬请广大读者朋友批评指正。

编　者

Chapter 0

0 导引 汽车传感器安装位置 /001

Chapter 1

1 汽车传感器基础知识 /013

目录
CONTENTS

Chapter 4 流量传感器 /065

Chapter 5 位置与角度传感器 /083

Chapter 6

Chapter 7

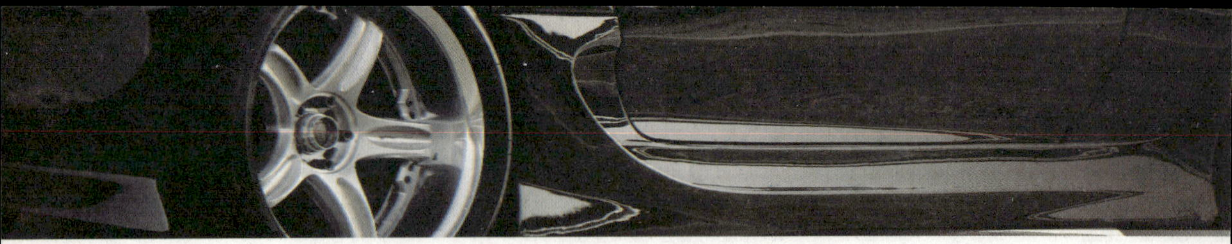

Chapter 8

8 爆震、碰撞传感器 /159

Chapter 9

9 其他传感器 /177

附录 汽车导线线径及颜色表示方法 /193

Chapter 0

导引 汽车传感器安装位置

0.1 汽车发动机传感器安装位置索引

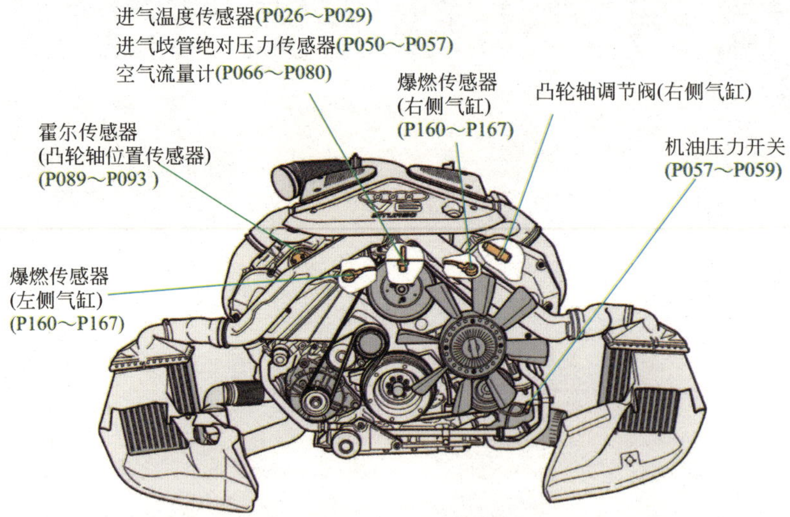

注意：V型发动机左右气缸的辨别，面向正时皮带（冷却风扇），右手边为右侧气缸，左手边为左侧气缸。相应的图示称为前视图；发动机飞轮/离合器一面称为后视图。

图0-1　发动机控制系统传感器安装位置（前视图）

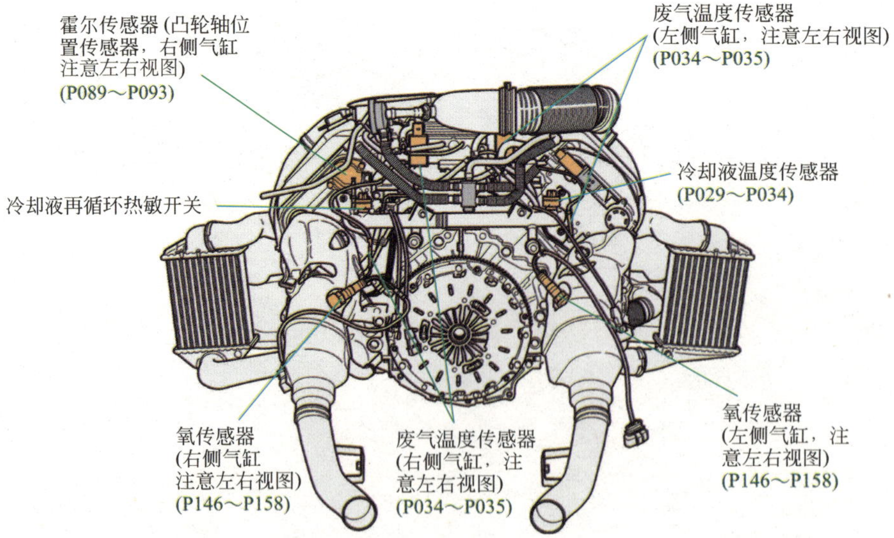

图0-2　发动机控制系统传感器安装位置（后视图）

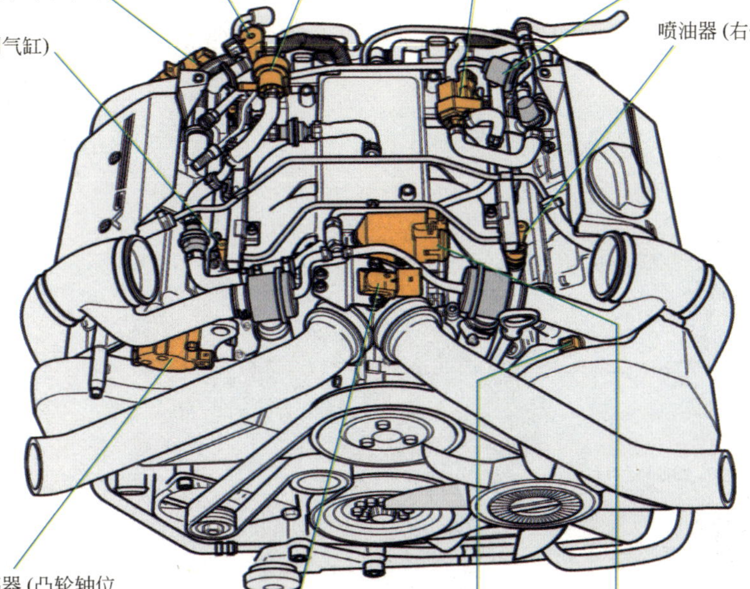

图0-3　发动机控制系统传感器安装位置（顶视图）

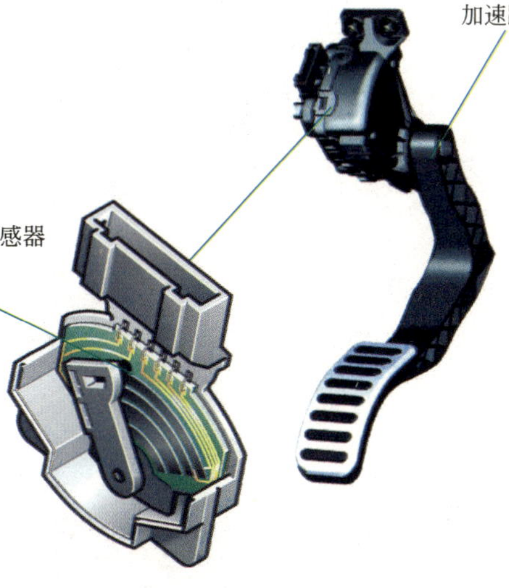

图0-4　加速踏板位置传感器安装位置

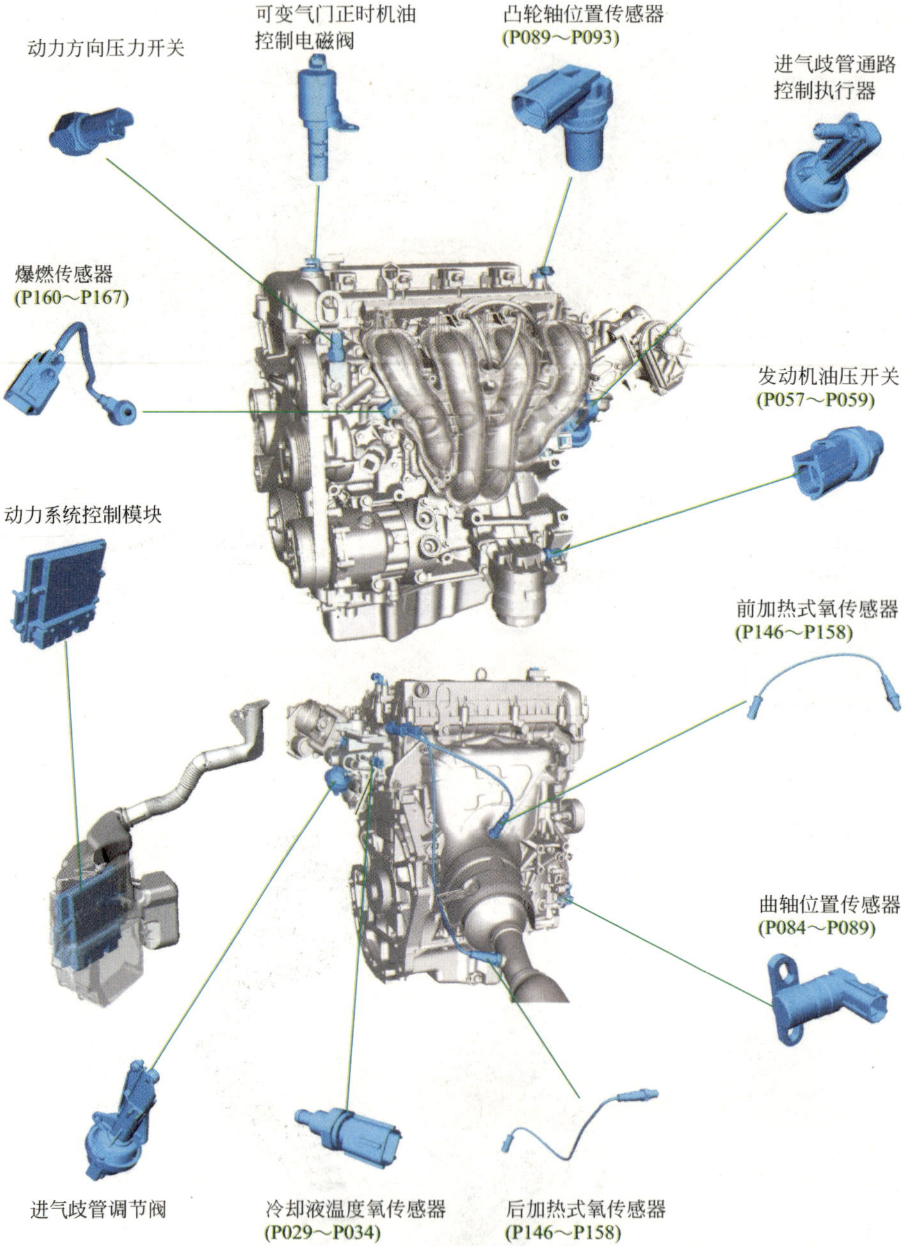

图0-5　发动机控制系统传感器安装位置（总图）

0.2 汽车底盘传感器安装位置索引

0.2.1 变速器控制系统（奥迪Q5 S teonic7速双离合器变速器挡位、行程、油温传感器）

（1）霍尔式挡位行程传感器（参考霍尔式凸轮轴位置传感器）

图0-6 霍尔式挡位行程传感器位置

（2）变速器输入轴转速传感器（参考P131 ~ P133霍尔式车速传感器）

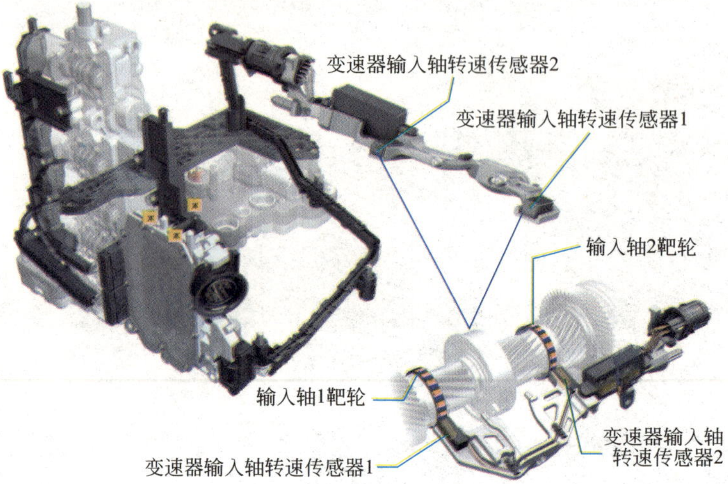

图0-7　变速器输入输出轴转速传感器

0.2.2　动态稳定系统（车轮转速传感器）

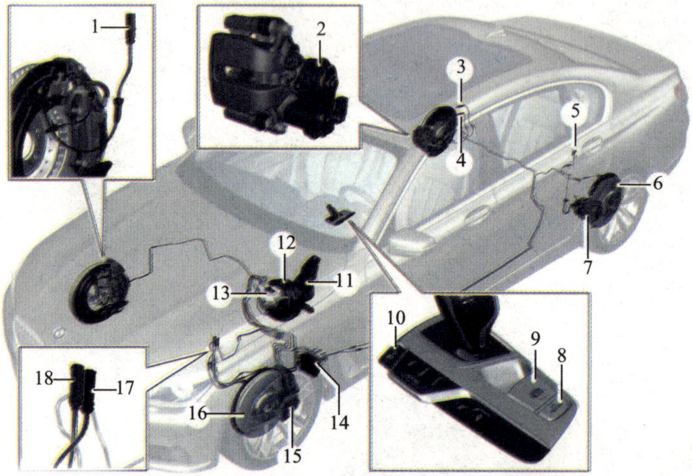

图0-8　车轮转速传感器安装位置

1—右前轮转速传感器（P135 ~ P144）；
2—电动机械式驻车制动器；
3—右后轮转速传感器（P135 ~ P144）；
4—右后制动摩擦片磨损传感器（P135 ~ P144）；
5—左后轮转速传感器及插接器（P135 ~ P144）；
6—左后轮制动器制动盘；
7—左后轮制动器制动钳；
8—自动驻车按钮；
9—驻车制动按钮；
10—DSC按钮；
11—踏板机构支撑座；
12—制动助力器；
13—制动液补液罐；
14—动态稳定控制系统DSC；
15—左前轮制动钳；
16—左前轮制动盘；
17—左前轮转速传感器（P135 ~ P144）；
18—左前轮制动摩擦片磨损传感器

0.2.3 转向系统（转向角度、转矩传感器）

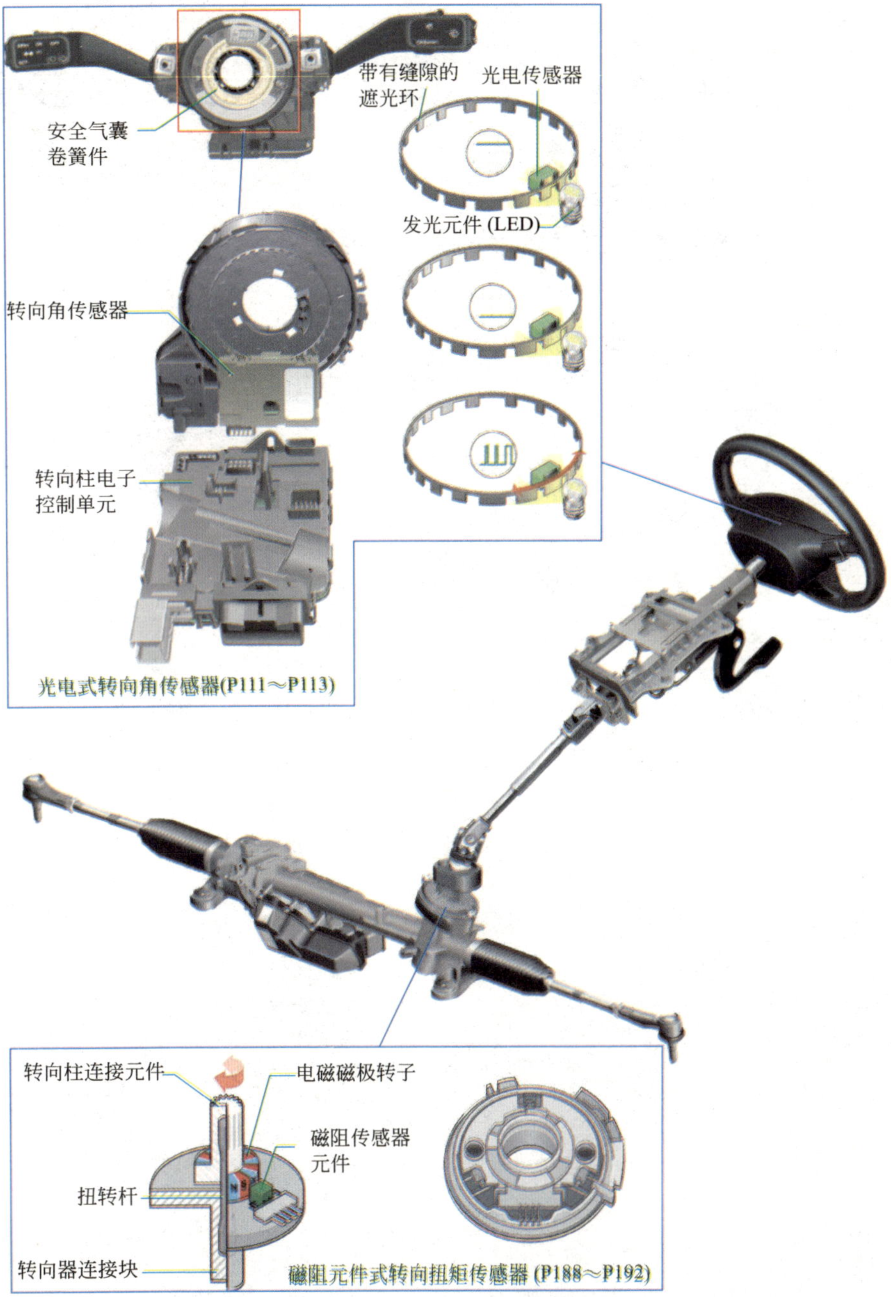

图0-9　转向角度、转矩传感器位置

0.3 汽车安全舒适系统传感器位置索引

0.3.1 电控悬架系统（车辆高度传感器）

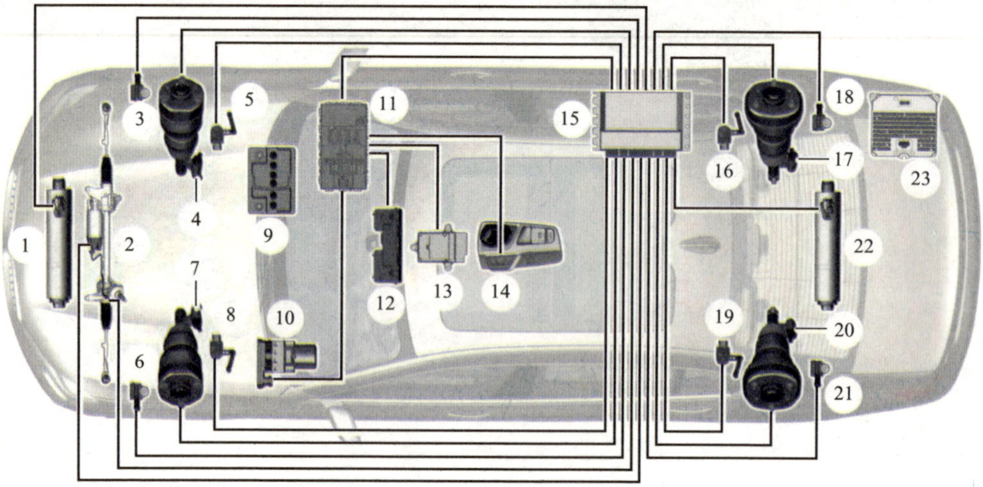

图0-10 车辆高度/加速度传感器安装位置

1—前桥电动主动式侧倾稳定杆；
2—电子助力转向系统EPS；
3—右前轮加速度传感器；
4—右前减震器调节装置调节阀；
5—右前车辆高度传感器（P105 ~ P110）；
6—左前轮加速度传感器；
7—左前减震器调节装置调节阀；
8—左前车辆高度传感器（P105 ~ P110）；
9—12V蓄电池；
10—动态稳定控制系统；
11—车身域控制器；
12—立体摄像机；
13—碰撞和安全模块；
14—驾驶体验开关；
15—垂直动态管理平台；
16—右后车辆高度传感器（P105 ~ P110）；
17—右后减震器调节装置调节阀；
18—右后车轮加速度传感器；
19—左后车辆高度传感器（P105 ~ P110）；
20—左后减震器调节装置调节阀；
21—左后车轮加速度传感器；
22—后桥电动主动式侧倾稳定杆；
23—电源控制单元PCU

0.3.2 主动式稳定杆系统（车轮加速度传感器）

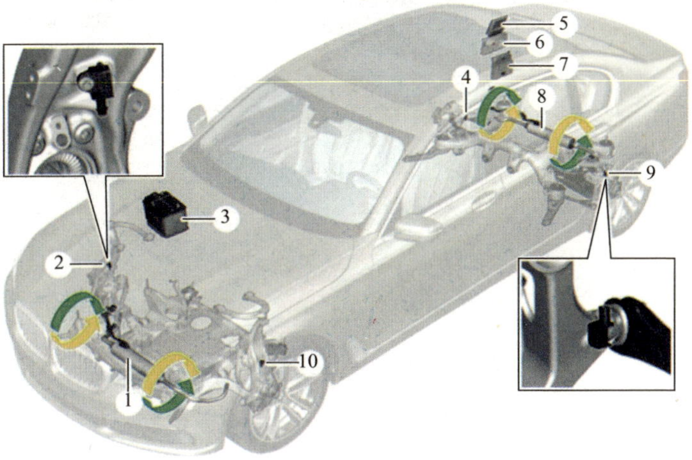

图0-11 车轮加速度传感器安装位置

1—前桥电动主动式侧倾稳定杆；
2—右前车轮加速度传感器（参考P170 ~ P173加速度式碰撞传感器）；
3—发动机室12V蓄电池；
4—右后车轮加速度传感器（参考P170 ~ P173加速度式碰撞传感器）；
5—垂直动态管理平台；
6—右后配电盒；
7—电源控制单元PCU；
8—后桥电动主动式侧倾稳定杆；
9—左后车轮加速度传感器（参考P170 ~ P173加速度式碰撞传感器）；
10—左前车轮加速度传感器（参考P170 ~ P173加速度式碰撞传感器）

0.3.3 安全气囊（碰撞传感器）

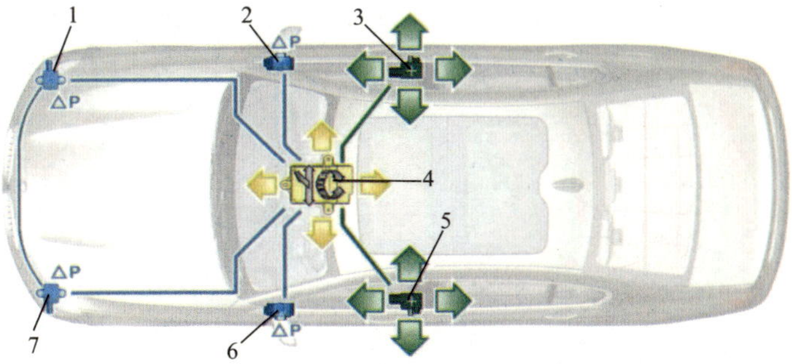

图0-12 碰撞传感器安装位置

1—右前碰撞传感器（P167 ~ P175）；
2—右侧B柱碰撞传感器（P167 ~ P175）；
3—右前车门内碰撞传感器（侧面碰撞传感器）（P167 ~ P175）；
4—SRS控制单元内的加速度传感器；
5—左前车门内碰撞传感器（侧面碰撞传感器）（P167 ~ P175）；
6—左侧B柱碰撞传感器（P167 ~ P175）；
7—左前碰撞传感器（P167 ~ P175）

0.3.4 轮胎压力监控系统（轮胎压力传感器）

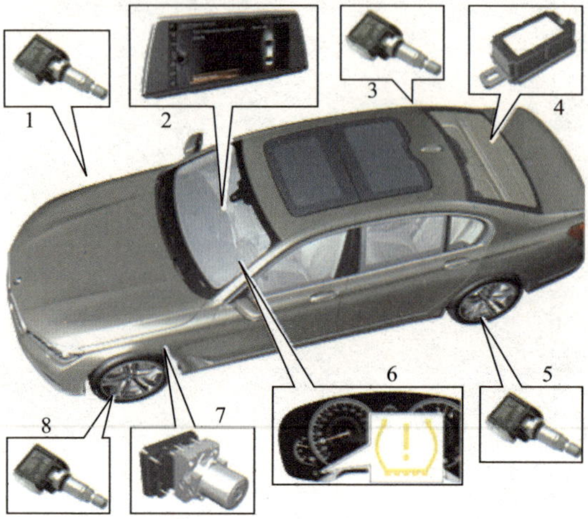

图0-13 轮胎压力监控传感器安装位置

1—右前车轮胎压监控传感器（车轮电子装置）（P062 ~ P063）；
2—中央信息显示器（可显示轮胎充气压力）；
3—右后车轮胎压监控传感器（车轮电子装置）（P062 ~ P063）；
4—遥控信号接收器；
5—左后车轮胎压监控传感器（车轮电子装置）（P062 ~ P063）；
6—组合仪表；
7—动态稳定控制系统DSC；
8—左前车轮胎压监控传感器（车轮电子装置）（P062 ~ P063）

0.3.5 超声波传感器（驻车距离监控系统）

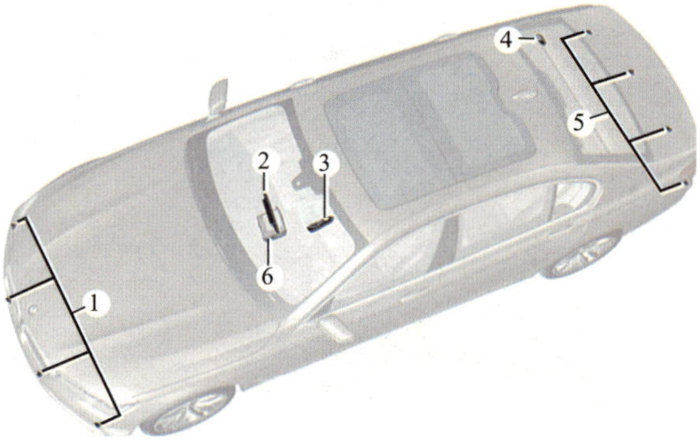

图0-14 超声波传感器安装位置

1—前部超声波传感器（驻车距离监控系统）（P184 ~ P185）；
2—中央信息显示屏；
3—操作单元；
4—驻车操作辅助系统控制单元；
5—后部超声波传感器（驻车距离监控系统）（P184 ~ P185）；
6—主控制单元

0.3.6 空调系统传感器安装位置

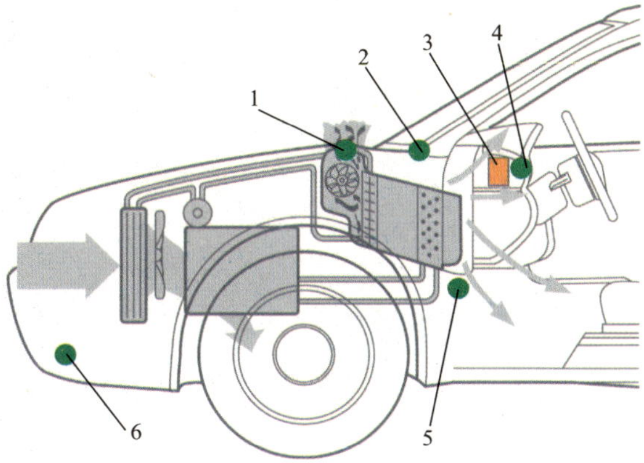

图0-15 空调系统传感器安装位置

1—新鲜空气进气通道温度传感器（参考P026 ~ P029）；
2—阳光强度传感器（P178 ~ P181）；
3—控制单元；
4—仪表板温度传感器（P040 ~ P044）；
5—脚坑出风口温度传感器（P040 ~ P044）；
6—车外温度传感器（P038 ~ P040）

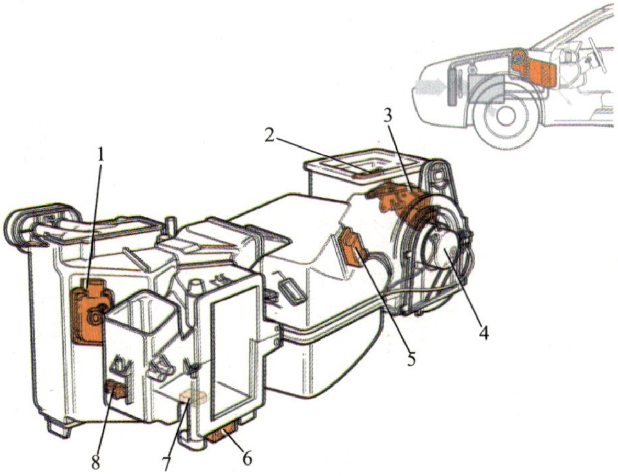

图0-16 空调器上传感器安装位置

1—脚坑/除霜翻板伺服电机；
2—新鲜空气进气通道温度传感器（参考P026 ~ P029）；
3—空气流量翻板和循环空气翻板伺服电机；
4—新鲜空气鼓风机；
5—新鲜空气鼓风机控制单元；
6—中央翻板伺服电机；
7—温度翻板伺服电机；
8—脚坑出风口温度传感器（P040 ~ P044）

Chapter 1

1 汽车传感器基础知识

1.1 汽车传感器作用与组成

1.1.1 作用

传感器是一种信号转换装置，它可以将非电信号转换为电信号，其主要作用是向汽车电脑提供运行的各种工况信息。汽车传感器过去单纯用于发动机上，现在已扩展到底盘、车身、灯光、电气、电控悬架等各个总成。

1.1.2 组成

传感器一般由敏感元件、转换元件和转换电路等组成。如图1-1所示。

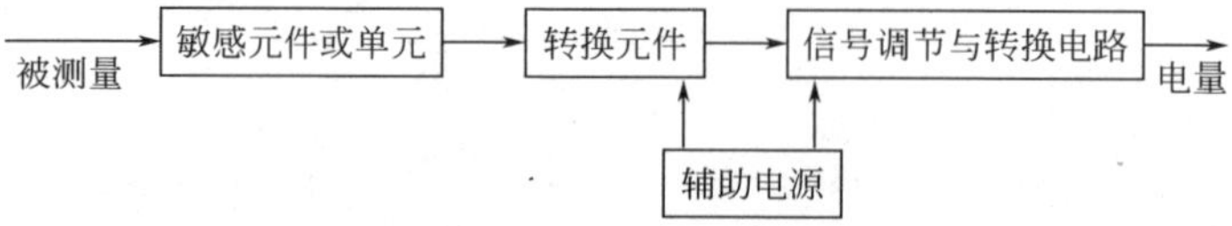

图1-1 传感器组成

敏感元件指直接感应或响应被测量，并输出被测量部分电信号的部件。

转换元件指传感器中能将敏感元件感受（或响应）的被测量部分转换成适合于传输和（或）测量的电信号部件。

转换电路的作用是把转换元件输出的信号转换为便于记录、处理、显示和控制的电信号。

1.2 汽车传感器分类

汽车传感器的种类很多，且一种被测参数可用多种不同类型的传感器来测量，而同一种传感器往往也可以测量多种被测参数。传感器的分类有多种方法，常见的分类方法如图1-2所示。

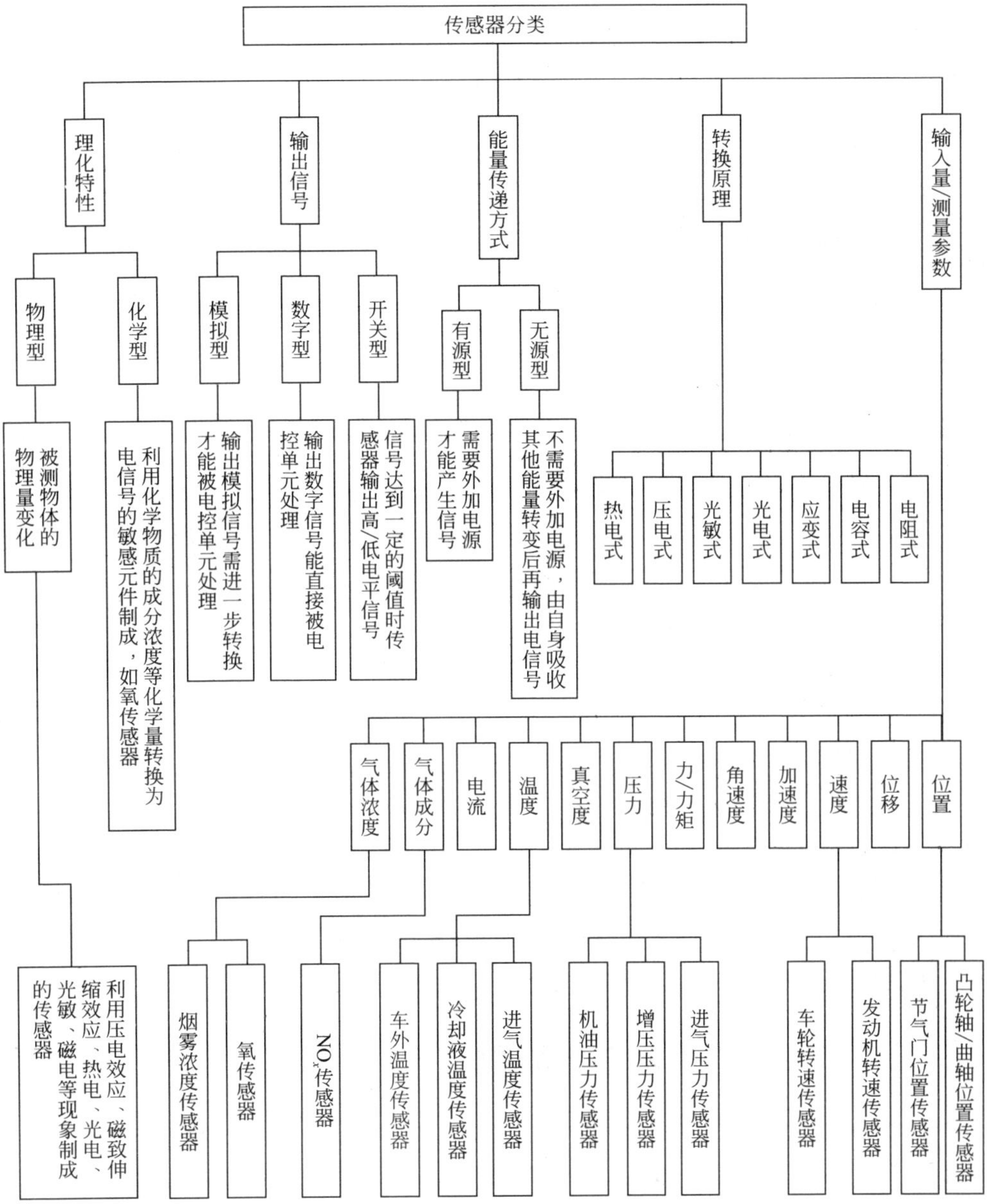

图1-2　传感器分类

1.3 汽车电控技术的基本原则

电子控制系统一般由三部分组成：传感器、执行机构和电子控制单元。

1.3.1 传感器

传感器是一种信号转换装置，它可以将非电信号转换为电信号，其主要作用是向汽车电脑提供运行的各种工况信息。

1.3.2 执行器

执行器又叫执行元件，其任务是根据电子控制单元输出的控制信号执行相应的动作，以实现某种预定的功能。按照构造可以分为四类：电磁阀式、机电式、继电器式、显示器式。

1.3.3 电子控制单元

电子控制单元就是俗称的电脑，或直接称为ECU，较早的汽车电子控制几乎是一个系统一个电子控制单元，随着汽车电子系统集成化，许多系统的电脑也整合在一起。例如原先的电子控制点火系统（ESA）、燃油喷射系统（MPI）、自动变速器系统（ECT），已经整合为动力控制单元（Power Control Module，PCM）。ECU对电控系统传感器输入的各种信息进行运算、处理、判断，然后输出指令，控制有关执行器动作，达到快速、准确、自动控制各系统工作的目的。

1.3.4 电控系统控制基本原则

以发动机控制系统为例。电子控制单元为系统核心，以空气流量计（或进气压力）和发动机转速为主要输入信号，以喷油器、点火控制模块、怠速控制阀等为主要控制对象。保证获得与发动机各种工况相匹配的最佳混合气成分和点火时刻。

1.4 传感器在汽车电控系统中的应用

1.4.1 传感器在发动机上的应用

发动机用传感器主要包括空气流量计、进气压力传感器、节气门位置传感器、曲轴位置传感器、凸轮轴位置传感器、进气/冷却液温度传感器、氧传感器、爆燃传感器等。

（1）空气流量计

L型电控燃油喷射系统使用。空气流量计安装在空气滤清器与节气门体之间，它用于测量空气流量。它能将吸入的空气量转换成电信号送至发动机ECU，作为决定喷油量的基本信号之一。

（2）进气压力传感器

D型电控燃油喷射系统使用。进气压力传感器检测的是节气门后方的进气歧管的绝对压力，它根据发动机转速和负荷的大小检测出进气歧管内绝对压力的变化，然后转换成信号电压送至ECU，ECU根据此信号电压的大小，控制基本喷油量的大小。

（3）节气门位置传感器

它安装在节气门体上，与节气门轴保持联动，进而反映发动机的不同工况。它是怠速控制、起步加速控制、急加速控制、急减速控制、断油控制、点火提前角控制及自动变速器换挡控制的主要信号传感器。

（4）曲轴位置传感器

曲轴位置传感器的作用是感知曲轴转角的位置，以确定活塞在气缸中往复运动的位置，作为喷油定时和点火正时的基准点。

（5）凸轮轴位置传感器

凸轮轴位置传感器又称为气缸识别传感器。凸轮轴位置传感器的功用是采集配气凸轮轴的位置信号，并输入ECU，以便ECU识别发动机某气缸（如一缸）上止点位置，从而进行顺序喷油控制、点火时刻控制和爆燃控制。

（6）温度传感器

主要检测冷却液温度、进气温度、排气温度等，将它们转换成电信号，从而控制喷油器开启时刻和持续时间。

（7）氧传感器

氧传感器安装在排气管上，通过检测汽车尾气中氧含量以及气缸中空燃比，向供油系统发出负反馈信号，以修正喷油脉冲，将空燃比调整到理论值，达到理想的排气净化效果。

（8）爆燃传感器

爆燃传感器安装在缸体上，向ECU输入气缸压力或发动机震动信号，经ECU处理后，控制点火提前角，抑制爆燃产生。

1.4.2 传感器在电控自动变速器上的应用

主要的传感器有节气门位置传感器、车速传感器、输入轴转速传感器、冷却液温度传感器、液压油温传感器等。

（1）节气门位置传感器

参见1.4.1。

（2）车速传感器

用于检测自动变速器输出轴的转速。电控单元根据车速传感器的信号计算车速，作为换挡控制的依据。

（3）输入轴转速传感器

输入轴转速传感器用于检测输入轴转速，并将信号送入ECU，使ECU更精确地控制换挡过程，以改善换挡感觉，提高汽车的行驶性能。

（4）冷却液温度传感器

当冷却液低于预定温度时，如果变速器换入超速挡，发动机性能及车辆乘坐的舒适性会受到影响。为了防止这种情况发生，在冷却液达到预定温度（例如105℃）以前，自动变速器不会换入最高挡。

（5）液压油温度传感器

用于检测自动变速器液压油的温度，作为自动变速器控制单元进行换挡控制、油压控制和锁止离合器控制的依据。

此外还包括各种开关信号，如空挡启动开关信号、强制降挡开关信号、行驶模式开关信号等。

1.4.3 传感器在ABS/ASR（防抱死控制/防滑控制）系统上的应用

ABS防抱死控制系统主要由车轮转速传感器、加速度传感器、ABS电子控制单元和执行器等组成。

（1）车轮转速传感器

车轮转速传感器用于检测车轮的转速，并将车轮的转速信号传给ABS电子控制单元。电控单元根据此信号计算汽车的参考车速、各车轮速度和减速度，确定各车轮的滑移率。

（2）加速度传感器（减速度传感器）

加速度传感器分为正加速度传感器和负加速度传感器，负加速度传感器也称为减速度传感器，又称G传感器。它一般应用于四轮驱动的汽车上，其作用是在汽车制动时，获得汽车减速度信号，从而识别是否是雪路、冰路等易滑路面。

1.4.4 传感器在安全气囊上的应用

安全气囊控制系统中常见的传感器有碰撞传感器。

按照用途的不同，碰撞传感器分为触发碰撞传感器和防护碰撞传感器。

（1）触发碰撞传感器

触发碰撞传感器也称为碰撞强度传感器，用于检测碰撞时的加速度变化，并将碰撞信号传给安全气囊ECU，作为安全气囊ECU的触发信号。

（2）防护碰撞传感器

防护碰撞传感器也称为安全碰撞传感器，它与触发碰撞传感器串联，用于防止安全气囊误爆。

1.4.5 传感器在巡航控制系统上的应用

巡航控制系统中常用的传感器有车速传感器和节气门位置传感器，分别见1.4.2和1.4.1相关内容。

1.4.6 传感器在全自动空调系统上的应用

全自动温度控制系统主要包括温度传感器、控制系统ECU、执行机构等。其中温度传感器有车外温度传感器、车内温度传感器、日照传感器（阳光强度传感器）和蒸发器温度传感器。

1.4.7 传感器在电控助力转向系统中的应用

电控助力转向系统中主要传感器为安装在方向盘柱上的转矩传感器和方向盘转角传感器。

（1）转矩传感器

转矩传感器不断地测出转向轴上的转矩信号，电控单元根据这些输入信号，确定助力转矩的大小和方向，即选定电动机的电流和转向，调整转向辅助动力的大小。

（2）方向盘转角传感器

方向盘转角传感器集成在方向盘下的时钟弹簧内，用来检测方向盘的中间位置、转动方向、转动角度和速度信号。这些信号用于电控助力转向、车辆稳定控制、电控悬架中。

1.4.8 传感器在电控空气悬架上的应用

电控空气悬架系统主要传感器有车身高度传感器、水平传感器、方向盘转角传感器、节气门位置传感器等。

（1）车身高度传感器

用来检测汽车垂直方向上高度的变化，其信号可使悬架控制单元感受到车辆高度变化，通过有关执行元件调整汽车车身高度。

（2）水平传感器

主要检测汽车是否处于水平状态，为电控悬架和大灯自动调平系统提供辅助信号。

1.5 传感器主要工作原理

1.5.1 电磁感应

电磁感应现象是指放在变化磁通量中的导体，会产生电动势。此电动势称为感应电动势或感生电动势。若将此导体闭合成一回路，则该电动势会驱使电子流动，形成感应电流（感生电流）。

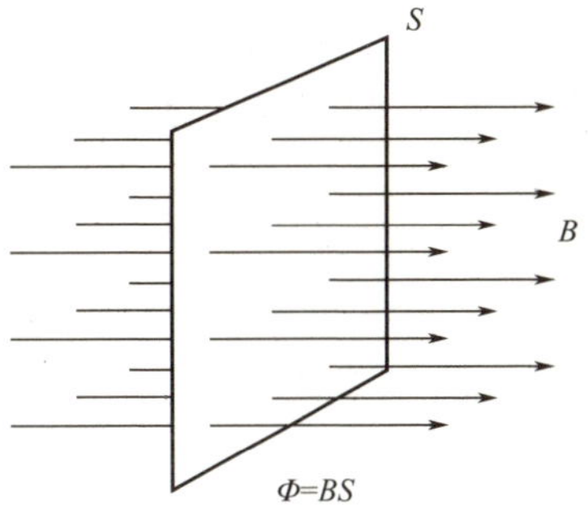

图 1-3　磁通量的概念

其中磁通量的概念可以按图1-3所示进行理解，假设在磁感应强度为B的匀强磁场中，有一个面积为S且与磁场方向垂直的平面，磁感应强度B与面积S的乘积，叫作穿过这个平面的磁通量，简称磁通，用符号“Φ”表示。磁通量发生变化，在线圈中将会产生感应电动势。

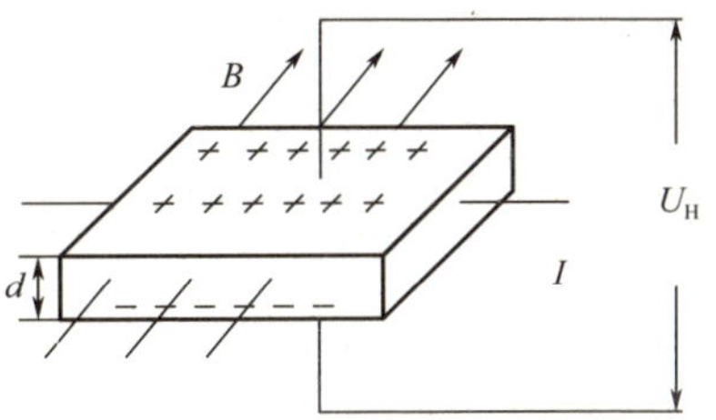

图 1-4　霍尔效应

1.5.2 霍尔效应

霍尔效应的原理如图1-4所示。当电流I通过放在磁场中的半导体基片（称为霍尔元件）且电流方向和磁场方向垂直时，在垂直于电流和磁通的半导体基片的横向侧面上产生一个电压，这个电压称为霍尔电压U_H。霍尔电压U_H的高低与通过的电流I和磁感应强度B成正比，可用下式表示。

$$U_H = \frac{R_H}{d} IB$$

式中　R_H——霍尔系数；

d——基片厚度；

I——电流；

B——磁场强度。

由上式可知，当通过的电流为一定值时，霍尔电压U_H则与磁场强度B成正比，即霍尔电压随磁场强度的大小而变化；同时也可看出，霍尔电压的高低与磁通的变化速率无关。

1.5.3 光敏效应

在光的照射下，某些物质内部的电子会被光子激发出来而形成电流，即光生电。这类光生电的现象被人们称为光敏效应。

1.5.4 压电效应

某些电介质在沿一定方向且受到外力的作用而变形时，其内部会产生极化现象，同时在它的两个相对表面上出现正负相反的电荷。当外力去掉后，它又会恢复到不带电的状态，这种现象称为正压电效应。当作用力的方向改变时，电荷的极性也随之改变。相反，当在电介质的极化方向上施加电场时，这些电介质也会发生变形；电场去掉后，电介质的变形随之消失，这种现象称为逆压电效应。

1.5.5 压阻效应

所谓压阻效应，就是在应力的作用下，半导体电阻发生改变的现象。半导体压阻传感器已经广泛地应用于航空、化工、航海、动力和医疗等行业。

1.5.6 磁阻效应

通过半导体元件的磁通量发生变化时，半导体元件的电阻会随之发生变化。该半导体元件被称为磁阻元件。

1.5.7 自感与互感

由线圈内部磁通量的变化而在线圈自身中产生感应电动势的现象称为自感。由自感产生的感应电动势称为自感电动势。

由一个线圈中的电流变化而使另一个线圈产生感应电动势的现象称为互感现象。由互感产生的感应电动势称为互感电动势。

1.5.8 焦耳定律

1841年英国物理学家焦耳发现载流导体中产生的热量Q（称为焦耳热）与电流I的平方、导体电阻R、通电时间t成正比，这个规律叫焦耳定律。

0
1
2
3
4
5
6
7
8
9

Chapter 2

2 温度传感器

2.1 温度传感器基础知识

目前温度传感器主要有热敏电阻式、金属热电偶、热电阻式三种。这三种类型传感器工作原理及特点简介如下。

（1）热敏电阻传感器

热敏电阻是用陶瓷半导体材料与其他金属氧化物按适当的比例混合后高温烧结而制成的温度系数很大的电阻体。在工作范围内，按陶瓷半导体与温度的特性关系可分为三种类型。

① 负温度系数（NTC）热敏电阻。在工作范围内，电阻值随温度升高而减小的热敏电阻，称为负温度系数热敏电阻，如图2-1中曲线1所示。

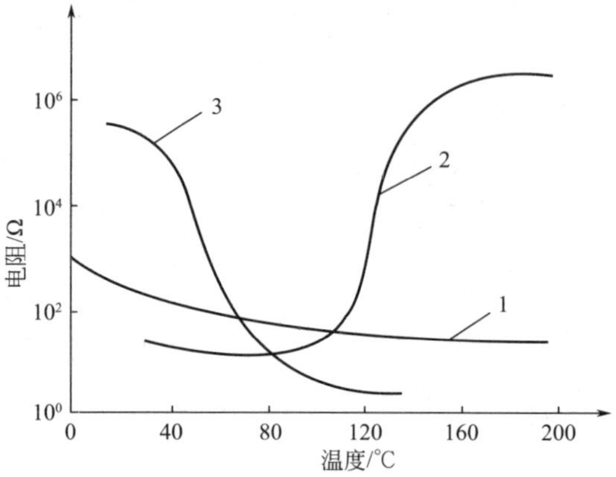

图2-1　热敏电阻的温度特性

1—负温度系数（NTC）;
2—正温度系数（PTC）;
3—临界温度系数（CTR）

② 正温度系数（PTC）热敏电阻。在工作范围内，电阻值随温度升高而增加的热敏电阻，称为正温度系数热敏电阻，如图2-1中曲线2所示。

③ 临界温度系数（CTR）热敏电阻。在临界温度时，电阻值随温度的增加发生锐减的热敏电阻，称为临界温度系数热敏电阻，如图2-1中曲线3所示。

临界温度系数热敏电阻具有很大的负温度系数，构成材料是钒、钡、锶、磷等元素氧化物的混合烧结体，是半玻璃状的半导体，也称CTR为玻璃态热敏电阻。

（2）金属热电偶温度传感器

将两种不同性质的金属导体A、B接成一个闭合回路，如果两接合点温度不相等，则在两导体间产生电动势，并且回路中有一定大小的电流存在，此现象称为热电效应。如图2-2所示。

（3）热电阻传感器

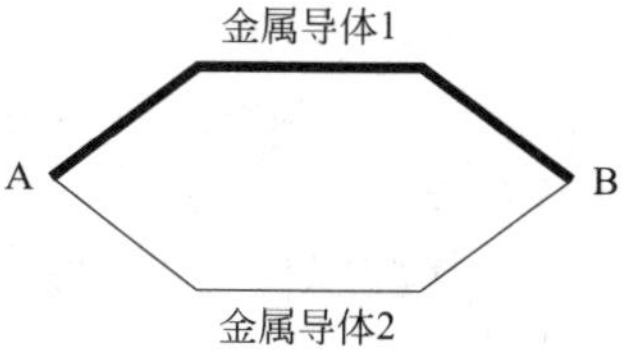

图2-2 热电效应原理

导体的电阻随温度变化的特性称为热阻效应。实验可知，大多数电阻在温度升高1℃时，其电阻值将增加0.4%～0.6%。热电阻的测量精度较高，温度特性稳定，且无热电偶的参照端误差。

热电阻材料通常为纯金属，广泛使用的是铂、铜、镍、铁等。

这三种典型的温度传感器的特点如表2-1所示。

表2-1 典型温度传感器的特点

测量用部件	优点	缺点
热敏电阻	① 可测量很小部位的温度 ② 可缩短滞后时间 ③ 灵敏度高 ④ 不能忽略导线电阻造成的误差 ⑤ 最适于测量微小的温度差 ⑥ 测量机构简单且价格低廉 ⑦ 因信噪比较高，所以对系统性计量工程来说经济性好	① 因电阻与温度间的非线性程度较严重，有时需要做线性处理 ② 有时需要互换用电阻 ③ 振动严重的场合可能会造成破坏
热电偶	① 可测定很小部位的温度 ② 可缩短滞后时间 ③ 耐振动与冲击 ④ 适于测定温度差 ⑤ 测定范围宽	① 需要标准触点 ② 标准触点与补偿导线有误差 ③ 在常温下，不注意修正时，难以得到较高的精度
热电阻	① 适于测定较大范围的平均温度 ② 不需要标准触点等 ③ 与热电偶相比，常温左右的精度较高	① 难以缩短滞后时间 ② 在振动严重的场所下可能出现破损 ③ 受导线电阻的影响，需要修正

在汽车上，绝大多数温度传感器使用的是负温度系数热敏电阻，热敏电阻式温度传感器灵敏度高、测量温差小、结构简单、价格低廉、经济性好，在汽车的电子控制系统中有着越来越广泛的应用。

2.2 发动机用温度传感器

2.2.1 发动机用温度传感器种类

发动机用温度传感器主要有发动机进气温度传感器、冷却液温度传感器、

EGR监测温度传感器以及排气温度传感器等。

冷却液温度传感器安装在发动机冷却液出水管上。ECU根据发动机的温度信号修正喷油时间和点火时间，从而使发动机工况处于最佳状态运行。

进气温度传感器安装在进气管路中。进气温度信号是各种控制功能的修正信号。

EGR监测温度传感器的作用是检测EGR阀下游的再循环气体的温度变化情况，由此来监测EGR阀的工作状况。

排气温度传感器用来检测转化器内排放气体的温度。

2.2.2 进气温度传感器

（1）安装位置识别

进气温度传感器通常在空气滤清器之后的进气软管上或空气流量传感器上，在部分涡轮增压发动机上与增压压力传感器集成在一起安装于涡轮增压器后方的增压进气管道上，如图2-3所示。有的还在空气流量传感器和谐振腔上各安装一个，以提高喷油量的控制精度。

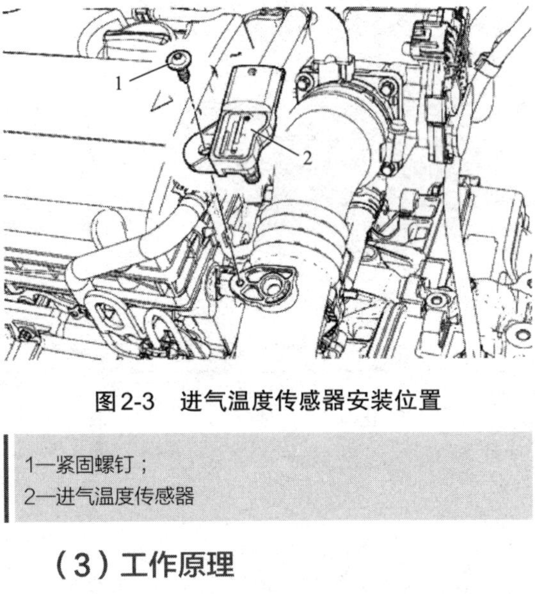

图2-3 进气温度传感器安装位置

1—紧固螺钉；
2—进气温度传感器

（2）作用

进气温度传感器的作用是测量进入进气歧管内气体的温度。在体积流量型进气系统中，电控单元（ECU）根据进气温度对喷油量进行修正，以获得最佳的空燃比。

（3）工作原理

进气温度传感器的结构如图2-4所示，主要由塑料外壳、防水插座、垫圈、热敏电阻等组成。

进气温度传感器采用负温度系数的热敏电阻作为检测元件，为准确测量进气温度，常用塑料外壳加以保护，以防安装部位的温度影响传感器的工作精度。

（4）典型车系电路连接

图2-5为新款科鲁兹带涡轮增压发动机的进气温度传感器电路连接。进气温

度传感器与涡轮增压传感器集成在一起安装在涡轮增压器后面的进气管道上。发动机控制单元（ECU）为传感器3#端子提供5V基准电压，传感器1#端子通过ECU内部接地。

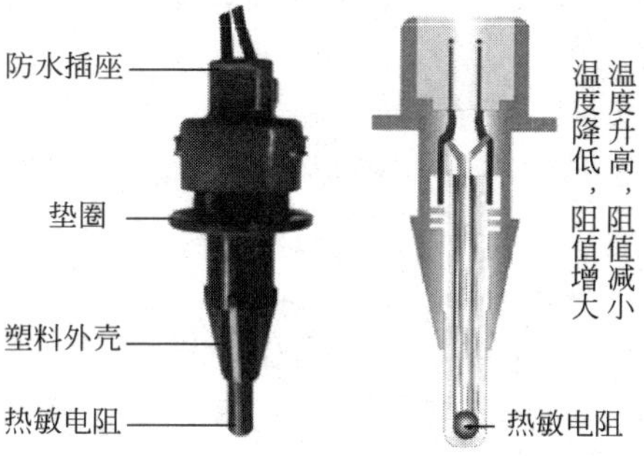

图2-4　进气温度传感器的结构

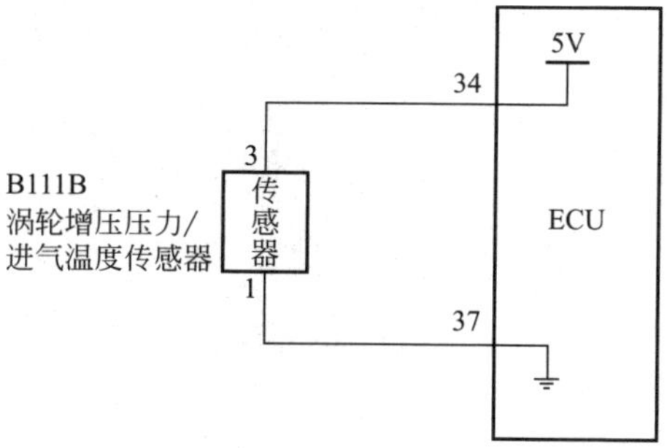

图2-5　进气温度传感器电路连接

（5）检测

进气温度传感器出现故障，会导致混合气过浓或过稀，使燃烧变坏，出现工作不稳定，这时应该检查进气温度传感器。

进气温度传感器的检测方法如下。

① 单体检测

a.关闭点火开关，断开进气温度传感器线束连接器，拆下进气温度传感器。

b.用制冷剂或压缩空气对进气温度传感器降温，也可采用放入水中加温的方法对传感器进行加温（图2-6）。

c.用万用表电阻挡测量传感器两端子间的电阻，其电阻值随温度变化而变化的规律应与图2-7所示的特性曲线的变化规律相一致。

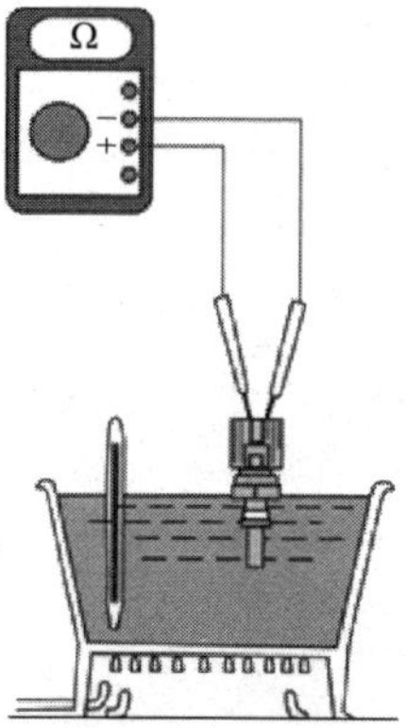

图2-6　进气温度传感器的检测

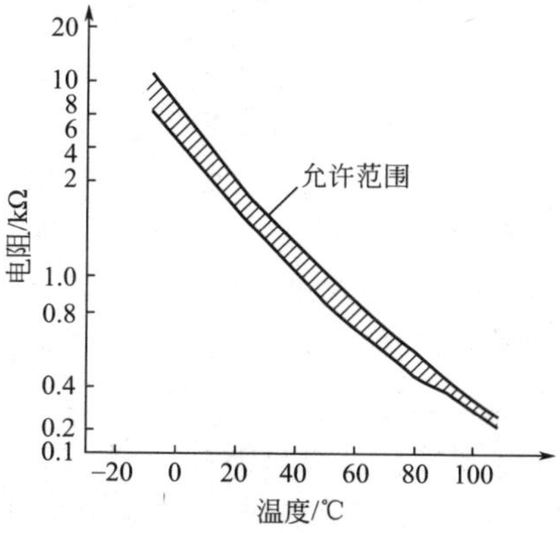

图2-7　进气温度传感器特性曲线

② 在线检测的方法（以图2-5新款科鲁兹发动机电路为例）

a. 拔下传感器插头，接通点火开关，测量插头上3#端子与搭铁之间的电压应为5V，若无电压，则应检查ECU连接器上34#端子与搭铁间电压。若此处电压为5V，则说明ECU与传感器之间线路断路；若无5V电压，则ECU有故障。

b. 插回插件，启动发动机，测量传感器3#端子与搭铁之间在不同温度下的电压，应在0.5～4V之间变化（车型不同略有差异，但变化规律基本上是相同的）。

如果测量值与规定值不符，说明进气温度传感器有故障或者损坏，应重换新件。

（6）典型车系检测实例

① 丰田车系进气温度传感器检测　丰田凯美瑞车系进气温度传感器C2的1#端子输出进气温度信号，C2的2#端子接地。通过ECM的THA端子，由电阻R向IAT传感器提供5V的电压。电阻R和IAT传感器串联。当IAT传感器的电阻值变化时，端子THA上的电压也随之变化。根据该信号，ECM增加喷油量以提高发动机在冷态工作时的运行性能，如图2-8所示。

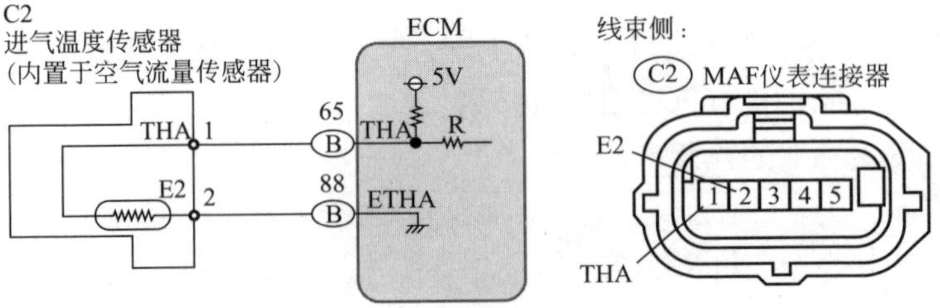

图2-8　凯美瑞车系进气温度传感器电路连接

检查进气温度传感器，可测量端子间的电阻，在20℃时其值为2.21～2.69kΩ，在80℃时电阻值为0.322kΩ。电阻值如不正常，应更换进气温度传感器。

当ECU检测到故障码“0110/24（进气温度传感器电路故障）”时，主要应检查以下几个方面。

a. 传感器电路导线的通断状态，检查电路有无短路或断路。

b. 传感器本身的检查可通过对进气温度传感器电阻测量来确定。

c. ECU故障与否。

② 日产车系进气温度传感器检测　日产骊威车系空气进气温度传感器内置在质量型空气流量传感器中。传感器检测空气进气温度并转换为ECM信号。

该温度传感器单元利用了一个对温度改变敏感的电热调节器。该电热调节器的电阻值随温度的升高而降低。

不同条件下在ECM端口46（进气温度传感器）和接地之间测得参考数值如表2-2所示。

表2-2　日产骊威进气温度传感器参考值

进气温度/℃（℉）	电压/V	电阻值/kΩ
25（77）	3.3	1.800 ～ 2.200
80（176）	1.2	0.283 ～ 0.359

2.2.3　冷却液温度传感器

（1）安装位置识别

发动机冷却液温度传感器又称水温传感器，传感器一般安装在发动机缸体、缸盖的水套或节温器内并伸入水套中，可能的安装位置如图2-9所示。传感器的结构如图2-10所示。

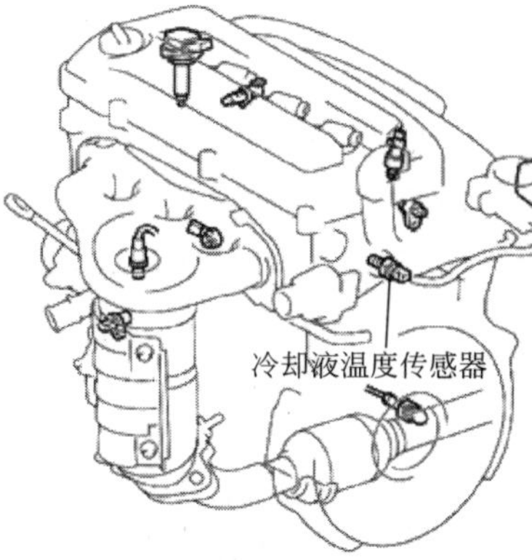

图2-9　冷却液温度传感器安装位置

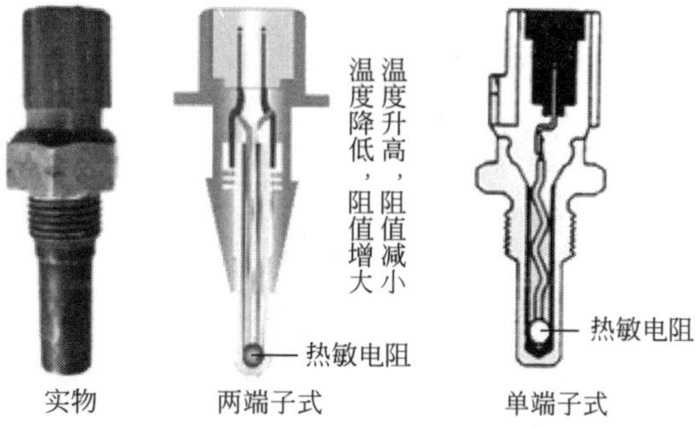

图2-10　冷却液温度传感器结构

（2）作用

冷却液温度传感器用于检测发动机冷却液的温度，发动机的电子控制元件（ECU）根据该信号对喷射时间、点火时刻和怠速转速等进行相应调节，同时也可作为其他控制系统的控制信号。

（3）工作原理

发动机冷却液温度传感器使用了一个对温度变化敏感的热敏电阻，即当冷却液温度较低时，传感器的电阻较大；而当冷却液温度升高时，传感器的电阻却明显变小。这样在实际使用中，传感器就能感知到冷却液温度的变化，并将这种变化通过电路的连接转化为电信号输送给ECU，ECU根据输入的电信号（对应着冷

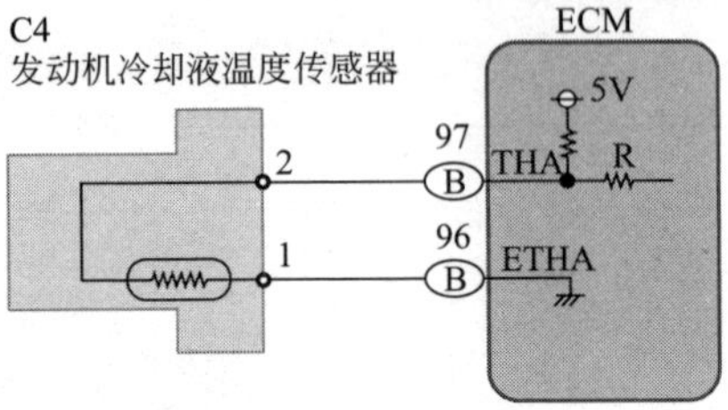

图2-11　凯美瑞冷却液温度传感器电路

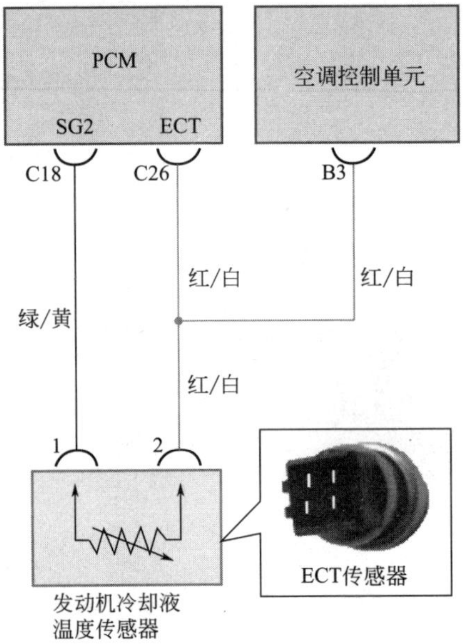

图2-12　奥德赛冷却液温度传感器电路

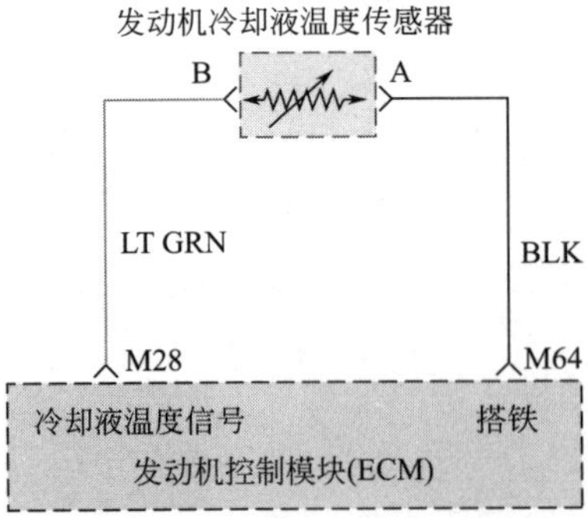

图2-13　凯越冷却液温度传感器电路

却液温度的变化信号）来对电喷发动机的喷油量及喷油时间进行修正，同时调整空燃比，使进入发动机内的混合气能稳定地燃烧。冷机时供给较浓的可燃混合气，热机时供给较稀的可燃混合气，使发动机稳定而良好地工作。

（4）典型车系电路连接

凯美瑞车系冷却液温度传感器结构与进气温度（IAT）传感器相同。冷却液温度传感器有两个端子，1#端子为接地端，接发动机ECU的B96#端子；2#端子输出冷却液温度信号，接发动机ECU的B97#端子，如图2-11所示。

奥迪赛车系冷却液温度传感器1#端子为接地端，2#端子为信号输出端，冷却液温度传感器信号不仅作为发动机燃油喷射修正等控制信号，而且也作为空调控制散热风扇工作的控制信号，如图2-12所示。

凯越车系发动机冷却液温度传感器电路如图2-13所示。发动机控制模块（ECM）向发动机冷却液温度（ECT）传感器提供5V参考电压，并监视其电压的变化。发动机冷却液温度越低，其电压越高；发动机冷却液温度越高，其电压越低。

（5）检测

发动机冷却液温度传感器的工作性能好坏直接影响着电喷发动机的喷油量，从而影响发动机的燃烧性能。若传感器损坏，会使汽车发动机出现不易启动、工作不平稳等故障。若出现此类故障，应对此传感器进行检测。

当发动机冷却液温度传感器出现无信号或信号电压超出正常范围时，发动机

ECU自诊断系统就会识别出故障，使发动机电子控制系统在设定的状态下工作，并储存故障码。如果只是发动机温度信号不准确，其数值并未超出设置的正常范围时，发动机ECU自诊断系统就不能识别了。因此，对发动机冷却液温度传感器进行检测时，通常还需对其温度特性进行测量。发动机冷却液温度传感器的一般检测方法如下。

① 直观检查。首先检查冷却液温度传感器连接器有无松动、线路有无破损或烧焦等，若有，予以修复。

② 检测冷却液温度传感器的电源电压。拔下冷却液温度传感器连接器，用直流电压表测量冷却液温度传感器插头（线束侧）电源端子与搭铁之间的电压，应为5V左右。如果电压低或无电压，检修冷却液温度传感器与ECU之间的线路。若线路良好，则需要更换ECU。

③ 检测冷却液温度传感器的电阻。

a. 关闭点火开关，拔下冷却液温度传感器连接器后，用高阻抗数字式万用表欧姆挡就车检查传感器接头两端子间的电阻。其电阻值应在表2-3所示的范围内。若电阻值偏差过大、过小或为无穷，说明传感器失效，则应更换新的传感器。

表2-3 冷却液温度传感器水温与电阻值对应关系

冷却液温度/℃	电阻值/kΩ	冷却液温度/℃	电阻值/kΩ
–20	10 ～ 20	40	0.9 ～ 1.3
0	4 ～ 7	60	0.4 ～ 0.7
20	2 ～ 3	80	0.2 ～ 0.4

必须注意的是，不同车型的冷却液温度传感器的标准电阻值有所不同。

b. 从车上拆下冷却液温度传感器，通常是用加热容器中的水或电热吹风机吹热风的方式使冷却液温度传感器置于各种温度状态。如果测得的温度特性与规定的值相差较大，需要更换发动机冷却液温度传感器，如图2-14所示。

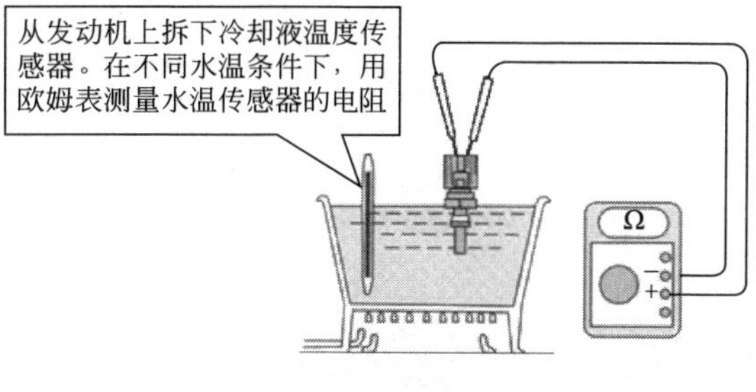

(a)热水检测电阻

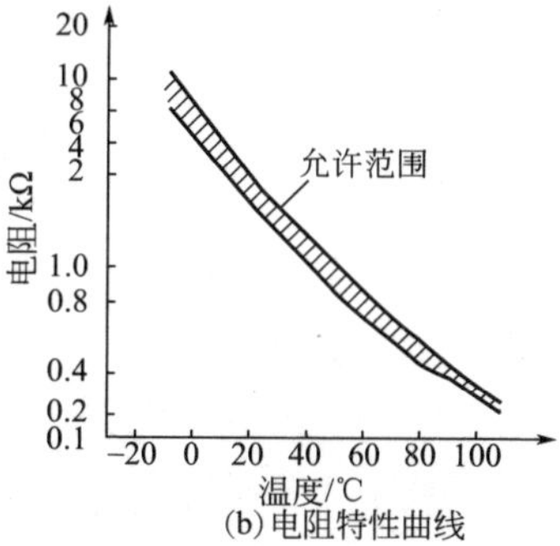

(b)电阻特性曲线

图2-14 冷却液温度传感器检测

④ 检测冷却液温度传感器的信号电压。

a.拆下冷却液温度传感器线束插头，打开点火开关，测量冷却液温度传感器的电源电压，应为5V。

b.测量输出信号电压。以图2-11所示的凯美瑞汽车发动机冷却液温度传感器为例。在发动机运转时，从冷却液温度传感器连接器信号输出端“2”接线柱或从ECU的连接器“THA”端子上，用万用表的电压挡测量冷却液温度传感器输出的电压信号值。其电压大小应随冷却液温度变化而发生变化，温度低时信号电压高；温度高时信号电压低。测量的结果应符合规定，否则应更换传感器。

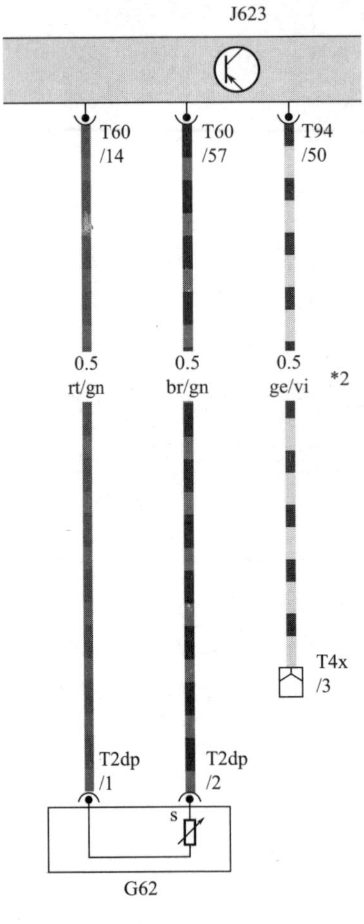

图2-15　冷却液温度传感器与发动机ECU的连接电路

G62—冷却液温度传感器；
J623—发动机ECU（安装在排水槽内中部）

⑤ 传感器线路检测。以图2-11所示的凯美瑞汽车发动机冷却液温度传感器为例。用高阻抗万用表欧姆挡，测量传感器“1”与“2”端子间的电阻，传感器搭铁端“1”与ECU“ETHA”端子间的线路应导通。若不导通或电阻大于1Ω，说明传感器线束存在断路或连接器接头接触不良，需进一步检查或更换。

（6）典型车系检测实例

① 大众/奥迪车系冷却液温度传感器检测。大众/奥迪大部分车型的冷却液温度传感器G62为负温度系数热敏电阻。G62的插头端子1和端子2，分别与发动机控制单元J623端子T60/14和T60/57相连（大众速腾）。传感器与发动机ECU的连接电路如图2-15所示。检测方法如下。

a.检测电源电压：拔下冷却液温度传感器连接器插头，打开点火开关，测量传感器相应插头端子与J623端子T60/14和T60/57之间的电压，电压值应为5V左右。如无电压则检测传感器相关插头与J623之间的连线。

b.检测传感器输出信号电压：插上冷却液温度传感器插头，打开点火开关，检测端子2和端子1之间的信号电压应为0.5～4.5V。电压不符合则表明冷却液温度传感器已失效或损坏，应予以更换。

c.检测传感器电阻：拔下点火开关，拆下冷却液温度传感器，并将其放入装满冷却液的容器中加热，用万用表测量不同温度下该传感器两端子间的电阻值。该阻值应满足表2-4所示的要求，否则应更换传感器。

表2-4　冷却液温度传感器的电阻值与温度之间的关系

端子	温度/℃	电阻值/Ω	端子	温度/℃	电阻值/Ω
1～2	0	5000～6000	1～2	60	540～675
1～2	10	3350～4400	1～2	70	400～500
1～2	20	2250～3000	1～2	80	275～375
1～2	30	1500～2100	1～2	90	200～290
1～2	40	950～1400	1～2	100	150～225
1～2	50	700～950			

大众部分车型在冷凝器出口处还安装了一个冷却液温度传感器G83，同样为负温度系数热敏电阻型传感器，检测方法与上面相同，这里不再赘述。

② 丰田车系冷却液温度传感器检测。2016混合动力版凯美瑞汽车6AR-FSE发动机冷却液温度传感器电路如图2-16所示，其检测方法如下。

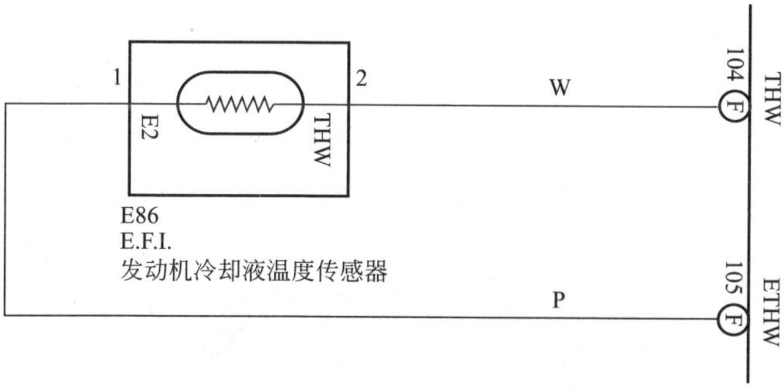

图2-16　凯美瑞（混动版）冷却液温度传感器电路

a.检测传感器输出信号电压：点火开关转至ON位置，检测发动机和ECM连接器F端子104（THW）与105（E2）间的电压，冷却液温度为20℃时，电压应为0.5～3.4V；冷却液温度为60℃时，电压应为0.2～1V。

b.检测冷却液温度传感器电阻：拔下冷却液温度传感器连接器，用万用表欧姆挡检测冷却液温度传感器端子间的电阻，冷却液温度为20℃时，正常电阻为2～3Ω；冷却液温度为80℃时，正常电阻为0.2～0.4Ω。

c.检测发动机ECM与冷却液温度传感器间的配线及连接器：若正常，则检测和更换发动机ECM；若不正常，则修理或更换配线和连接器。

③ 通用车系冷却液温度传感器检测。通用君威车系发动机冷却液温度（ECT）传感器是一个可变电阻器，用于测量发动机冷却液温度。发动机控制模块（ECM）端子58向发动机冷却液温度传感器信号电路提供5V电压（冷却液温度传感器端子B），并向低电平参考电压电路提供搭铁（冷却液温度传感器端子A）。电路连接如图2-17所示。

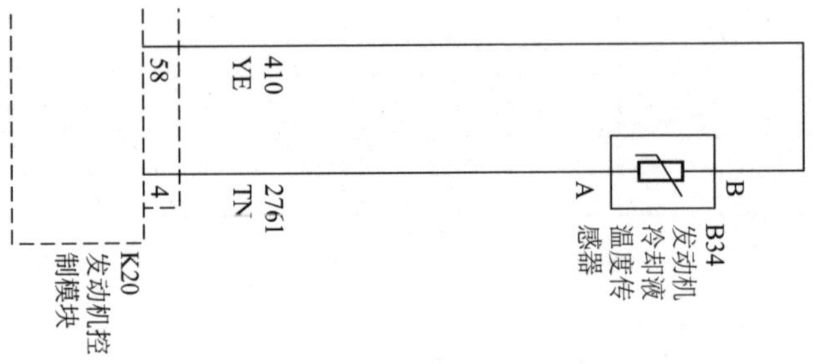

图2-17 通用君威车系冷却液温度传感器电路

冷却液温度传感器电路检测如下。

a. 点火开关置于OFF位置并持续90s，断开发动机冷却液温度传感器上的线束连接器。

b. 测试低电平参考电压电路端子A和搭铁之间的电阻是否小于5Ω。如果大于规定范围，则测试低电平参考电压电路是否开路/电阻过大；如果电路测试正常，则更换K20发动机控制模块。

c. 点火开关置于ON位置，检查并确认故障诊断仪“ECT Sensor（发动机冷却液温度传感器）”参数低于–39℃。如果高于规定范围，测试信号电路端子B是否对搭铁短路；如果电路测试正常，则更换K20发动机控制模块。

d. 在信号电路端子B和低电平参考电压电路端子A之间安装一条带3A熔丝的跨接线。检查并确认故障诊断仪上的“ECT Sensor（发动机冷却液温度传感器）”参数高于149℃。如果低于规定范围，测试信号电路是否对电压短路或开路/电阻过大；如果电路测试正常，则更换K20发动机控制模块。

e. 如果电路测试正常，则测试或更换B34发动机冷却液温度传感器。

2.2.4 排气温度传感器

（1）安装位置识别

排气温度传感器通常安装在汽车排气装置的三元催化器上。

（2）作用

用于监测排气管中三元催化转化器的温度。当达到设定的温度时报警系统工作，以防止因过热而导致催化剂性能下降。

（3）工作原理

在行驶过程中，若排气温度超过900℃时，则排气温度传感器的电阻值降到0.43kΩ以下，此时排气温度报警灯点亮，当车厢底板温度超过125℃时，底板温度传感器的电阻超过2kΩ，这时在排气温度报警灯点亮的同时蜂鸣器也发出响声；当排气温度在900℃以下，底板温度也低于125℃时，排气温度传感器的电阻大于0.43kΩ，底板温度传感器的电阻值低于2kΩ，这时排气温度报警系统灯不亮，蜂鸣器也无声响。

（4）检测

① 就车检测。接通点火开关（ON），排气温度过高，警告灯应亮起；发动机启动后警告灯熄灭。如果警告灯亮起和熄灭正常，说明警告灯和排气温度传感器良好。

② 就车检测传感器电阻。

a.启动发动机，并使其怠速运转暖机，使三元催化转化器温度上升至约400℃。

b.关闭点火开关（OFF），拔下排气温度传感器连接器，测量排气温度传感器的电阻。此时，排气温度传感器的电阻应较大。如果测得的排气温度传感器的电阻很小（小于0.4kΩ）或无穷大，均需更换排气温度传感器。

③ 拆下后加温检测排气温度传感器电阻。

a.拆下排气温度传感器，并用炉火加热排气温度传感器前端（约40mm）的感温部分，直到其呈暗红色。

b.如图2-18所示，采用加热的方法用万用表电阻挡测量排气温度传感器的电阻，应为0.4～20kΩ。如果测得的电阻值异常，更换排气温度传感器。

④ 检测车厢底板温度传感器电阻。拆下车厢底板温度传感器，用电阻表测量排气温度传感器的电阻，其电阻值应为30～250Ω（0～80℃）。如果测得的电阻值不正常，更换车厢底板温度传感器。

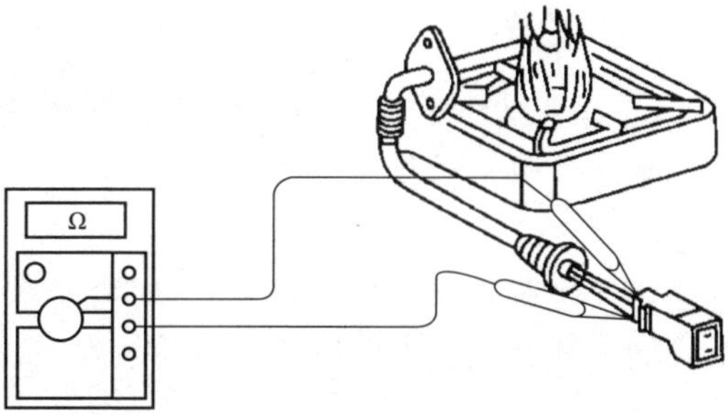

图2-18 加热法检测排气温度传感器电阻

2.2.5 EGR监测温度传感器

(1) 安装位置识别

EGR监测温度传感器安装在EGR阀的下游，如图2-19所示。在EGR系统中排气歧管排放气体中的部分气体再循环到进气歧管中，这一部分就由EGR阀控制。要保证EGR阀门系统工作正常，必须由EGR监测温度传感器时刻监视它的工作。

EGR监测温度传感器用热敏电阻制成，它的结构如图2-20所示。

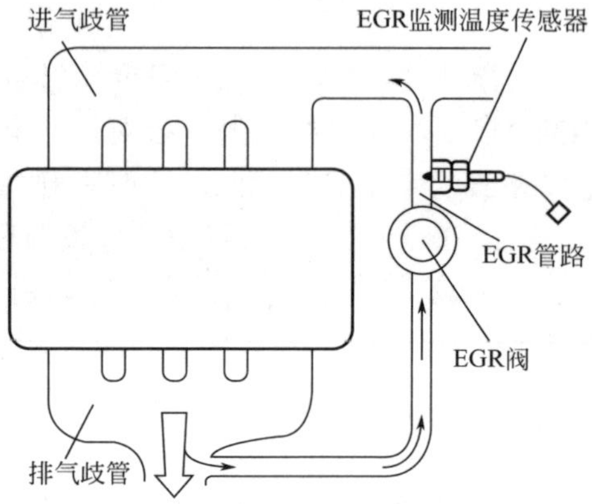

图2-19 EGR监测温度传感器安装位置

(2) 作用

EGR监测温度传感器的作用就是检测EGR阀下游的再循环气体的温度变化情况，以此来监视EGR阀的工作状况。

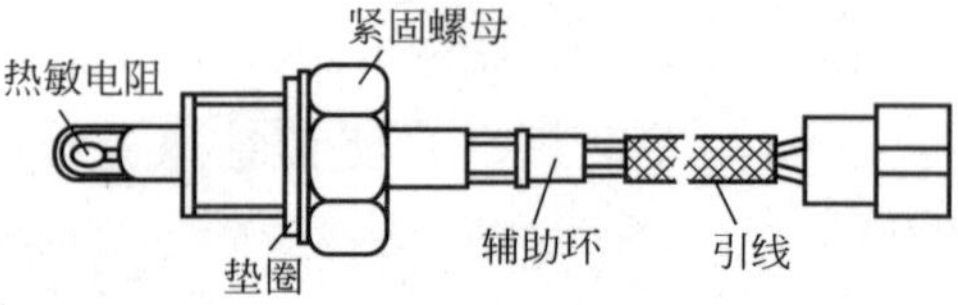

图2-20 EGR监测温度传感器结构

(3) 工作原理

在普通的行车条件下，EGR阀附近的废气温度为100～200℃，在高速、重负荷的条件下，升高到300～400℃。当因某种故障没有废气循环时，EGR阀附近的废气温度立刻下降，下降程度与当时的进气温度及发动机室内温度有关，但大致是降到50℃以下。没有废气循环的原因可能是控制系统停止工作，EGR管路中的沉淀物堵塞了通路。

(4) 检测

① 直观检查。查看EGR监测温度传感器表面是否脏污。如果检查发现有异常，应进行相关修理。

② 检测EGR温度传感器的电阻。拆下EGR监测温度传感器，用专用加热装置加热传感器。测量EGR监测传感器在不同温度下的电阻，其电阻值应随温度的升高而下降并符合标准值（表2-5）。若与标准值相差较大，则应更换EGR监测温度传感器。

表2-5　EGR监测温度传感器电阻值与温度对应关系

温度/℃	传感器电阻值/kΩ	温度/℃	传感器电阻值/kΩ
50	635±77	200	5.0±0.6
100	85±9	400	1.6

2.2.6　热敏铁氧体温度传感器

（1）安装位置

热敏铁氧体温度传感器常安装在散热器冷却水的循环通路上，用于控制散热器冷却风扇的开闭，它由永久磁铁、舌簧开关、热敏铁氧体组成。其结构及安装位置如图2-21所示。

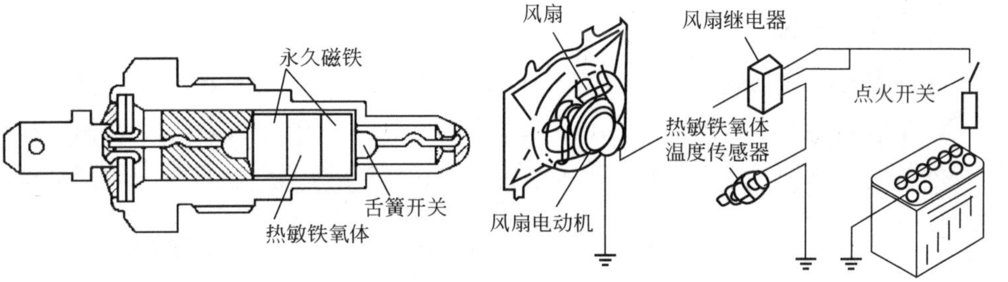

图2-21　热敏铁氧体温度传感器构造及安装位置

（2）作用

它的作用是依据冷却液温度信号来控制散热器的冷却风扇工作。当冷却液温度低于规定值时，传感器的舌簧开关闭合，风扇继电器触点断开，风扇停止运转；当冷却液温度高于规定值时，舌簧开关断开，风扇继电器触点闭合，风扇开始运转。

（3）检测

若散热器冷却风扇在发动机的冷却液温度值高于规定温度时仍不运转，则说明散热器冷却风扇的工作电路出现故障。若发现热敏铁氧体温度传感器处短路或断路，则应对热敏铁氧体温度传感器进行检测，检测方法如下。

① 将温度传感器拆下，置于玻璃烧杯中并加水进行加热。

② 在加热过程中，当水温低于规定温度时，热敏铁氧体温度舌簧开关闭合，电阻应为0。

③ 在冷却液温度高于规定值时，热敏铁氧体温度传感器舌簧开关断开，传感器不导通，电阻应为∞。

如果检查结果与上述不同则说明热敏铁氧体温度传感器已经损坏，应当更换。

2.3 空调系统用温度传感器

2.3.1 环境温度传感器

(1) 安装位置

环境温度传感器又称为车外温度传感器、外界空气温度传感器、大气温度传感器。车外温度传感器一般都是安装在前保险杠内或散热器之前，如图2-22所示。因为易受到环境影响，所以包在一个注塑树脂壳内，以免对温度的突然变化作出反应。

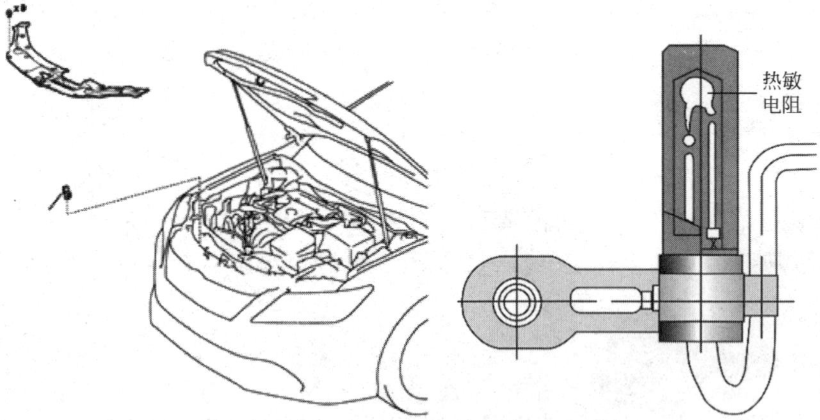

图2-22 环境温度传感器安装位置与构造

(2) 作用

环境温度传感器是检测车辆外部环境温度时自动空调的重要传感器之一，通过环境温度传感器可控制混合门位置、鼓风机转速以及进气门、模式门的位置，并控制压缩机在低于设定的某一温度时不工作。在制冷工况，车外温度越高，混合门调节到越冷位置，鼓风机转速就越高，模式门自动位于吹脸位置。

（3）典型车系电路连接图

图2-23为丰田凯美瑞（2016款混合动力车型）环境温度传感器电路，环境温度传感器A3为热敏电阻式，传感器$2^{\#}$端子通过IA8插接器的$13^{\#}$端子与空调放大器总成I77（A）的$5^{\#}$端子相连；传感器$1^{\#}$端子从接线插接器A70（A）、B76（B）的$12^{\#}$端子进入，从接线插接器的$13^{\#}$端子、$21^{\#}$端子、$22^{\#}$端子输出分别至A55空调压力传感器的$1^{\#}$端子、空调压缩机B90（C）的$2^{\#}$端子、空调压缩机B75（B）的$2^{\#}$端子。

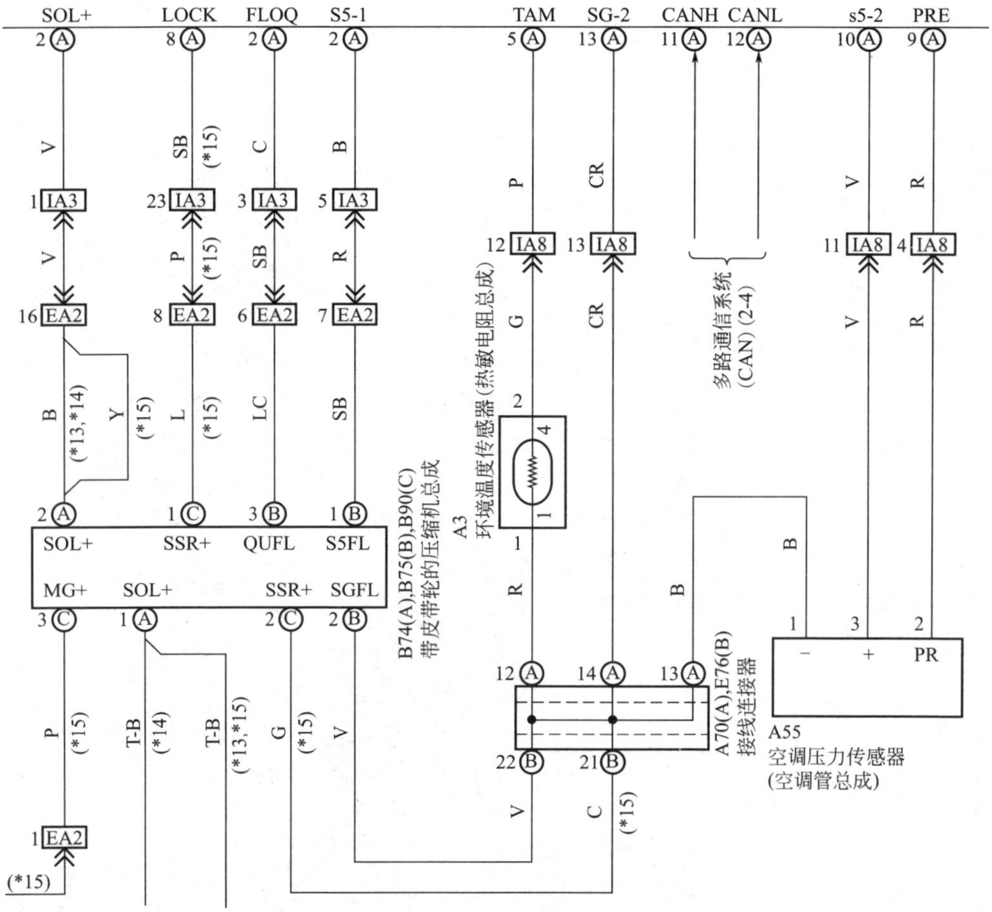

图2-23　丰田车系环境温度传感器电路

（4）检测（以丰田车系为例）

① 直观检查。检查环境温度传感器连接器有无松动、线路有无破损或烧焦等。若有，则应予以修复。

② 检测环境温度传感器的电源电压（以图2-23凯美瑞车系为例）。拔下车外环境温度传感器A3连接器，测量A3插头（线束测）电源端子2#端子与搭铁之间的电压，应为5V左右。如果电压低或无电压，应检查环境温度传感器与ECU之间的线路。若线路良好，则需更换汽车空调放大器总成。

③ 检测环境温度传感器的电阻。拆下汽车散热器护栅，拔下传感器连接器接头，拆除环境温度传感器。将车外温度传感器边加热、边测量其电阻值，用万用表测量传感器连接器接头端子1、2之间的电阻。当温度升高时，其电阻值应下降。检测电阻值应符合特性曲线变化规律，否则应更换传感器，如图2-24所示。

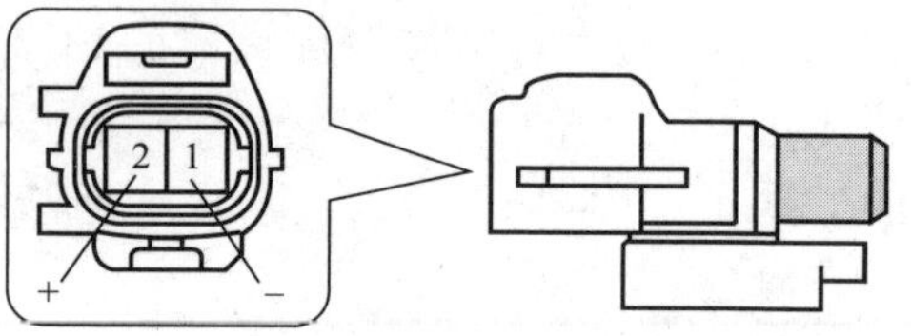

图2-24 环境温度传感器电阻的测量

2.3.2 车内温度传感器

（1）安装位置

车内温度传感器安装在车内仪表板下部。有些车型安装多个车内温度传感器，后部的车内温度传感器安装在车内后挡风玻璃下部，以精确感知车内的温度。如图2-25所示。

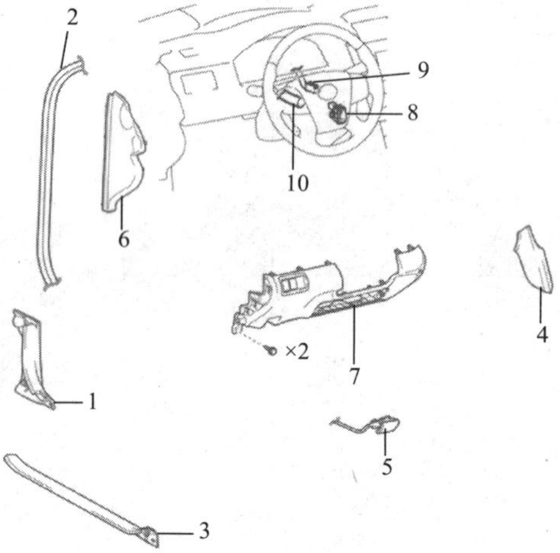

图2-25 车内温度传感器

1—前围侧饰板分总成LH；
2—前门框饰边密封条LH；
3—前门迎宾踏板LH；
4—前面板饰件LH；
5—发动机盖锁控制杆分总成；
6—仪表板侧板LH；
7—下仪表板饰板分总成；
8—车室温度传感器［冷却器（车室温度传感器）热敏电阻］；
9—连接器；
10—冷却器热敏电阻软管

（2）作用

传感器用负温度系数热敏电阻制成。由车外温度传感器、阳光强度传感器等传感器来决定鼓风机转速和混合门进气门、模式门的位置。在制冷工况，车内温度越高，混合门调节到越冷位置，鼓风机转速就越高，模式门位于吹脸位置。

（3）工作原理

车内温度传感器的传感元件采用负温度系数热敏电阻制成。有一根抽风管连接车内温度传感器与空调管路，当鼓风机工作，空气快速流过产生负压。这样就会有少量的空气流过车内温度传感器，从而使车内温度传感器快速准确地测量出车内温度。当车内空气温度发生变化时，电阻值发生变化，温度升高时，电阻值下降；温度降低时，电阻值升高。车内空气温度传感器结构如图2-26所示。

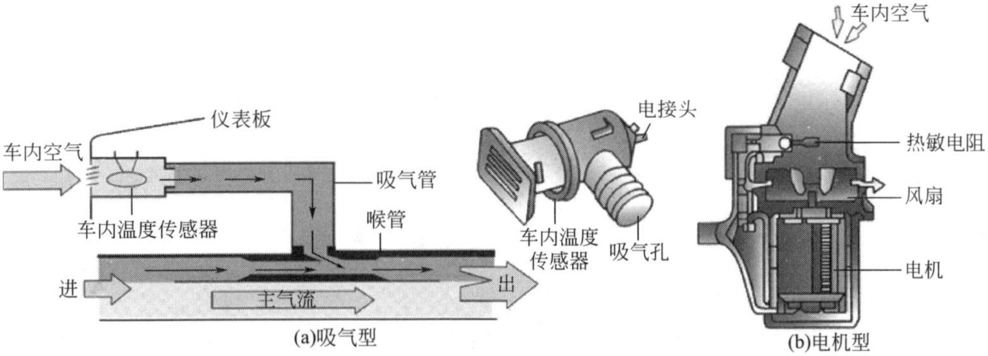

图2-26　车内空气温度传感器的结构

（4）检测

① 供电电压检测。断开车内温度传感器接头，打开点火开关和鼓风机开关、空调开关，用万用表20V电压挡测量线束侧电压，应为5V。若无5V电压，检查空调放大器总成和线路是否断路；若有5V电压，进行单体检测。

② 单体电阻检测。关闭点火开关，拔下传感器的接线插头，把万用表连接在传感器的两端子上，并用吹风机吹热风，检查传感器电阻值的变化情况，车内温度传感器电阻随温度的变化应符合特性曲线变化规律，否则应更换传感器，如图2-27所示。

（5）典型车系检测实例

① 丰田车系。丰田凯美瑞（2016款混合动力车型）车内温度传感器电路如图2-28所示。关闭点火开关，拔下传感器I57插头，拆下传感器，用万用表千欧挡测量传感器1、2端子之间的电阻（见图2-27），测量时用吹风机吹热风观察电阻变化情况是否如表2-6所示。如果不符合规定应更换车内温度传感器。

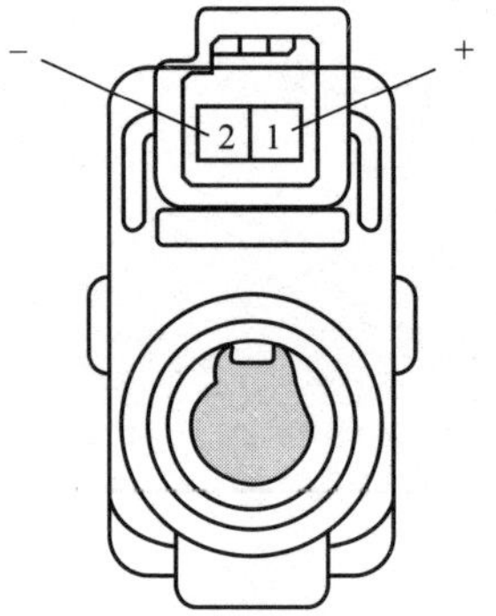

图2-27 车内空气温度传感器检测

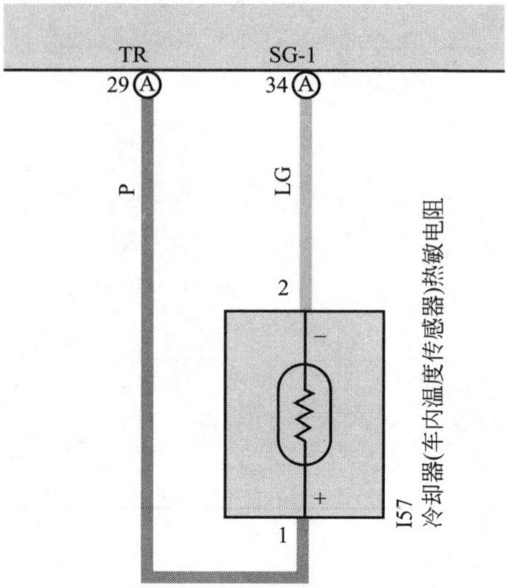

图2-28 丰田凯美瑞车内温度传感器电路

表2-6 检查结果

检测仪连接	条件	规定状态
A3-1（–）-A3-2（+）	10℃（50 ℉）	3.00 ～ 3.73kΩ
A3-1（–）-A3-2（+）	15℃（59 ℉）	2.45 ～ 2.88kΩ
A3-1（–）-A3-2（+）	20℃（68 ℉）	1.95 ～ 2.30kΩ
A3-1（–）-A3-2（+）	25℃（77 ℉）	1.60 ～ 1.80kΩ
A3-1（–）-A3-2（+）	30℃（86 ℉）	1.28 ～ 1.47kΩ
A3-1（–）-A3-2（+）	35℃（95 ℉）	1.00 ～ 1.22kΩ
A3-1（–）-A3-2（+）	40℃（104 ℉）	0.80 ～ 1.00kΩ
A3-1（–）-A3-2（+）	45℃（113 ℉）	0.65 ～ 0.85kΩ
A3-1（–）-A3-2（+）	50℃（122 ℉）	0.50 ～ 0.70kΩ
A3-1（–）-A3-2（+）	55℃（131 ℉）	0.44 ～ 0.60kΩ
A3-1（–）-A3-2（+）	60℃（140 ℉）	0.36 ～ 0.50kΩ

② 通用车系。通用新款科鲁兹车系环境光照/日照传感器B10B集成日照传感器和乘客舱（室内）温度传感器的电路如图2-29所示。该传感器总成提供以下日照强度和室内温度信息。

日照传感器通过暖风、通风与空调系统控制模块连接至搭铁和一个5V稳定电压电源。随着日照的增加，传感器信号电压也增加，反之亦然。信号电压在1.4 ～ 4.5V之间变化并提供给暖风、通风与空调系统控制模块。

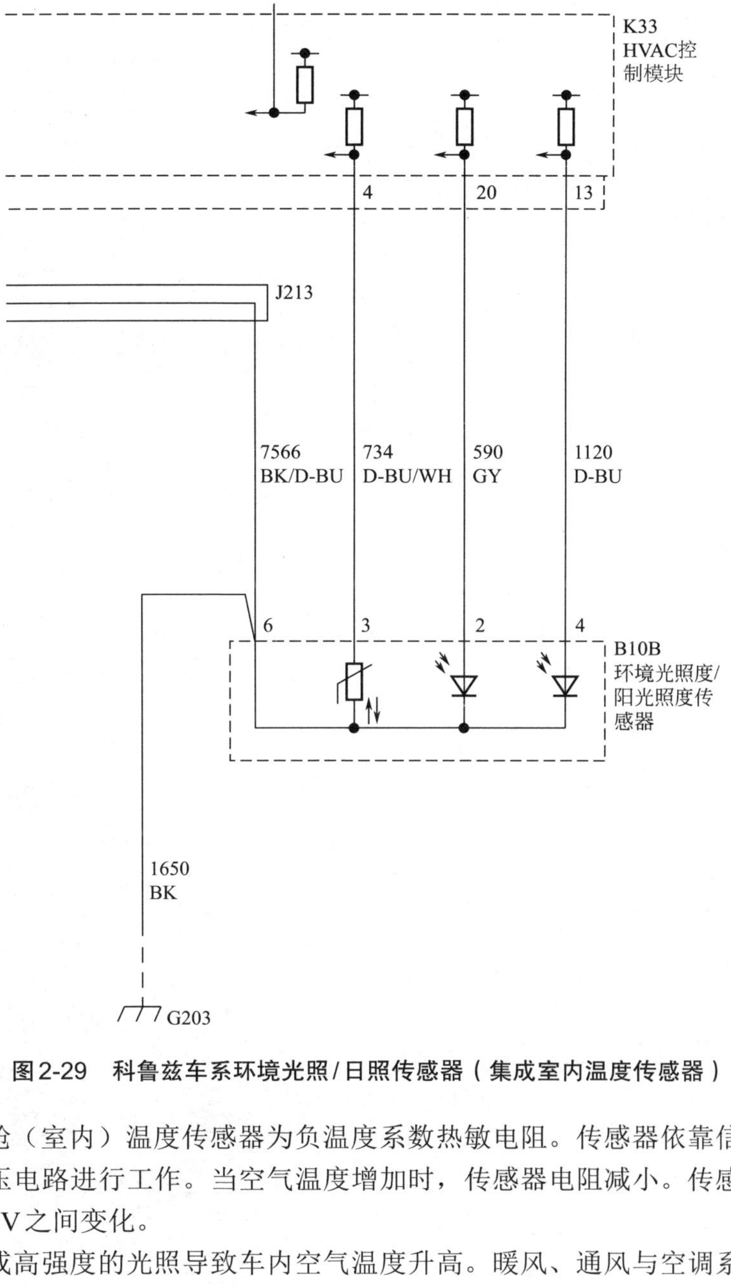

图2-29　科鲁兹车系环境光照/日照传感器（集成室内温度传感器）

乘客舱（室内）温度传感器为负温度系数热敏电阻。传感器依靠信号和低电平参考电压电路进行工作。当空气温度增加时，传感器电阻减小。传感器信号电压在0～5V之间变化。

明亮或高强度的光照导致车内空气温度升高。暖风、通风与空调系统通过将额外的冷气送入车内来补偿所升高的温度。

电路检测：以故障诊断仪检测到故障码“DTC B0163 02：乘客舱温度传感器电路对搭铁短路”或“DTC B0163 05：乘客舱温度传感器电路电压过高/开路”为例介绍故障诊断与排除方法。故障检测与排除流程如图2-30所示。

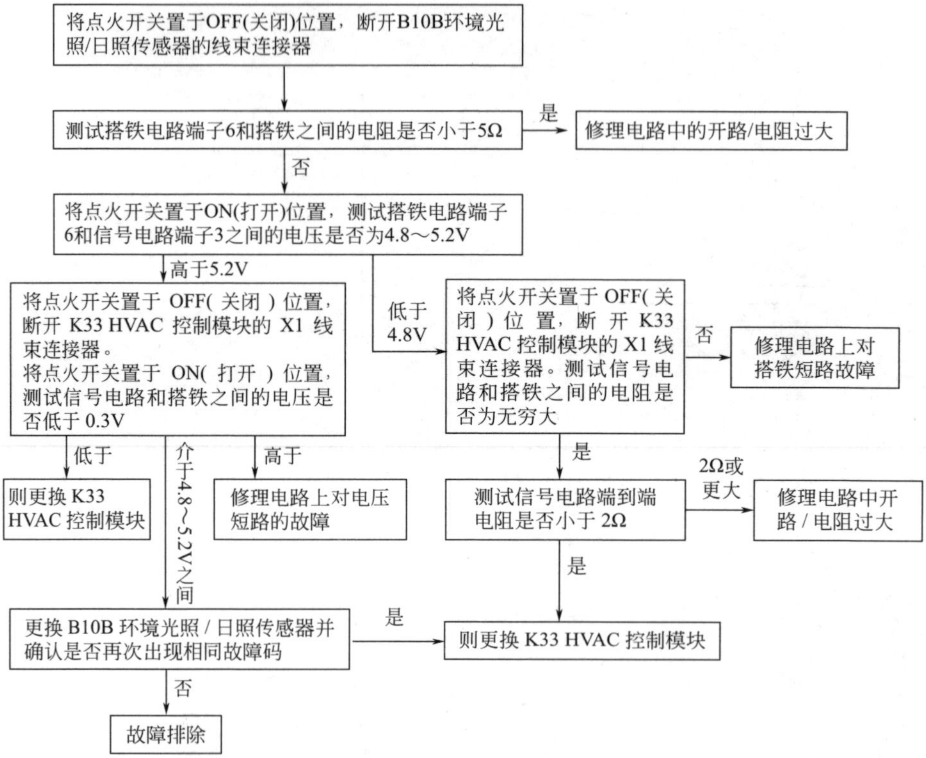

图2-30　故障排除流程

2.3.3　蒸发器温度传感器

（1）安装位置

蒸发器温度传感器为2线负温度系数热敏电阻。传感器在–40 ～ 85℃的温度范围内工作。传感器安装在蒸发器处，测量蒸发器的温度。如果温度降至低于3℃，则关闭压缩机以防止蒸发器冻结。蒸发器温度传感器安装位置如图2-31所示。

当蒸发器温度高于5℃时，空调系统才能重新接通。蒸发器温度传感器是空调电气控制系统的一个保护性传感组件。

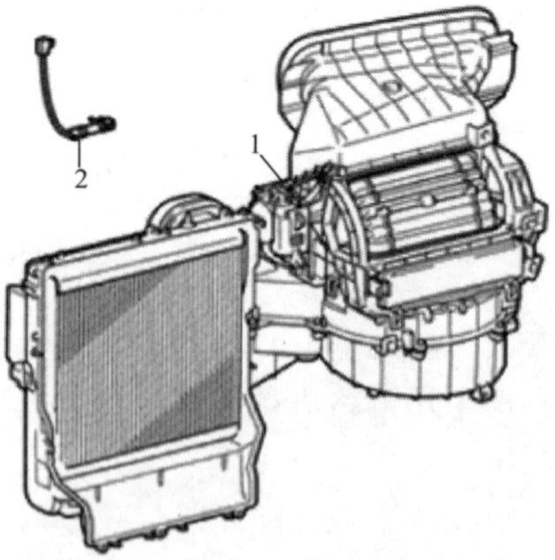

图2-31　蒸发器温度传感器安装位置

1—带冷却蒸发器分总成的鼓风机总成；
2—蒸发器温度传感器

（2）作用

蒸发器温度传感器通过测量蒸发器表面温度，可以修正混合门位置、控制压缩机，并在蒸发器表面温度低于一定值时，使压缩机停止工作，以防止蒸发器表面结霜。有些车型有两个蒸发器温度传感器，其中一个用来修正混合门的位置；另一个用来防止蒸发器结霜。

（3）典型车系检测实例

① 丰田车系。丰田凯美瑞2016款混合动力车型空调系统蒸发器温度传感器电路如图2-32所示。蒸发器温度传感器（1号冷却器热敏电阻）安装在空调单元内的蒸发器上，以检测通过蒸发器的空气温度，并用于控制空调。蒸发器温度传感器将信号发送至空调放大器总成。蒸发器温度传感器（1号冷却器热敏电阻）的电阻随通过蒸发器的冷却空气温度的变化而变化。随着温度的降低，电阻增大；随着温度的升高，电阻减小。空调放大器总成将电压（5V）施加到蒸发器温度传感器（1号冷却器热敏电阻）上，根据蒸发器温度传感器（1号冷却器热敏电阻）电阻的变化来读取电压的变化。该传感器用于防霜。

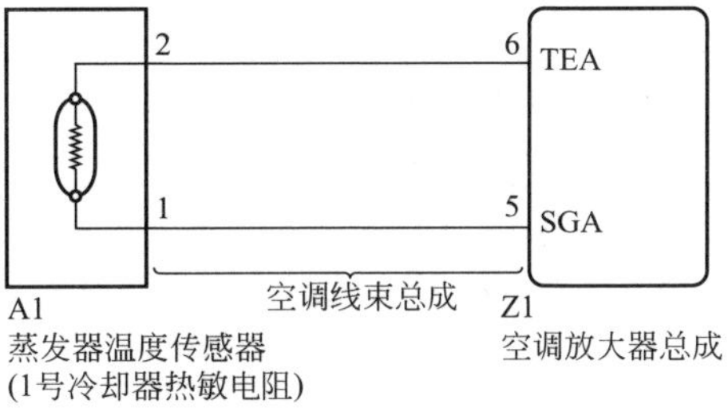

图2-32　凯美瑞（2016混合动力版）蒸发器温度传感器电路

a. 检查传感器电阻：断开蒸发器温度传感器（1号冷却器热敏电阻）连接插头A1，用万用表千欧挡测量插头1#端子、2#端子之间的电阻，测量的同时加热传感器电阻应随着温度的升高而降低，如图2-33所示，测量结果应符合表2-7所示。如正常则检查空调线束；如不正常则更换蒸发器温度传感器。

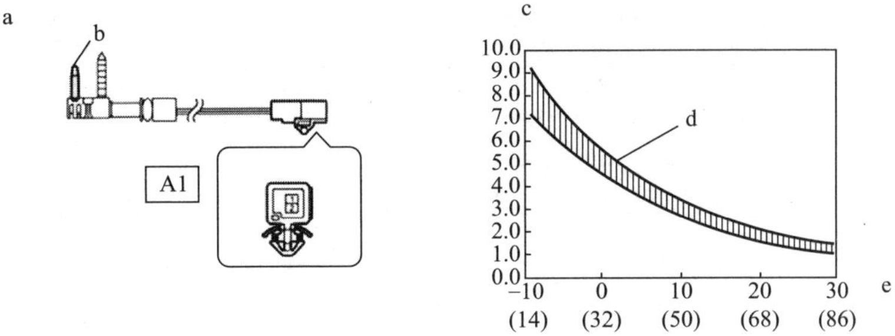

图2-33　蒸发器温度传感器检测

a—未连接线束的组件 [蒸发器温度传感器(1号冷却器热敏电阻)] b—感应部分	c—电阻(kΩ) d—允许范围 e—温度(℃)

表2-7　蒸发器温度传感器标准阻值

检测仪连接	条件	规定状态
A1-1—A1-2	–10℃	7.30 ～ 9.10kΩ
A1-1—A1-2	–5℃	5.65 ～ 5.95kΩ
A1-1—A1-2	0℃	4.40 ～ 5.35kΩ
A1-1—A1-2	5℃	3.40 ～ 4.15kΩ
A1-1—A1-2	10℃	2.70 ～ 3.25kΩ
A1-1—A1-2	15℃	2.14 ～ 2.58kΩ
A1-1—A1-2	20℃	1.71 ～ 2.05kΩ
A1-1—A1-2	25℃	1.38 ～ 1.64kΩ
A1-1—A1-2	30℃	1.11 ～ 1.32kΩ

b.检查线束连接：断开空调线束连接器Z1和蒸发器温度传感器连接器A1，分别检查连接器Z1端子6#、5#和A1端子2#、1#以及Z1端子5#、6#与车身搭铁之间的电阻，端子Z1和A1外观如图2-34所示。测量结果应符合表2-8。

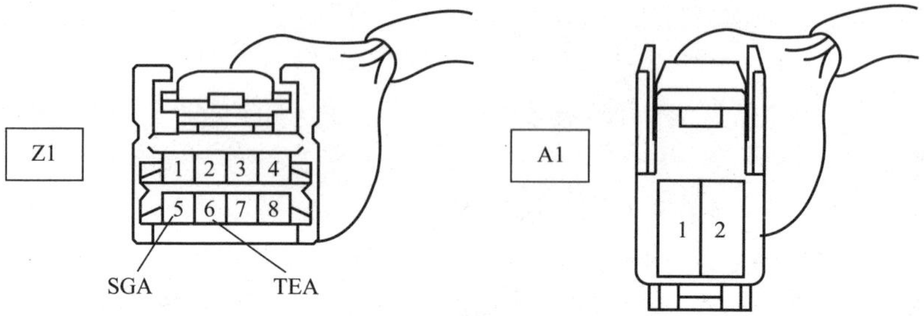

图2-34　端子视图

表2-8　标准阻值

检测仪连接	条件	规定状态
Z1-6（TEA）—A1-2	始终	小于1Ω
Z1-5（SGA）—A1-1	始终	小于1Ω
Z1-6（TEA）—车身接地	始终	10kΩ或更大
Z1-5（SGA）—车身接地	始终	10kΩ或更大

测量结果若符合表中所示则更换空调放大器总成；若不符合则更换空调线束总成。

② 通用车系。通用新款科鲁兹车系蒸发器温度传感器电路如图2-35所示。传感器依靠信号和低电平参考电压电路进行工作。当传感器周围的空气温度升高时，传感器电阻降低。传感器信号电压随电阻值下降而下降。传感器在–40 ～ 85℃的

范围内工作。传感器信号在0～5V之间变化。暖风、通风与空调系统控制模块将信号转换成0～255范围内的计数。随着空气温度的升高，计数值将减小。如果暖风、通风与空调系统控制模块检测到传感器故障，那么控制模块软件将使用默认的空气温度值。默认操作确保暖风、通风与空调系统能够调整车内空气温度接近期望的温度值，直到故障被排除为止。

故障检测：以自诊断系统出现“DTC B3933 02：空调系统蒸发器温度传感器电路对搭铁短路”和“DTC B3933 05：空调系统蒸发器温度传感器电路电压过高/开路”故障码为例。故障检修和排除流程如图2-36所示。

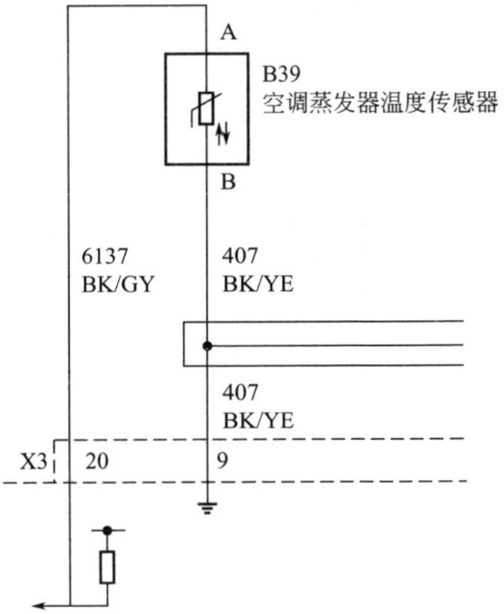

图2-35　蒸发器温度传感器电路

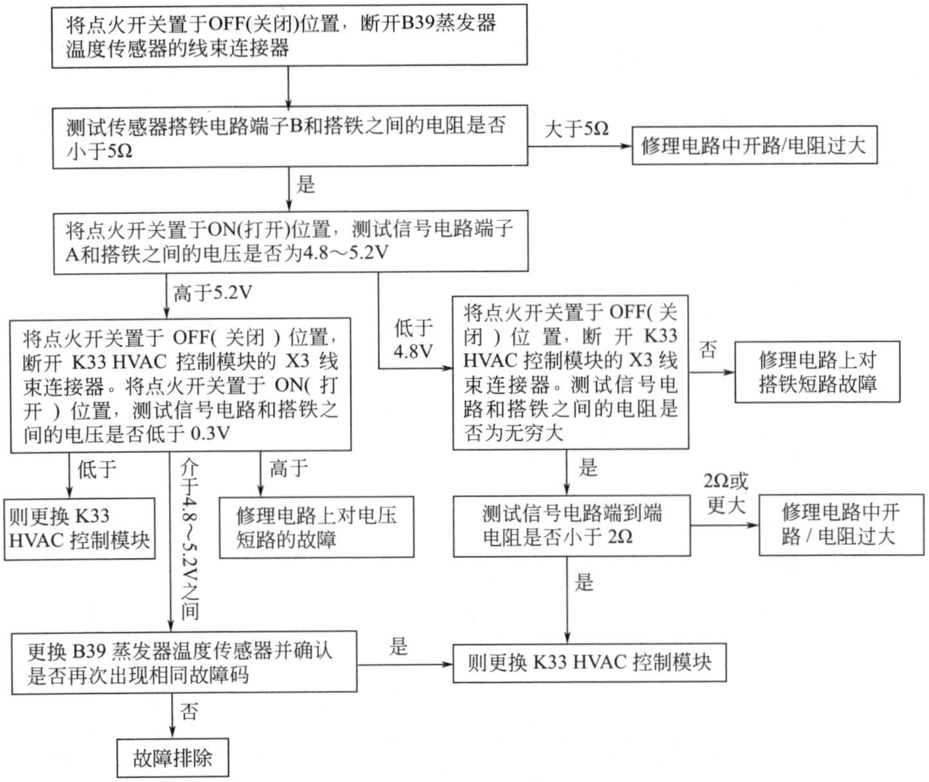

图2-36　科鲁兹蒸发器温度传感器故障排除流程

0
1
2
3
Chapter 3
4
5
6
7
8
9

3 压力传感器

3.1 压力传感器的分类及在汽车中的应用

汽车压力传感器常用来检测气体压力和液体压力，并将压力信号转变为电压信号输入给控制单元，以控制执行元件的工作。压力传感器的基本原理是靠测定压力差来工作的。检测过程中的基准压力通常是指大气压。

汽车中的压力传感器很多，主要有进气歧管压力传感器、大气压力传感器、机油压力传感器、空调压力传感器、胎压检测传感器等。

3.2 进气歧管压力传感器

进气歧管压力传感器又称进气增压压力传感器，应用于D型电子控制燃油喷射系统。它的作用是检测进气歧管内的压力变化，并将发动机进气歧管的进气压力转换为电信号。它与进气流量传感器的作用一样，是发动机控制单元（ECU）计算基本喷油量、确定最佳点火时间的重要参数。

常用进气歧管压力传感器的种类很多，使用进气歧管压力传感器的汽车发动机，则不使用进气流量传感器。按传感器的结构与工作原理不同分类，进气歧管压力传感器有压敏电阻式、电容式、真空膜盒式等不同的形式。

3.2.1 半导体压敏电阻式进气压力传感器

（1）构造与原理

半导体压敏电阻式进气压力传感器的结构如图3-1所示。它是利用半导体的压阻效应制成的，主要由硅片、绝对真空泵、电路转换器（IC放大器）、底座和电极引线组成。

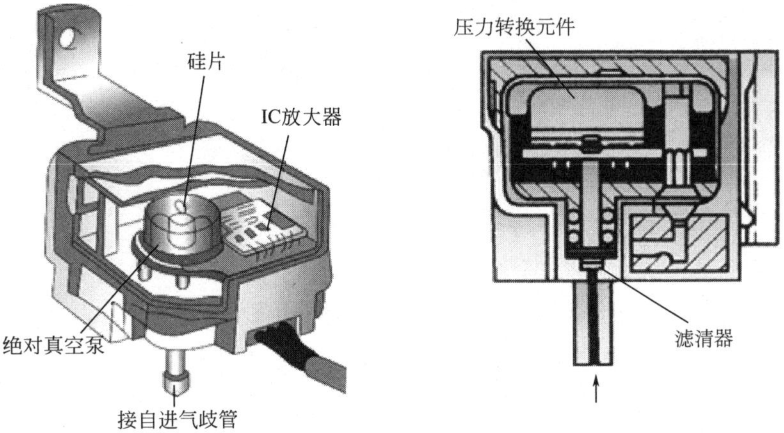

图3-1　半导体压敏电阻式进气压力传感器的结构

由于半导体压敏电阻式进气压力传感器的线性度好，且具有结构尺寸小、精度高、响应特性好等优点，因此，在现代汽车发动机电子控制系统中已有较多的应用。

半导体压敏电阻式进气压力传感器的工作原理如图3-2所示。硅膜片一面通过真空室，一面承受来自进气歧管中气体的压力，在此气体压力的作用下，硅膜片会产生变形，且压力越大形变越大。硅膜片上应变电阻的阻值在此压应力的作用下就会发生变化，使传感器上以惠斯顿电桥方式连接的硅膜片应变电阻的平衡被打破。当电桥的输入端输入一定的电压或电流时，在电桥的输出端便可得到相应变化的信号电压或信号电流。因为此信号比较微弱，故采用了混合集成电路进行放大后输入给ECU。

（2）典型车系应用

新款科鲁兹车系绝对压力传感器电路如图3-3所示。歧管绝对压力传感器有一个5V参考电压电路、一个低电平参考电压电路和一个信号电路。发动机控制模块向歧管绝对压力传感器5V参考电压电路提供5V电压，并向低电平参考电压电路提供搭铁。歧管绝对压力传感器通过信号电路向发动机控制模块提供一个与进气歧管压力变化相关的电压信号。

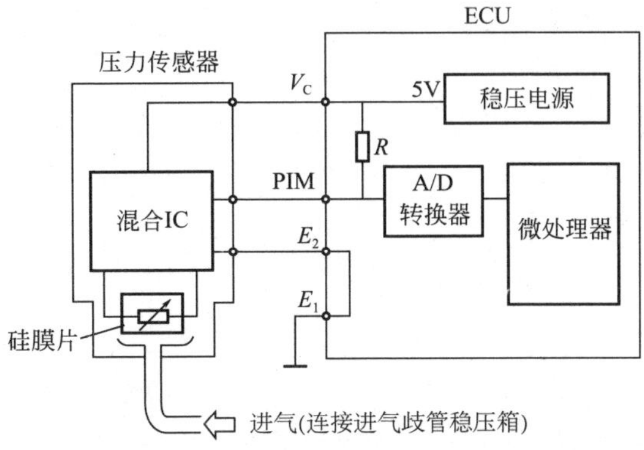

图3-2　半导体压敏电阻式进气压力传感器的工作原理

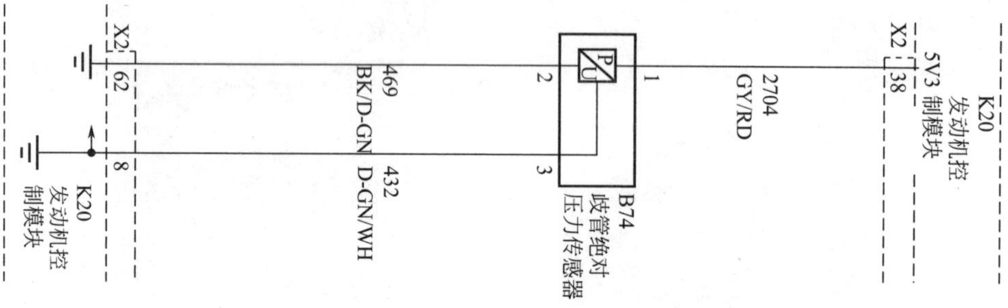

图3-3　新款科鲁兹车系绝对压力传感器电路

（3）检测

常规检测如下。

① 直观检查。检查传感器的真空管、连接器及线路，看有无松动、破损等异常现象。

② 检查传感器电源电压。接通点火开关（ON），用直流电压表测量传感器的1$^{\#}$端子与2$^{\#}$端子间的电压，应为5V。如果电压不正常，需检查传感器与发动机控制模块K20之间的线路。若线路正常，则需检查ECU的电源和搭铁线路。若线路仍正常，则更换发动机控制模块K20。

③ 检测传感器信号电压。接通点火开关（ON），用直流电压表测量传感器3$^{\#}$端子与2$^{\#}$端子之间的电压，应为4V左右。启动发动机，在发动机怠速运转时测量3$^{\#}$端子与2$^{\#}$端子之间的电压，应为1～1.5V。逐渐加大节气门开度，使发动机转速升高，同时测量传感器B端子与A端子之间的电压，应逐渐增大至5V。如果测得的传感器的信号电压不正常，则需更换传感器。

（4）科鲁兹车系绝对压力传感器的检测

科鲁兹车系绝对压力传感器电路有以下三个故障码，分别为“DTC P0106：歧管绝对压力（MAP）传感器性能”“DTC P0107：歧管绝对压力（MAP）传感器电路电压过低”“DTC P0108：歧管绝对压力（MAP）传感器电路电压过高”。这里以此为例讲述绝对压力传感器出现故障的检测方法。科鲁兹绝对压力传感器电路参考图3-3，端子如图3-4所示，检测流程如图3-5所示，绝对压力传感器单体检测如图3-6所示。

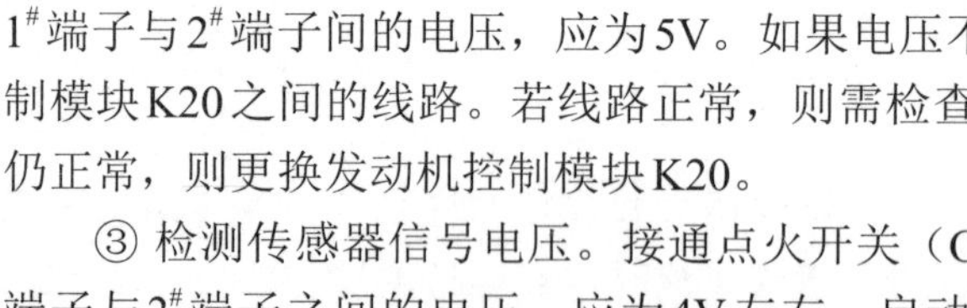

图3-4　科鲁兹绝对压力传感器端子

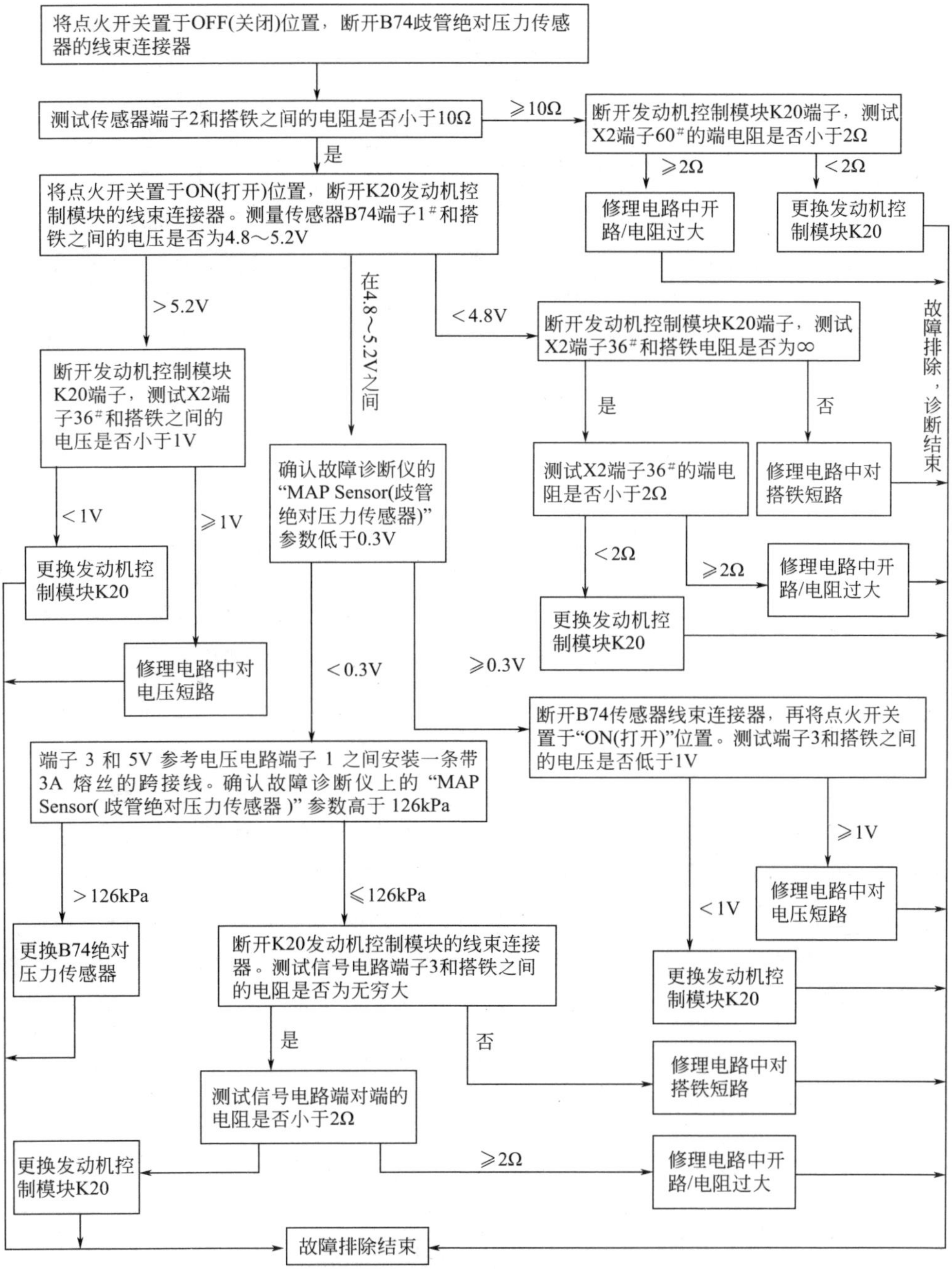

图3-5　绝对压力传感器故障排除流程

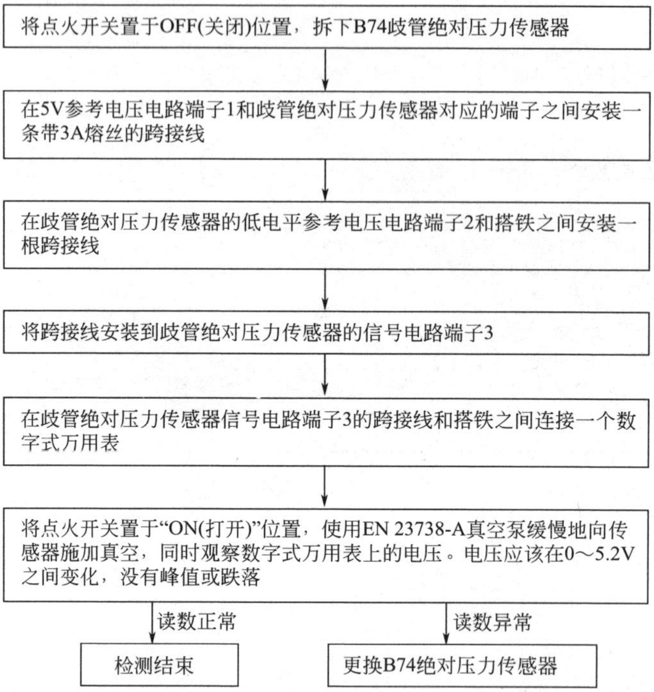

图3-6　科鲁兹进气歧管绝对压力传感器单体检测流程

（5）本田雅阁车系进气歧管绝对压力传感器故障检测

本田雅阁车系进气歧管绝对压力传感器电路如图3-7所示。进气歧管绝对压力传感器故障会产生两个故障码，分别为“P0107(3)：进气歧管绝对压力（MAP）传感器电路低电压”和“P0108（3）：进气歧管绝对压力（MAP）传感器电路高电压”。这里以故障码“P0107（3）：进气歧管绝对压力（MAP）传感器电路低电压”为例介绍本田车系进气歧管绝对压力传感器的故障检测流程。故障检测流程如图3-8所示。

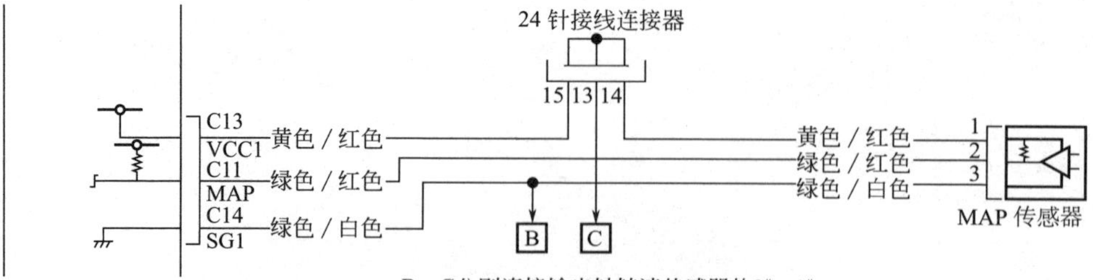

B、C分别连接输出轴转速传感器的3#、1#

图3-7　本田车系进气歧管绝对压力传感器电路

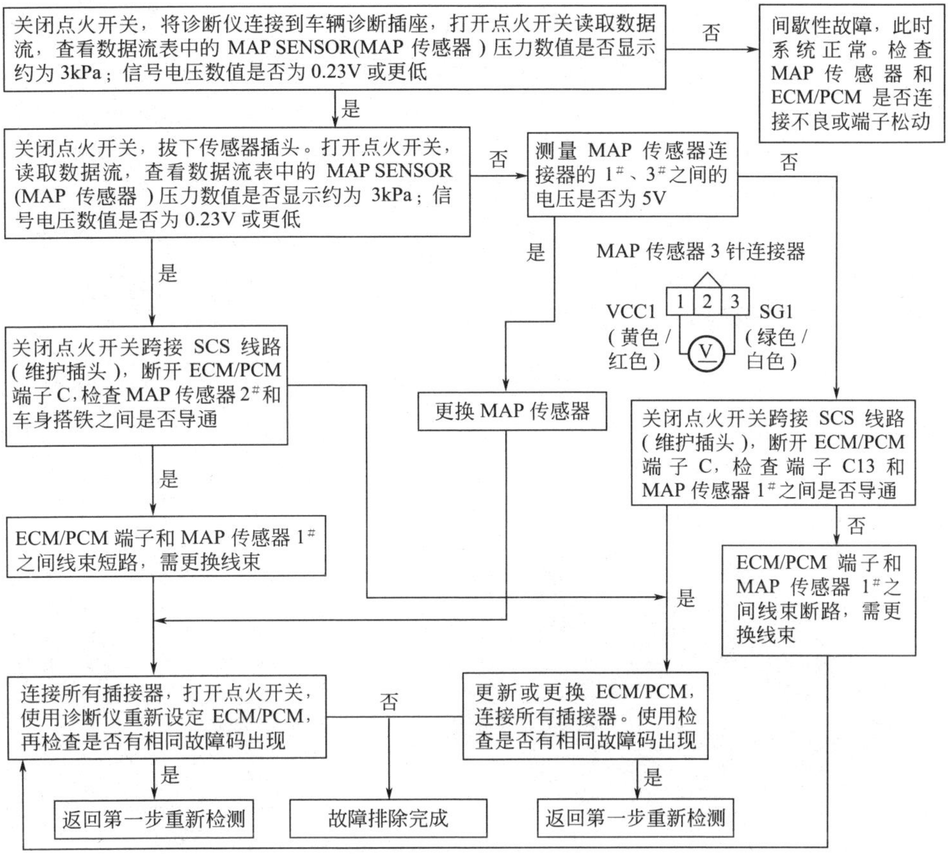

图3-8　本田车系进气歧管绝对压力传感器故障检测流程

3.2.2　电容式进气压力传感器

电容式进气压力传感器的结构与原理如图3-9所示。位于传感器壳体内腔的弹性膜片用金属制成，弹性膜片上、下两个凹玻璃的表面也均有金属涂层，这样在弹性膜片与两个金属涂层之间形成两个串联的电容，利用电容效应检测进气管绝对压力。

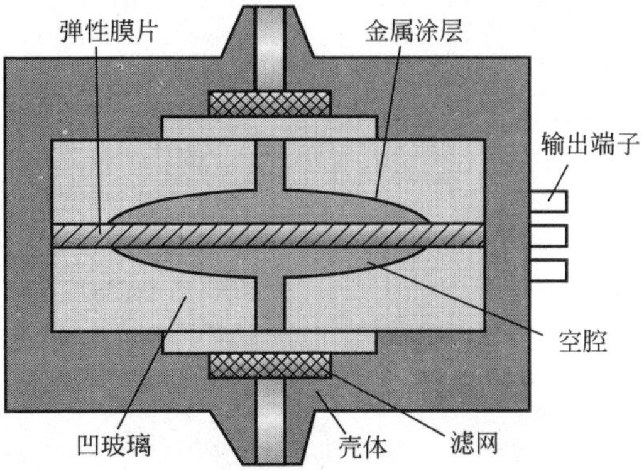

图3-9　电容式进气压力传感器的结构

发动机工作时，进气管内的空气压力作用于弹性膜片上，使弹性膜片产生位移，弹性膜片与两个金属涂层之间的距离发生变化，导致电容量发生变化，一个增加，而另一个减小。电容量的变化量与弹性膜片的位移成正比，而弹性膜片的位移取决于上、下两个气体空腔的压力，只要弹性膜片上部的空腔为绝对真空，下部空腔通进气管，则可通过检测电容量的变化来检测进气歧管的绝对压力。电容量的变化量再经过测量电路转换成电压信号输送给ECU，可以根据传感器输入信号来感知进气歧管的绝对压力的大小，进而对发动机的喷油量进行控制。

3.2.3 真空膜盒式压力传感器

真空膜盒式进气压力传感器又称膜盒测压器。其作用是在D型燃油喷射系统中，由进气歧管绝对压力传感器测量进气管压力，并将信号输入ECU，作为燃油喷射和点火控制的主控制信号。真空膜盒式压力传感器结构如图3-10所示。

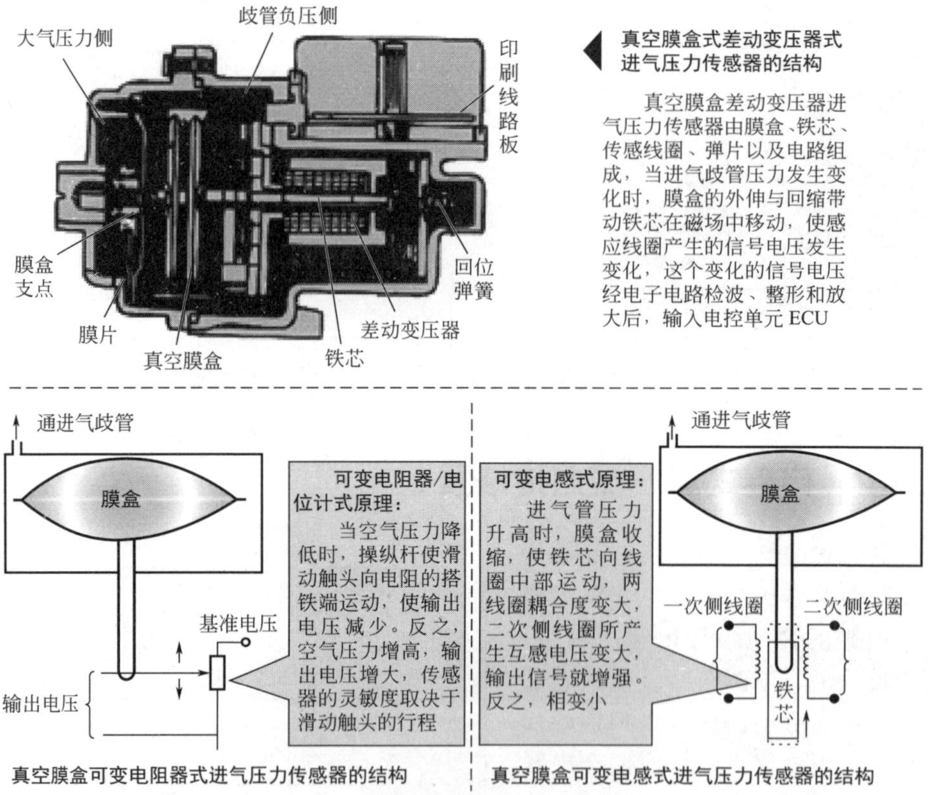

图3-10　真空膜盒式压力传感器构造

检测方法：真空膜盒式进气压力传感器使用12V电源作为工作电源。

① 电压检查。关闭点火开关，拔下传感器插头，在电源线接头一侧连接万用

表，打开点火开关，万用表应显示12V。否则检查电源线是否存在短路、断路现象。

② 输出信号电压检查。连接好传感器插头，将万用表正表笔与传感器信号端子接触，负表笔搭铁，在真空管上加上大气压，信号电压应为1.5V；对真空管施加负压，电压应从1.5V向低方向移动；发动机怠速时，电压应为0.4V，发动机转速升高，输出电压值也升高。

3.2.4 表面弹性波式压力传感器

表面弹性波式进气歧管压力传感器如图3-11所示。表面弹性波式进气歧管压力传感器是在一块压电基片上用超声波方法加工出一块薄膜敏感区，上面刻制换能器，换能器与电路组合成振荡器。为了提高测量精度，补偿温度对基片的影响，在薄膜敏感区边缘设置另一只性能相同的换能器。

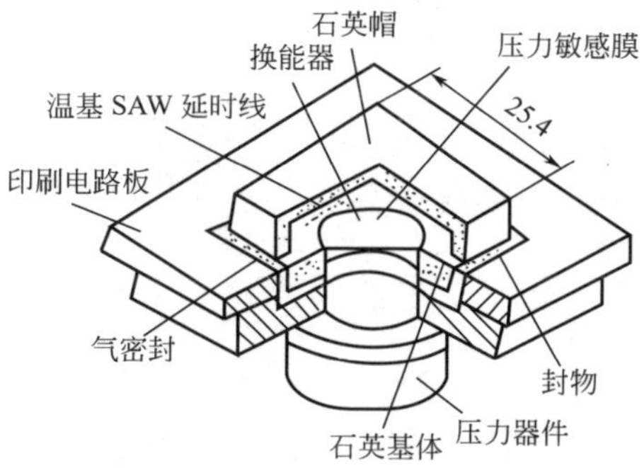

(a) 传感器的结构

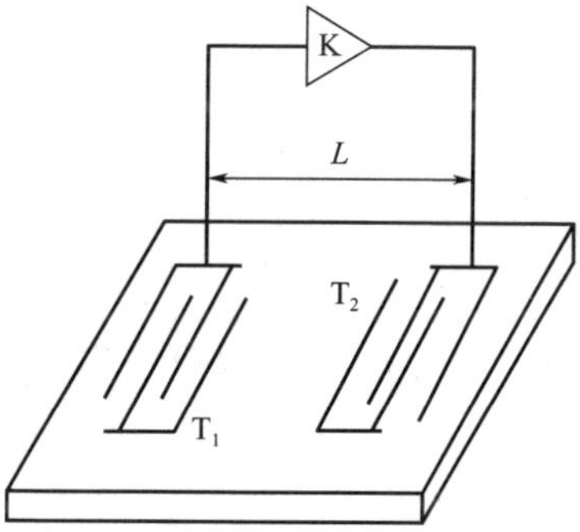

(b) 换能器

图3-11 表面弹性波式进气歧管压力传感器

3.3 机油压力传感器

3.3.1 滑动电阻式机油压力传感器

发动机机油压力传感器作用是检测发动机机油压力的大小，它一般通过螺钉拧在缸体的油道里。

其工作原理如图3-12所示，机油压力传感器内部有一个可变电阻，一端输出信号，一端与搭铁的滑动臂相连。当油压增大时，油压通过润滑油道接口推动膜片弯曲，膜片推动滑动臂移动到低电阻位置，使电路中的输出电流增大；反之，膜片推动滑动臂移动到高电阻位置，使电路中输出电流减小，最终在机油压力表上将机油压力的大小以指针指示出来。

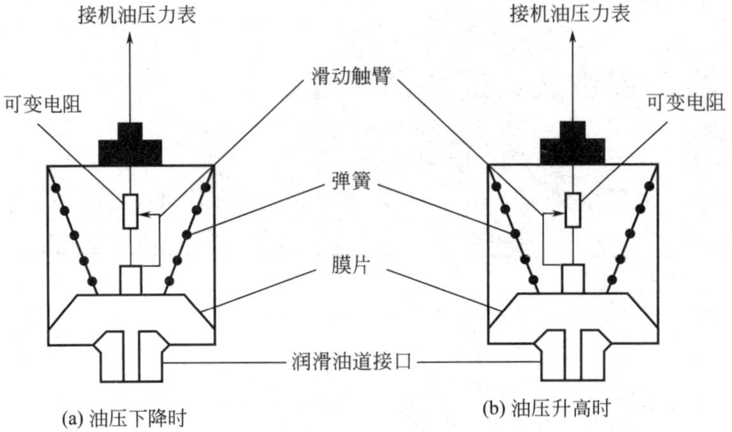

图3-12　机油压力传感器

3.3.2　机油压力报警开关

发动机机油压力开关通常安装在发动机缸体的主油道上，用于检测发动机机油压力值的大小，当低于某一规定值时，点亮机油压力警告灯。

机油压力开关由弹簧、膜片及触点组成，如图3-13所示。

当无机油压力或低压力作用时，弹簧推动膜片，触点处于（ON）闭合状态；达到规定压力时，膜片克服弹簧作用力，使触点打开（OFF）。

油压指示器（油压警告灯）的工作原理如图3-14所示，油压指示灯安装在组

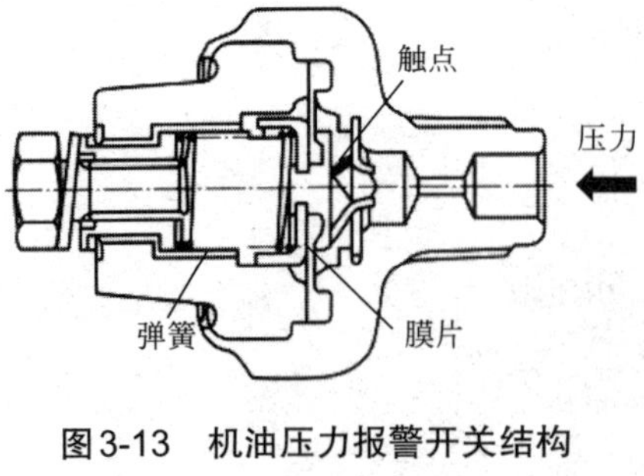

图3-13　机油压力报警开关结构

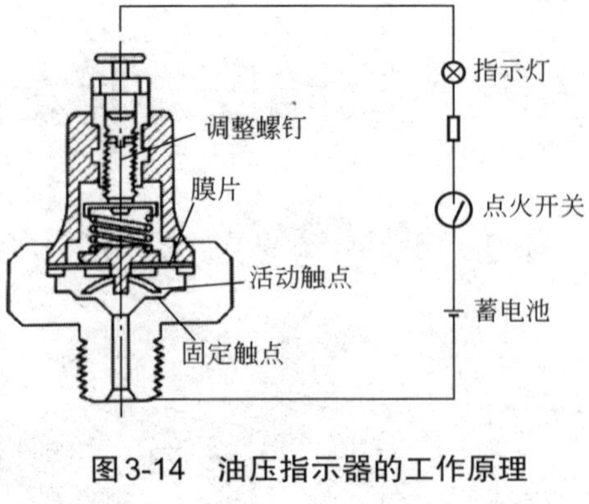

图3-14　油压指示器的工作原理

合仪表内，压力开关安装在发动机润滑油路上。在压力开关内，装有受油压作用动作的膜片与受油压作用动作的触点。当油压低于规定值时，膜片不具有推动弹簧的作用力，触点闭合，指示灯亮；当油压高于规定值时，膜片推起弹簧，触点分开，指示灯熄灭，告知驾驶员油压已达到规定值。通常情况下，触点动作压力在30～50kPa范围内。

机油压力开关的检测方法如下。

点火开关接通后，机油压力指示灯不亮，其故障原因是油压指示灯线束脱落，或者是灯丝已熔断，或者熔断器已熔断。发动机启动后，油压达到规定值，机油压力指示灯点亮，其故障原因是触点开关动作不良或线束搭铁。

3.4 其他压力传感器

3.4.1 制动压力传感器

用于奥迪A6L/A7 Sportback轿车ESP系统上的制动压力传感器，集成在液压单元，如图3-15所示。它向电子控制单元传送制动管路的实际制动压力，电子控制单元据此计算出车轮制动力及作用在车辆上的轴向力，如果需要ESP起作用，电子控制单元会利用上述数值计算侧向力。

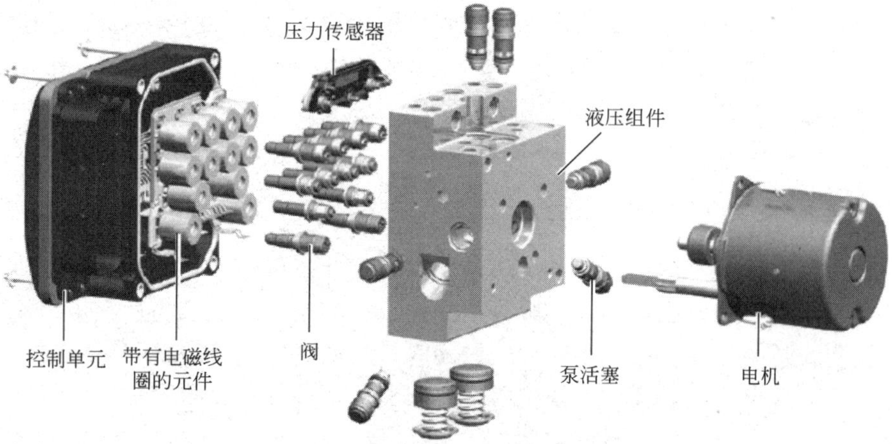

图3-15　制动压力传感器安装位置

制动压力传感器不能从液压泵中拧出，要和液压泵一起更换。

制动压力传感器的核心部件有两个：一个是压电元件，制动液的压力就作用在其上；另一个是传感器电子元件。

如果没有制动压力作用，压电元件的电荷分布是均匀的；如果制动液的压力作用到压电元件上，压电元件上的电荷分布在空间就会发生变化，电荷位置移动，由此产生电压。压力越大，电荷分离的趋势越强，产生的电压就越高。这个电压由电子装置放大，然后作为信号传给控制单元。传感器输出的电压高低就是制动压力大小的直接反映。

ESP制动压力传感器通过三根电线与电子控制单元相连，一根导线为5V电源线，一根导线为信号线，另一根为搭铁线，如图3-16所示。

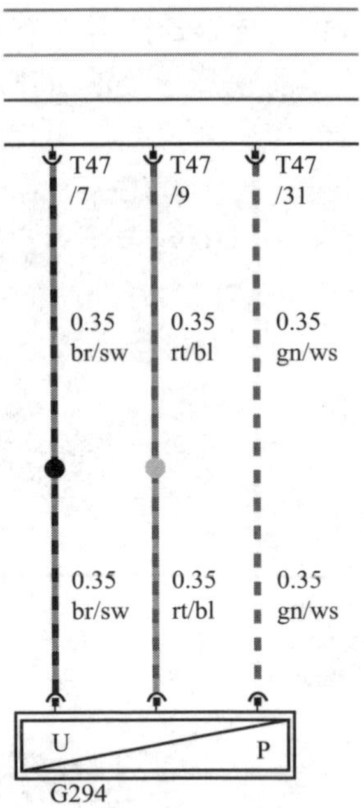

图3-16 奥迪A6L ESP制动压力传感器电路

3.4.2 燃油压力传感器

为了提高发动机的燃油经济性及排放性能，人们将直喷技术应用到汽油发动机上，称为分层燃烧技术。在这种汽油直喷发动机上使用了燃油压力传感器，用于检测发动机高压系统中实际燃油压力，燃油压力作为电压值送往发动机控制单元，用于调节燃油压力，并反馈给ECM形成对油压的闭环控制。

（1）位置

燃油压力传感器安装在燃油分配管上，如图3-17所示。燃油分配管是高压储存器，也是喷油阀、燃油压力传感器、压力限制阀的安装架以及高/低压系统之间的连接部分，燃油分配管将一定的燃油压力分配到高压喷油阀，并且提供足够大的容积来补偿压力波动。

（2）燃油压力传感器的结构与原理

燃油压力传感器结构如图3-18所示。钢质膜片（传感器元件，带有应变片的钢质膜片）是传感器的核心。在膜片上蒸发沉积有4个桥式应变片。传感器的测量范围与膜片的厚薄有关，高压用较厚的膜片，低压用较薄的膜片。只要测量压力通过压力接口作用在膜片下面，膜片弯曲变形使膜片上面的应变片的电阻发生变化。

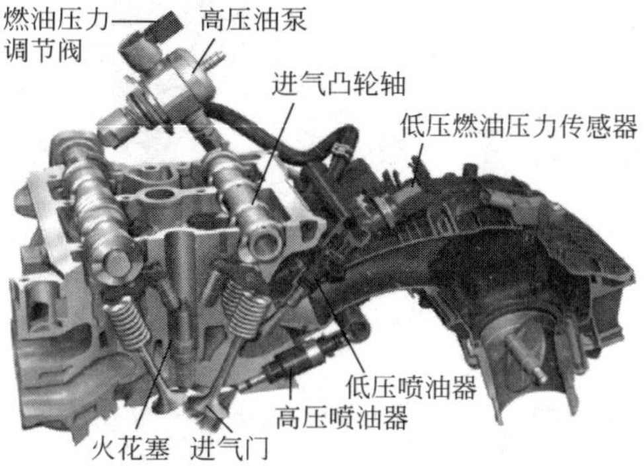

图3-17　燃油压力传感器的位置

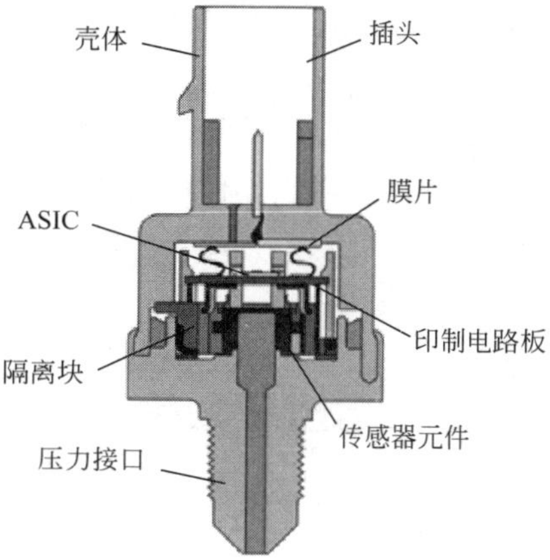

图3-18　传感器结构

电桥上产生的电桥电压（0 ~ 80mV）经导线输入到传感器上的信号处理电路（印制电路板）中。处理电路将电桥电压放大至0 ~ 5V的输出电压，再输入到控制单元。控制单元利用存储的压力-输出电信号的变化关系算出压力值。大众CC车系燃油压力传感器G247电路如图3-19所示。

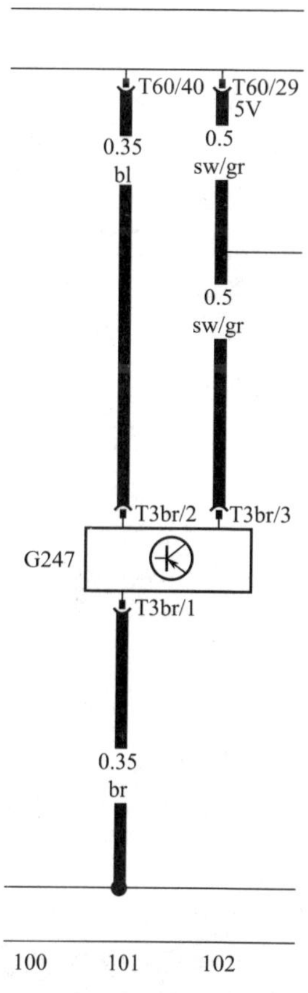

图3-19　大众CC燃油压力传感器电路

（3）燃油压力传感器的检测方法

此传感器及其电路的检测方法如下。

① 检查燃油压力传感器和发动机线束以及ECM连接器的端子有无损坏之处。若有损坏之处，应进行维修，或者更换线束或传感器。

② 电源检测。断开传感器插头，打开点火开关，用万用表测量T3br/2脚和T3br/3脚电压，应为5V。

③ 监测燃油压力（大众CC/宝来TSI发动机）。拆下燃油压力传感器并将其安装到大众检测仪VAS6394/1中，并将燃油压力传感器插头插在传感器上，VAS6394/1的压力管连接到高压油轨的原燃油压力传感器螺钉口处。打开VAS6394/1并短按按钮“A”，使检测仪启动并归零，如图3-20所示。将诊断仪安装在诊断插座上，打开点火开关，在诊断仪上依次选择“车辆自诊断”→“车载诊断（OBD）”→“发动机电控系统”→“测量值”，输入显示组“140”并按“Q”键

确认。在显示区3内显示通过燃油压力传感器测量的燃油压力的实际值。启动发动机比较VAS6394/1上显示的压力和车载诊断检测仪上显示的实际值。压力差最大不能超过5bar（1bar=10^5Pa），偏差大于5bar则更换燃油压力传感器。

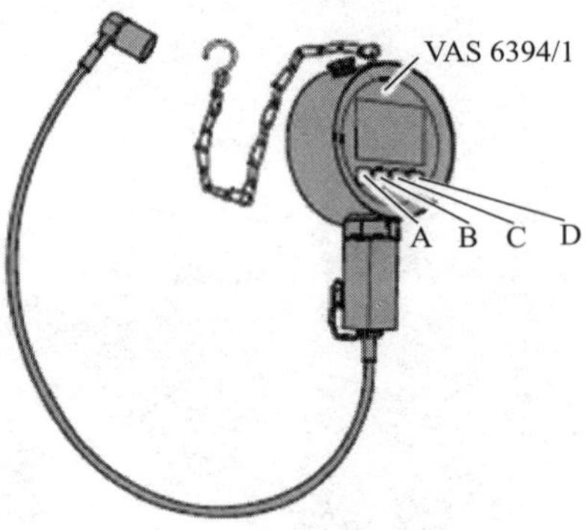

图3-20 VAS6394/1按键

3.4.3 增压压力传感器

涡轮增压压力传感器的作用是检测涡轮增压机的增压压力，以便对修正喷射脉冲和增压压力进行控制，它是用硅膜片上形成的扩散电阻作为传感元件。

增压压力传感器在节气门控制单元前面。该传感器由发动机电控单元提供5V电压供电和接地。传感器的信号是一个0～5V的与压力成正比的电压。在大气压力（海平面）下，电压约为2.5V。信号用于增压压力调节。增压压力传感器如图3-21所示。

此外，Motronic也需要“增压压力”信息，以便在超过最大压力时能采取应对措施。在传感器G31失灵时，通过特征曲线（取决于发动机转速）进行控制，结果会丧失一些功率。

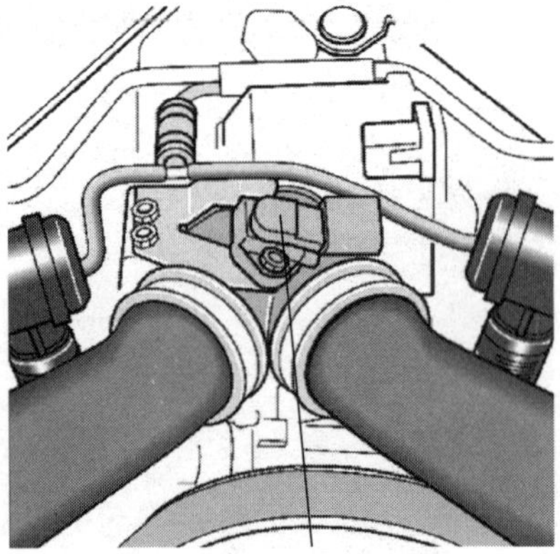

图3-21 增压压力传感器

3.4.4 轮胎压力传感器

（1）轮胎压力监控系统概述

TPMS是汽车轮胎压力监控系统，主要用于在汽车行驶时实时对轮胎气压进行自动监测，对轮胎漏气和低气压进行报警，以保障行车安全。分为间接式和直接式两种类型。

① 间接式是通过汽车ABS或ESP系统的轮速传感器来比较轮胎之间的转速差别，以达到监视胎压的目的。

② 直接式是利用安装在每一个轮胎里的压力传感器和温度传感器来直接测量轮胎的压力和温度，并对各轮胎气压进行显示及监控。

(2)轮胎压力传感器

① 位置。直接式TPMS使用的是轮胎压力传感器，它安装在每一个轮胎里，如图3-22所示。

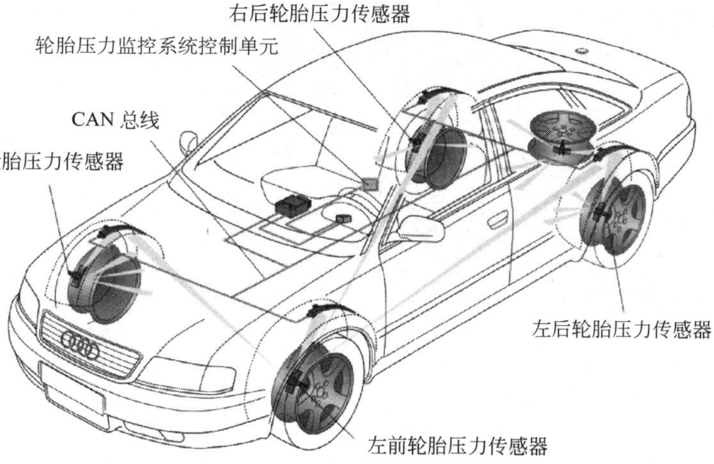

图3-22 奥迪车型直接式胎压监控系统组成

② 组成与功用。轮胎压力传感器组成如图3-23所示，由轮胎压力警告阀和发射器1、密封垫2、轮胎气门芯5、锂电池7、传感器和发射器8等组成。轮胎压力警告阀和发射器集成于轮胎气门。各轮胎压力警告阀和发射器由锂电池、传感器和发射器组成。发射器直接测量轮胎充气压力和温度，以检查车辆是否可以继续行驶，发射器以314.98MHz的频率将测量的轮胎充气压力和温度值发送至轮胎压力警告ECU和接收器。轮胎压力警告阀和发射器接收来自轮胎压力监控引发器的轮胎定位电波。轮胎压力警告阀和发射器的锂电池不可更换。如果锂电池电量耗尽，则必须更换轮胎压力警告阀和发射器(电池使用寿命约10年)。

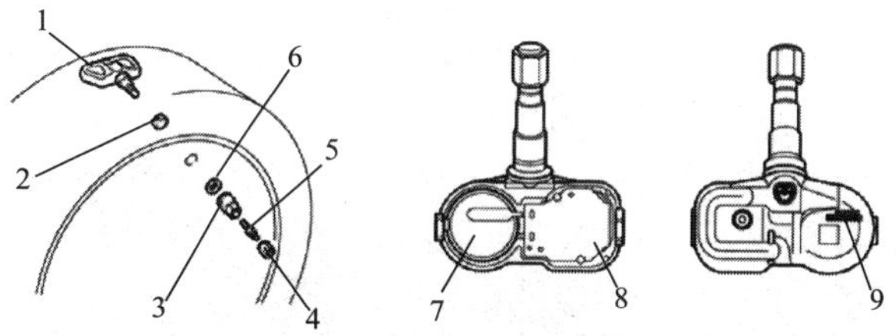

图3-23 轮胎压力传感器安装位置及结构

1—轮胎压力警告阀和发射器；
2—密封垫；
3—螺母；
4—盖；
5—轮胎气门芯；
6—垫圈；
7—锂电池；
8—传感器和发射器；
9—识别码(7位十六进制)

0
1
2
3
4
5
6
7
8
9

Chapter 4

4 流量传感器

4.1 流量传感器分类及在汽车中的应用

流量是指在单位时间内流体通过一定截面积的量。

体积流量是指单位时间内通过流管内某一横截面的流体的体积，简称为流量，国际标准单位是m^3/s。

质量流量是指单位时间内通过流管内某一横截面的流体的质量，称为质量流量，国际标准单位是kg/s。

现代汽车上应用的气体流量传感器，主要是用于检测发动机进气量的空气流量传感器，按照计量方式的不同，总体上可分为体积流量计量方式和质量流量计量方式两种类型。汽车上应用的液体流量传感器，主要有用于计量燃油消耗量的流量传感器和用于计量冷媒通过量的冷媒流量传感器。

4.2 空气流量传感器

4.2.1 翼片式空气流量计

翼片式空气流量传感器又称叶片式或活门式空气流量计，为体积流量型空气流量传感器。早期应用在丰田CAMRY（佳美）小轿车、丰田PREVIA（大霸王）小客车、马自达MPV等汽车的燃油喷射系统上。

翼片式空气流量传感器由空气流量计和电位计两部分组成，如图4-1所示。空气流量计在进气通道内有一个可绕轴摆动的旋转翼片（测量叶片），作用在轴上的卷簧可使测量片关闭进气通路。发动机工作时，进气气流经过空气流量计推动测量叶片偏转，使其开启。测量片开启角度的大小取决于进气气流对测量片的推力与测量片轴上卷簧弹力的平衡状况。进气量愈大，气流对测量片的推力愈大，测量片的开启角度也就愈大。在测量片轴上连着一个电位计，电位计的滑动臂与测量片同轴同步转动，把测量片开启角度的变化（即进气量的变化）转换为电阻值的变化。电位计通过导线、连接器与ECU连接。ECU根据电位计电阻的变化量或作用在其上的电压的变化量，测得发动机的进气量。

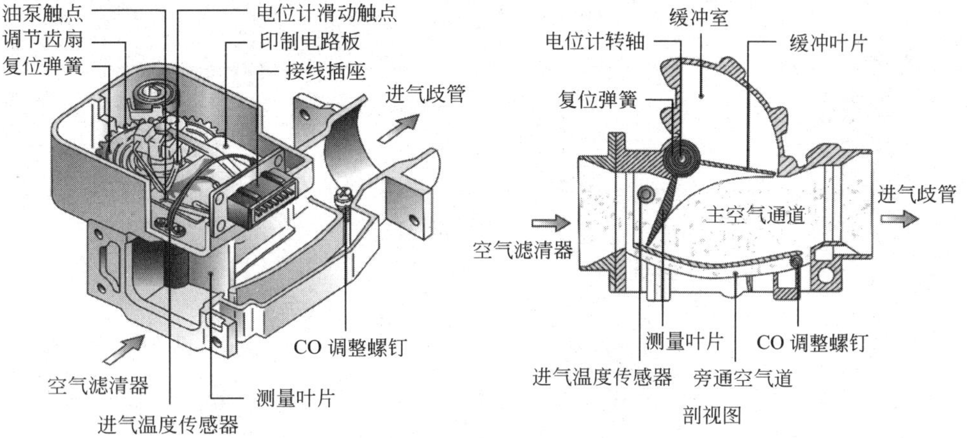

图4-1　旋转翼片式空气流量传感器的结构

翼片式空气流量传感器使用5V参考电压，输出电压采集方式有电压比输出和电压值输出两种，且一般为反比例输出，即进气量越大，输出电压越低；进气量越小，输出电压越高。典型的传感器内部接线如图4-2所示。

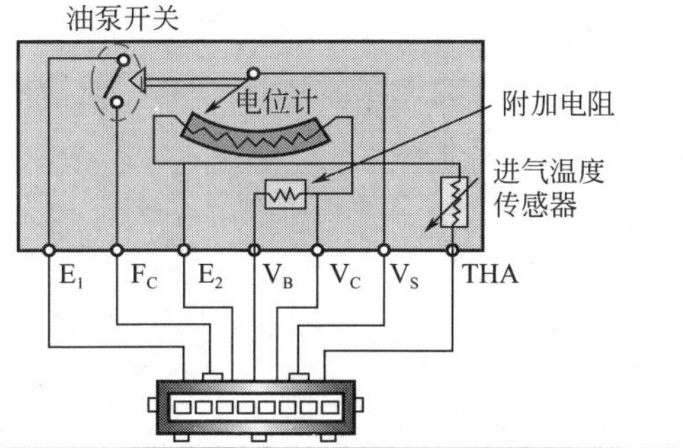

THA	进气温度传感器信号	E_2	搭铁
V_S	空气流量传感器输出信号	F_C	油泵开关
V_C	空气流量传感器输出信号	E_1	油泵开关搭铁
V_B	电源电压		

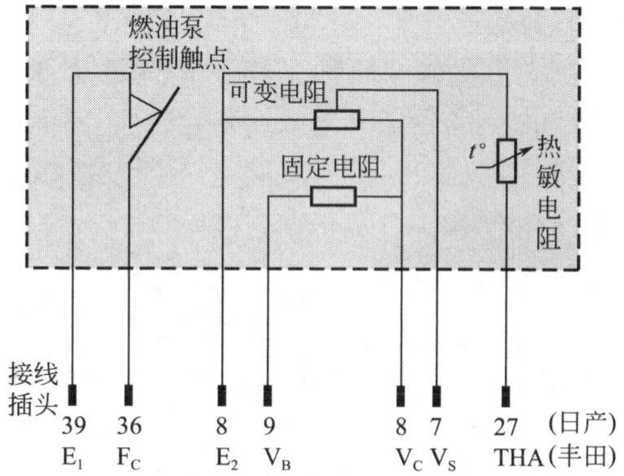

图4-2　典型的翼片式空气流量计内部连接

滑动电阻器总电阻由于厂家不同而不同，如丰田为100 ～ 300Ω，日产为150 ～ 250Ω。具体的检测方法可参照线性节气门位置传感器来进行，或采用量芯式空气流量传感器的测量方法亦可。

4.2.2 热线式空气流量计

（1）基本原理与安装位置识别

在发动机的空气滤清器和节气门体之间放置一发热体和一个温度传感器，空气流经发热体时会带走热量，使得发热体变冷，发热体上流过的空气量越多，被带走的热量也越多，温度传感器感应到温度的变化并将这一变化送给发动机控制单元，发动机控制单元根据温度变化计算出空气流量。热线式空气流量计就是根据这一原理制成的。热线式空气流量计的安装位置如图4-3所示。

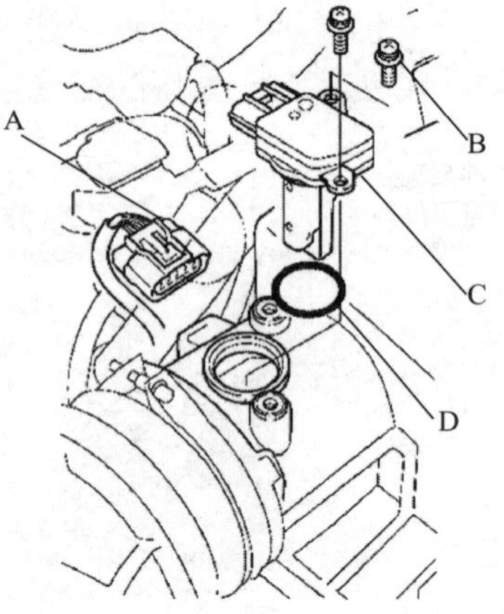

图4-3 空气流量传感器安装位置

A—传感器插接器；
B—紧固螺栓；
C—空气流量传感器；
D—O形圈

热线式空气流量传感器根据其电热体放置的位置不同，可分为主流式（热线电阻安装在主进气道中）和旁通式（热线电阻安装在旁通气道中）两种。

热线式空气流量传感器的电热体是铂丝。

热线主流式空气流量传感器的结构如图4-4所示。空气流量计内有一个暴露在进气气流中的加热式铂丝。通过向铂丝施加规定的电流，ECM即可将其加热到指定的温度。进气气流可冷却铂热丝和内部热敏电阻，从而改变它们的电阻值。为保持稳定的电流值，ECM改变施加到铂丝和内部热敏电阻的电压。电压值与通过传感器的空气流量成比例，并且ECM会利用该值来计算进气量。

铂热丝和温度传感器形成桥式电路，并且通过控制晶体管，使A和B之间的压差保持相等来维持预定温度。

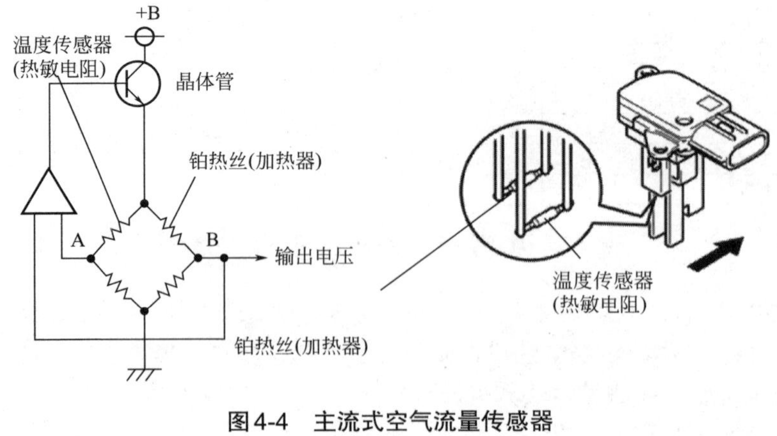

图4-4 主流式空气流量传感器

为防止热线粘有沉积物而影响传感器的测量精度，热线主流式空气流量传感器设有自洁功能，即在每次发动机熄火后约5s，发动机ECU使热线通过较大的电流脉冲（约1s），使热线迅速升温至1000℃左右，以便烧掉热线上的沉积物。

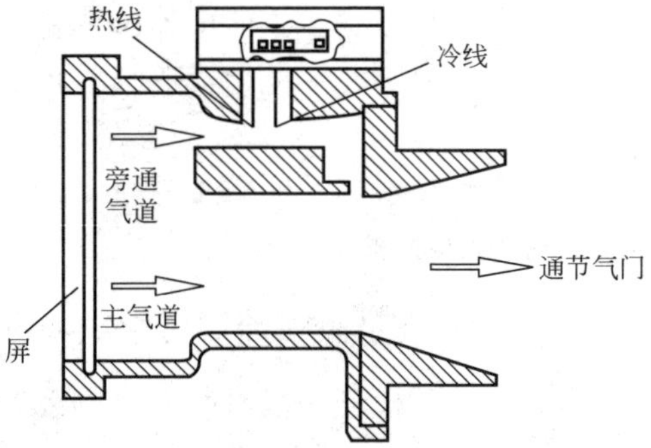

图4-5　旁通式空气流量计

热线旁通式空气流量传感器的结构如图4-5所示。旁通测量方式的热线空气流量计与主流测量方式不同的是，前者将白金热线和温度补偿电阻用铂线缠绕在线管上制成。热线式空气流量计的热线因长时间暴露在空气中会造成空气中的杂质依附在热线上，需增加一自洁功能。当点火开关从打开到关闭位置时，ECU会给空气流量计一个自洁信号，使热线温度瞬间升高到1000℃，使依附在热线上的杂质被烧掉。因热线旁通式空气流量计上的白金热线缠绕在陶瓷绕线管中，并没有暴露在空气中，所以，就不需要自洁功能。传感器壳体两端设置有与进气道相连接的圆形连接接头，空气入口和出口都设有防止传感器受到机械损伤的防护网。传感器入口与空气滤清器一端的进气管相连，出口与节气门的一端相连。

（2）典型电路连接

丰田凯美瑞1ZR-FE、2ZR-FE、5AR-FE发动机采用了热线式空气流量计，5AR-FE发动机空气流量计电路连接如图4-6所示。

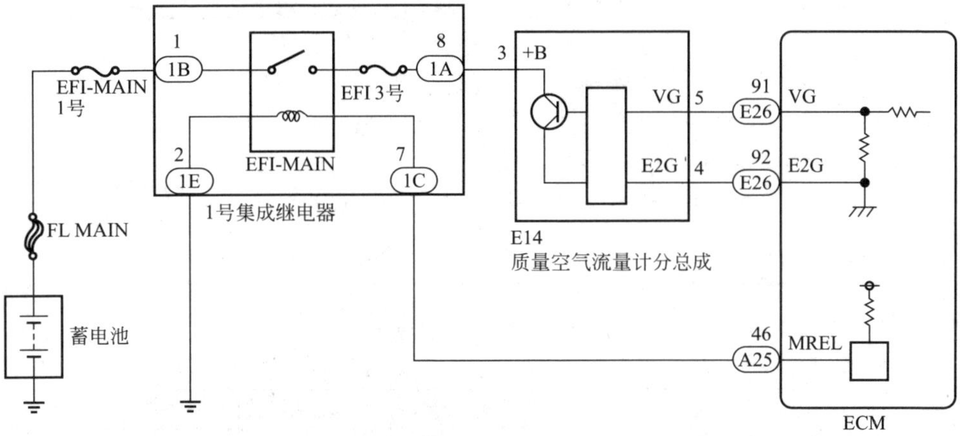

图4-6　丰田凯美瑞发动机空气流量传感器电路

传感器3#端子为1号继电器提供的12V工作电源，传感器4#端子、5#端子为信号输出端，分别连接发动机控制单元E26#端子的92#端子和91#端子。

本田雅阁车系空气流量计电路连接如图4-7所示。传感器3#端子来自主继电器的12V工作电源，传感器1#端子、2#端子为传感器信号输出端，5#端子为进气温度传感器信号输出端。

（3）日产车系空气流量传感器检测

传感器电压检测，以日产天籁车系为例。电路连接如图4-8所示。

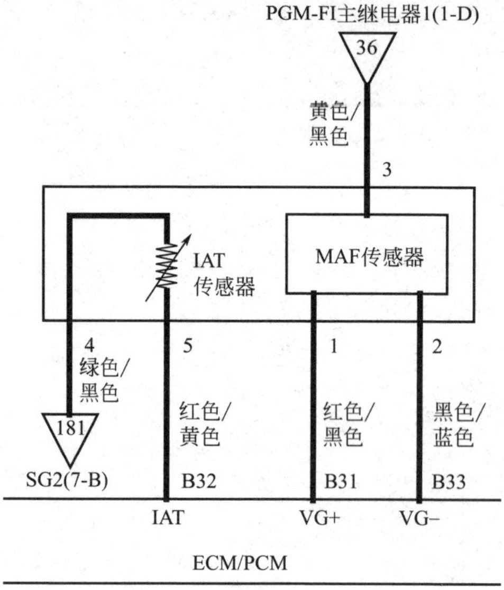

图4-7　本田雅阁发动机空气流量计电路

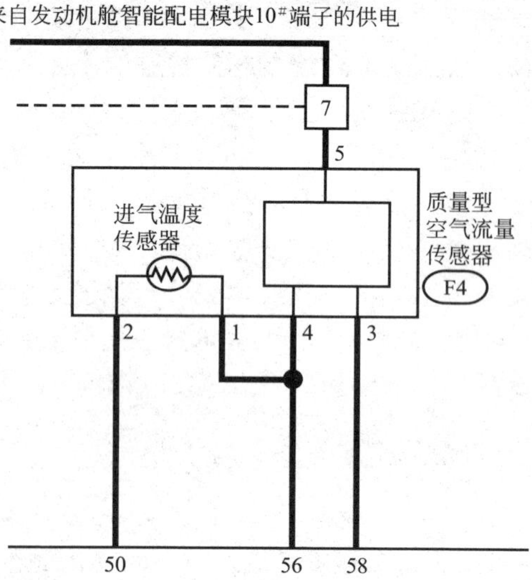

图4-8　日产天籁车系空气流量传感器电路

① 将点火开关转至OFF位置。

② 断开空气流量传感器线束插头，再重新查号。

③ 启动发动机并暖机到正常工作温度。

④ 如表4-1所示检查ECM线束插头端子之间的电压。

表4-1　传感器电压检测

ECM			状态	电压/V
接头	+ 端子	− 端子		
F8	58 （MAF传感器信号）	56 （传感器接地）	点火开关处于ON位置（发动机关闭）	大约0.4
			怠速（发动机暖机至正常工作温度）	0.9 ～ 1.2
			怠速运转至约4000r/min	0.9 ～ 2.4

发动机转速升高到4000r/min，传感器电压应线性上升。

（4）丰田凯美瑞车系空气流量传感器检测

① 传感器供电检测。关闭点火开关，断开空气流量传感器插头，传感器插头如图4-9所示。打开点火开关，使用万用表直流电压挡测量传感器插头E14的3#端子和搭铁之间的电压应为11 ～ 14V。否则检测传感器3#端子与1号继电器之间的线束。

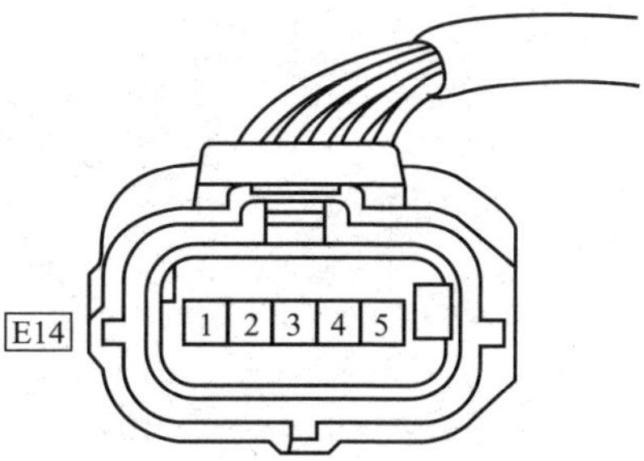

图4-9　凯美瑞空气流量计插头

② 传感器线束检查（传感器3#端子～ 1号继电器之间）。关闭点火开关，断开空气流量传感器插头，再从发动机室继电器盒和接线盒总成上拆下1号集成继电器，用万用表测量1号继电器1A插头8#端子和传感器插头E14的3#端子电阻应小于1Ω。再用万用表千欧挡检测传感器插头E14的3#端子或1号继电器插头1A的8#端子与车身接地之间的电阻，应为10kΩ或更大。如表4-2所示。

表4-2　线束检查（传感器3#端子～ 1号继电器之间）

检测仪连接	条件	规定状态
E14-3（+B）—1A-8	始终	小于1Ω
E14-3（+B）或1A-8—车身接地	始终	10kΩ或更大

③ 传感器线束检查（传感器～发动机控制单元）。关闭点火开关，断开空气流量传感器和发动机ECU端子，根据表4-3所示检测线束及搭铁之间的电阻。检查结果如不符合表4-3，则修理或更换线束。

表4-3　线束检查（传感器～发动机控制单元）

检测仪连接	条件	规定状态
E14-5（VG）—E27-118（VG）	始终	小于1Ω
E14-4（E2G）—E27-116（E2G）	始终	小于1Ω
E14-5（VG）或E27-118（VG）—车身接地	始终	10kΩ或更大

④ 空气流量传感器单体检测。拆下空气流量传感器总成，目视检查质量空气流量计分总成的铂热丝（加热器）上是否有异物。如有异物则更换传感器总成，如图4-10所示。

检查内置于空气流量传感器中的进气温度传感器电阻。插头E14的1#端子为进气温度传感器信号输出端，2#端子为接地端，如图4-11所示，检查结果如表4-4所示。如果结果不符合规定，则更换质量空气流量计分总成。

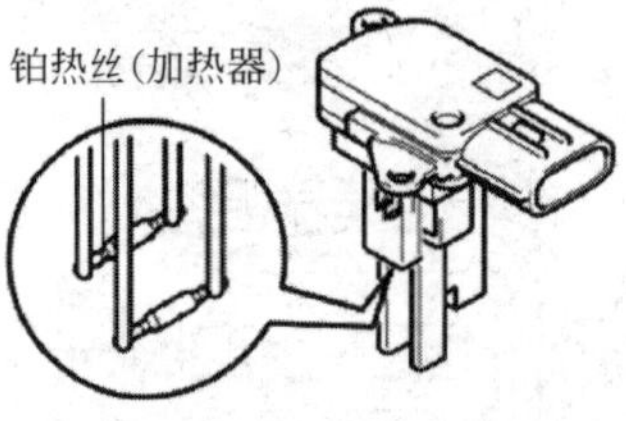

图4-10　目测检查传感器铂热丝

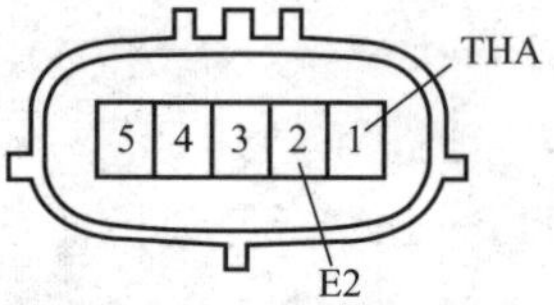

图4-11　空气流量传感器内置的进气温度传感器检测

表4-4　进气温度传感器检查

检测仪连接	条件	规定状态
1（THA）—2（E2）	–20℃	13.6 ～ 18.4kΩ
1（THA）—2（E2）	20℃	2.21 ～ 2.69kΩ
1（THA）—2（E2）	60℃	0.49 ～ 0.67kΩ

4.2.3　热膜式空气流量计

（1）与热线式空气流量计的区别

热膜式空气流量传感器的工作原理与热线式空气流量传感器类似，所不同的是，热膜式不使用铂金丝作为热线，而是将热线电阻、补偿电阻及桥路电阻用厚膜工艺制作在同一陶瓷基片上构成的。这种结构可使发热体不直接承受空气流动所产生的作用力，增加了发热体的强度，提高了空气流量计的可靠性，误差小，成本较低，电阻值较高，消耗的电流小，可以做到小型、轻巧。信号输出电压在0 ～ 5V间线性变化。但热膜式发热元件的响应性稍差。

（2）安装位置识别

空气流量传感器安装在空气滤清器与节气门体之间的进气道上，如图4-12所示。在发动机所有运行状态下准确测量吸入空气，从而更好地进行发动机管理并降低废气排放值。热膜式空气流量计是一种热式流量计。传感器壳体内有一测量通道，来自进气歧管的部分气流流过传感器单元。在电子分析装置中对测得的温度值进行分析，空气流量传感器输送给发动机控制单元一个与进气量相对应的电压值。传感器构造如图4-13所示。

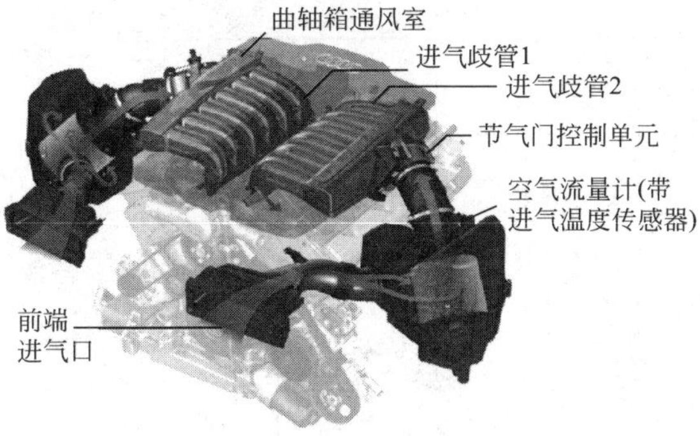

图4-12　空气流量传感器安装位置

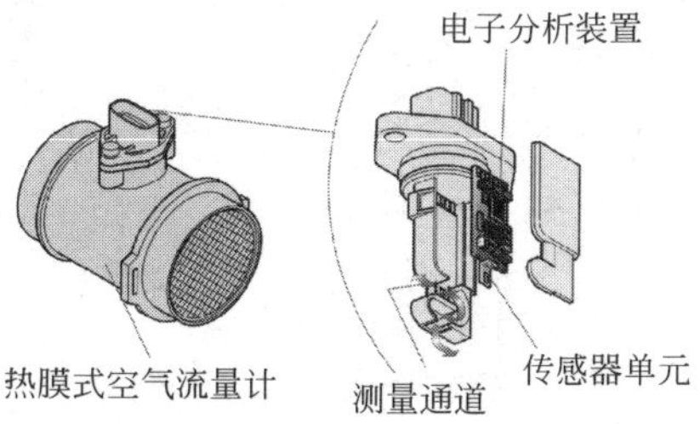

图4-13　热膜式空气流量计

（3）检测

① 丰田凯美瑞（6AR-FSE发动机）。

a.结构与原理：2016款丰田凯美瑞混合动力车系6AR-FSE发动机采用新型硅片式热膜式空气流量传感器（HMF6），传感器内部集成数字处理电路使传感器输出更加精确。传感器结构如图4-14所示。

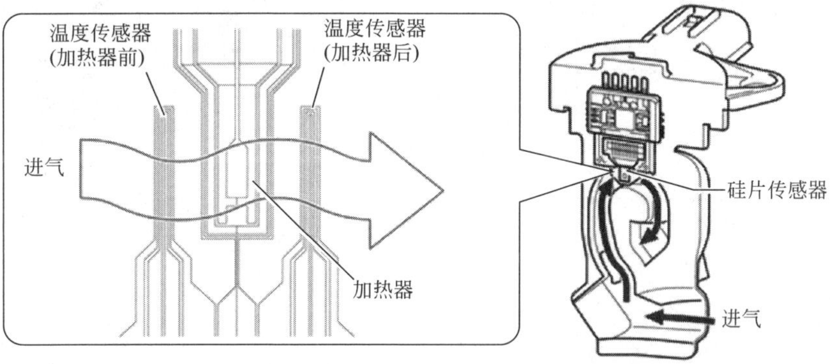

图4-14　硅片型热膜式空气流量传感器结构

空气流量传感器具有内置进气温度传感器。进气气流经过旁通管中硅片传感器的温度传感器（加热器前）、加热器、温度传感器（加热器后）。由于进气接触加热器时温度升高，因此进气流经温度传感器（加热器后）时的温度高于其流经温度传感器（加热器前）时的温度。根据流经硅片传感器的进气速率，在各温度传感器的进气温度差不同。温度传感器桥接电路检测温度差，且控制电路将其转化为脉冲信号并将其输出至ECM。温度传感器（加热器前）检测的温度高于温度传感器（加热器后）检测的温度时，判定进气回流。传感器内部电路如图4-15所示。传感器与ECU连接电路如图4-16所示。

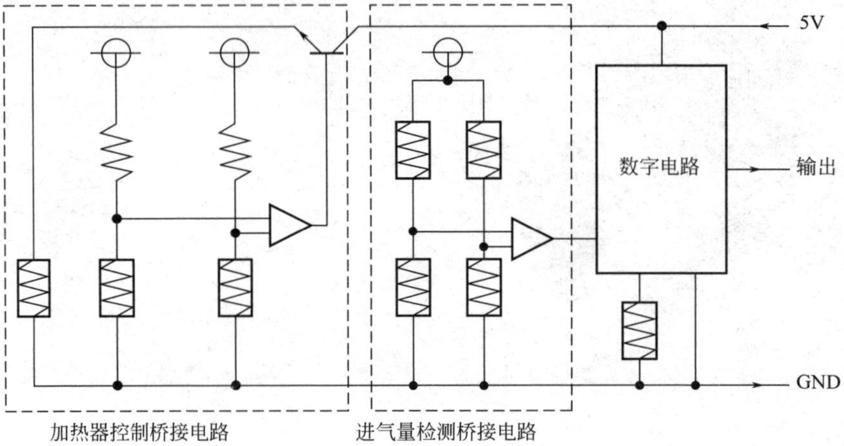

图4-15　传感器内部桥接电路

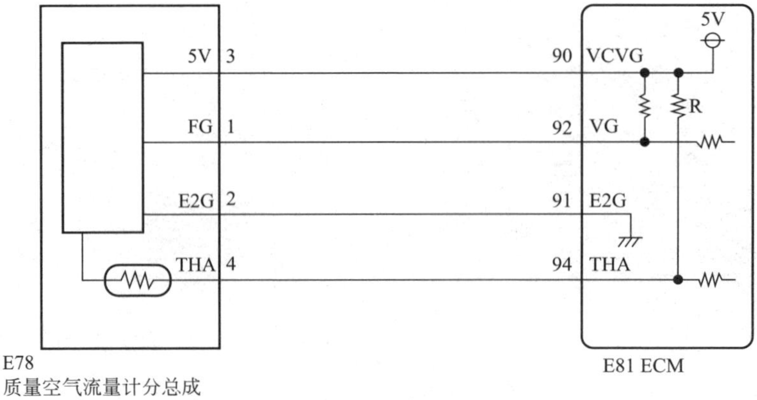

图4-16　传感器与ECM电路连接

b.传感器单体检测。断开点火开关，拆下传感器，目视检查空气流量传感器的温度传感器（热敏电阻）上是否有异物。如有异物则更换传感器；用万用表检查传感器E78的2#端子、3#端子之间电阻（进气温度传感器），检测应符合图4-17所示，如不符合则更换传感器。

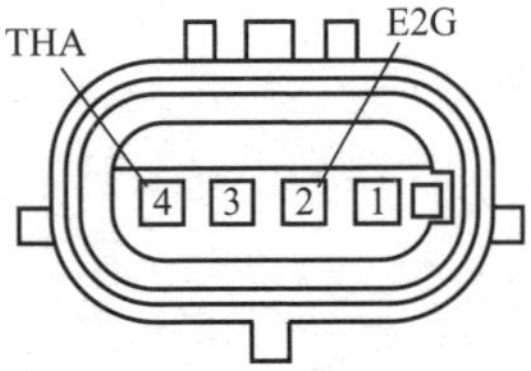

检测仪连接	条件	规定状态
4（THA）—2（E2G）	–20℃	13.6 ～ 18.4kΩ
	20℃	2.21 ～ 2.69kΩ
	60℃	0.49 ～ 0.67kΩ

图4-17　传感器单体检查

c.传感器供电检查：断开空气流量传感器E78插头，再打开点火开关，用万用表电压挡按图4-18所示测量传感器供电。如检查结果不符合图中所示，则检查和修理空气流量传感器和发动机控制单元ECM之间线束。

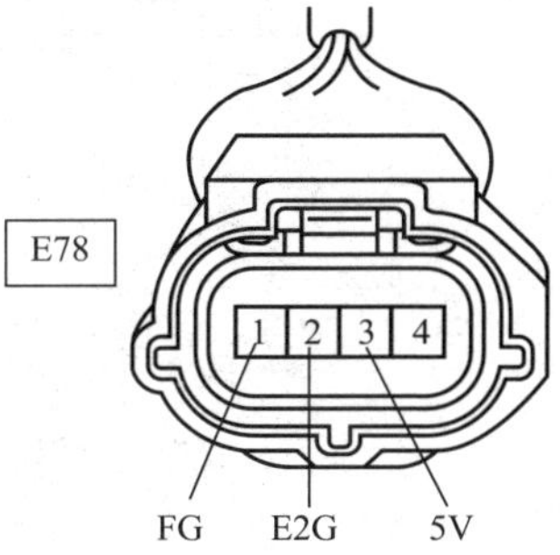

检测仪连接	条件	规定状态
E78-3（5V）—E78-2（E2G）	点火开关转到ON	4.8 ～ 5.2V
E78-1（FG）—E78-2（E2G）	点火开关转到ON	4.8 ～ 5.2V

图4-18　传感器供电检查

d.传感器线束检查（传感器和ECM之间线束）：关闭点火开关，断开空气流量传感器和ECM插接器，用万用表欧姆挡按照图4-19所示检测线束之间和搭铁之间的电阻值，应符合表4-5所示。

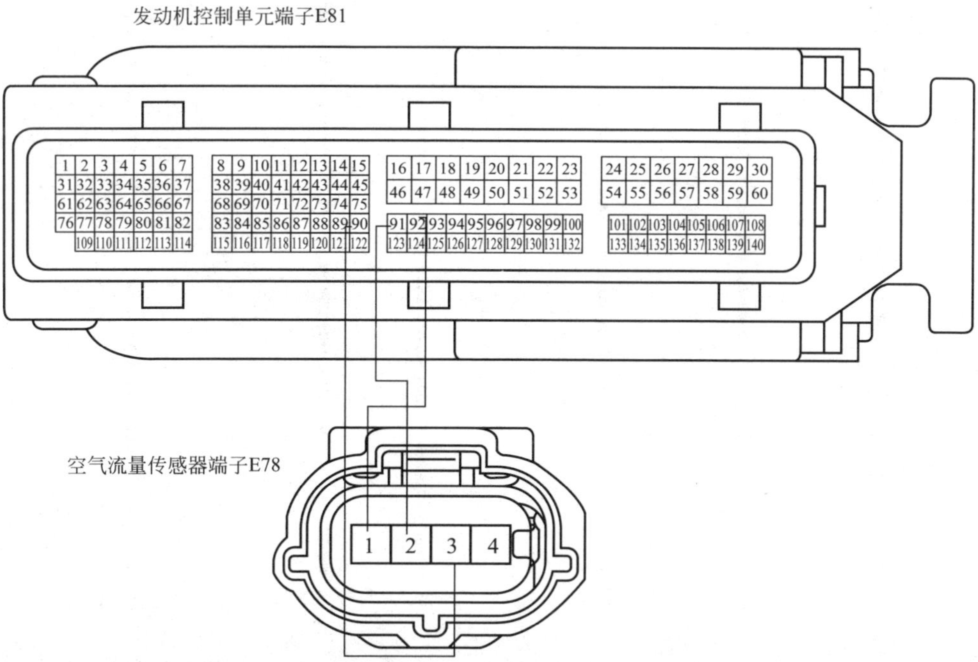

图4-19　传感器线束检查

表4-5 标准数值

检测仪连接	条件	规定状态
E78-3（5V）—E81-90（VCVG）	始终	小于1Ω
E78-1（FG）—E81-92（VG）	始终	小于1Ω
E78-2（E2G）—E81-91（E2G）	始终	小于1Ω
E78-3（5V）或E81-90（VCVG）—车身接地和其他端子	始终	10kΩ或更大
E78-1（FG）或E81-92（VG）—车身接地和其他端子	始终	10kΩ或更大
E78-2（E2G）或E81-91（E2G）—车身接地和其他端子	始终	10kΩ或更大

② 大众新迈腾、新CC/帕萨特发动机空气流量计。大众新迈腾1.8TSI发动机同样使用热膜式空气流量计HFM6 G70，其与发动机控制单元J623的连接电路及插头示意如图4-20（a）所示。大众CC、新款帕萨特1.8TSI以及2012年款迈腾发动机使用的是改进型三线（取消了进气温度传感器）热膜式空气流量计G70，其与发动机控制单元J623的连接电路如图4-20（b）所示。

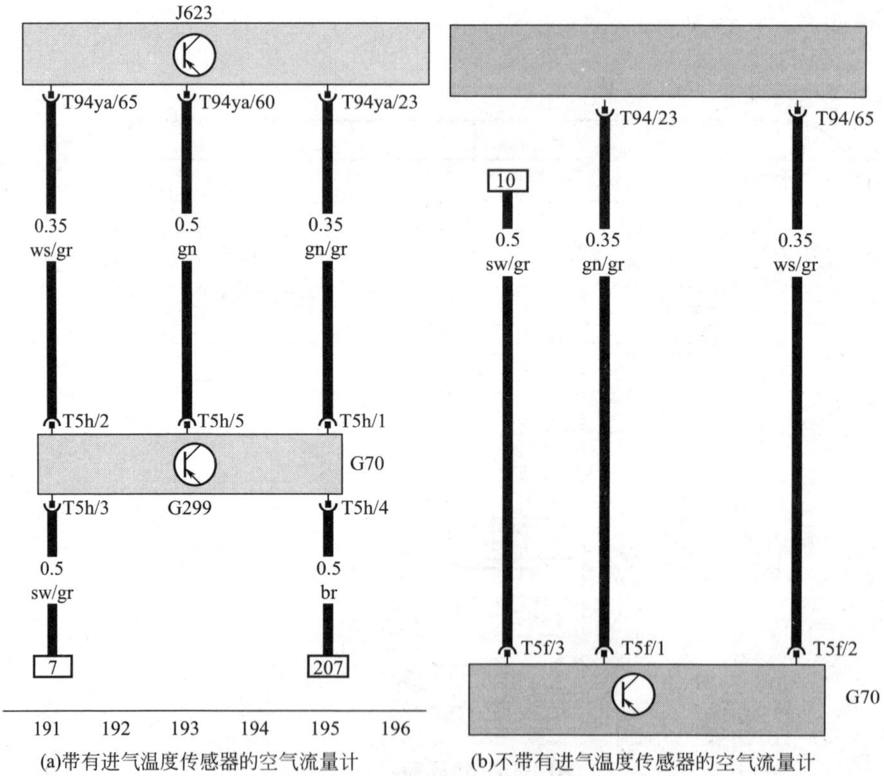

图4-20 大众车型两种空气流量计电路

a. 传感器供电检查：关闭点火开关，断开空气流量计插头，再打开点火开关，用万用表的电压挡测量空气流量计插头中的供电端子（T5h/3、T5f/3）与搭铁线端子（T5h/4、T5f/2）之间的电压值，该电压值为蓄电池电压。

b. 传感器输出信号电压检查：关闭点火开关，拆下传感器，再连接上传感器线束。打开点火开关，用万用表的电压挡测量空气流量计插头中的正信号线与负信号线之间的电压值；边测量边用鼓风机吹起，观察信号电压的变化情况。若信号电压不发生变化，则说明空气流量计失效，应予以更换。信号电压的标准值为2.0 ～ 4.0V。

4.2.4 卡门旋涡式空气流量计

卡门涡旋式空气流量传感器通常与空气滤清器外壳安装成一体。在进气管道中间设有流线型或三角形的涡流发生器，当空气流经涡流发生器时，在其后部的气流中会不断产生不对称却十分规则的被称为卡门涡流的空气涡流。根据卡门涡流理论，这个旋涡行列是紊乱的，依次沿气流流动方向移动，其移动的速度与空气流速成正比，即在单位时间内通过涡流发生器后方某点的涡流数量与空气流速成正比。因此，通过测量单位时间内涡流的数量就可计算出空气流速，再将空气通道的有效截面积与空气流速相乘，就可以知道吸入空气的量。

根据测量方法不同，卡门涡旋式空气流量传感器可分为反光镜检测式和超声波检测式两种。反光镜式卡门涡旋式空气流量传感器的结构如图4-21所示。

传感器内只有一只发光二极管和一只光敏晶体管。发光二极管发出的光束被一片反光镜反射到光敏晶体管上。反光镜安装在一个很薄的金属簧片上。涡流发生器由于发生旋涡而产生的压力变化通过压力导向孔作用在金属簧片上，在进气气流旋涡的压力作用下金属簧片振动。由于反光镜随簧片一同振动，因此被反射的光束也以相同的频率变化，光敏晶体管也随光束以同样的频率导通、截止。进气流速越大，涡旋强度也越大，光敏电压信号的频率越高；反之，频率低。ECU根据所接收的电压信号的频率高低来判断进气流量的大小，然后再向喷油器发出喷油指令。

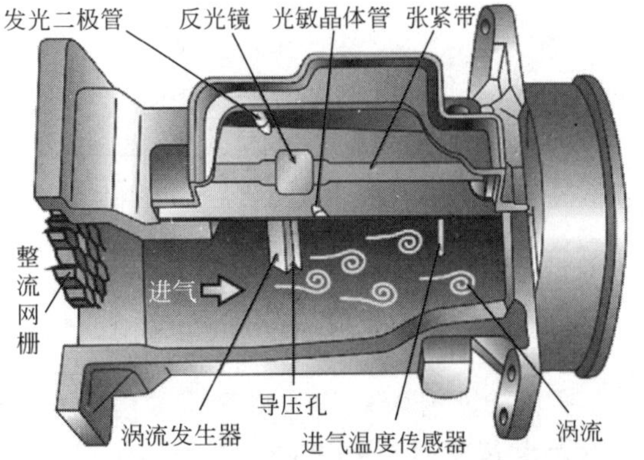

图4-21　反光镜式卡门涡旋空气流量传感器

超声波检测式如图4-22所示，是利用卡门涡旋引起的空气密度变化进行测量。空气流动方向的垂直方向安装超声波信号发生器，在其对面安装超声波接收器。从信号发生器发出的超声波因受卡门涡旋造成的空气密度变化的影响，到达接收器时有的变早，有时变晚，而测出其相位差，利用放大器使之形成矩形波，则矩形波的脉冲频率即为卡门涡旋的频率。

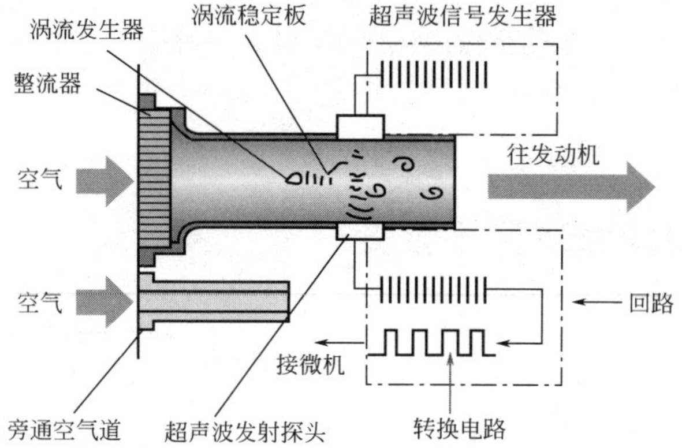

图4-22　超声波检测式卡门涡旋空气流量传感器

下面以丰田雷克萨斯LS400轿车1UZ-FE发动机用反光镜检测式空气流量传感器为例进行讲解，传感器与发动机控制单元之间的连接电路如图4-23所示。

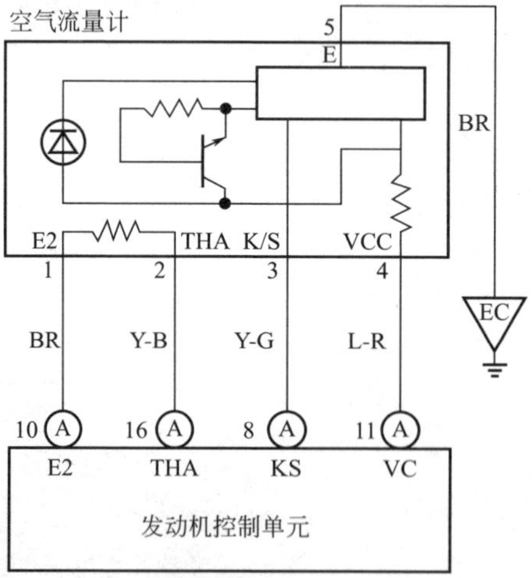

图4-23　LS400卡门涡旋式空气流量传感器与ECU的连接电路

关闭点火开关，拔下空气流量传感器的插头，用万用表电阻挡测量传感器上进气温度传感器信号“THA”与接地端子“E2”之间的电阻，其标准值如表4-6所示。如果电阻值不符合标准值，则更换空气流量传感器。

表4-6 空气流量传感器上的温度传感器THA—E2端子之间的电阻值

端子	标准电阻/kΩ	温度/℃
THA—E2	10.0 ～ 20.0	–20
	4.0 ～ 7.0	0
	2.0 ～ 3.0	20
	0.9 ～ 1.3	40
	0.4 ～ 0.7	60

连接好传感器插头，用万用表电压挡检测发动机ECU端子THA—E2、KS—E、VC—E间的电压，其标准电压值见表4-7。若电压不符合要求，则应检查传感器与ECU间的线路连接情况。

表4-7 THA—E2、VC—E1、KS—E1之间的电压

端子	电压/V	检测条件
THA—E2	0.5 ～ 3.4	怠速、进气温度20℃
VC—E1	4.5 ～ 5.5	点火开关打开
KS—E1	4.5 ～ 5.5	点火开关打开
	2 ～ 4（脉冲）	怠速

4.2.5 量芯式空气流量计

量芯式空气流量传感器由翼片式空气流量传感器改进而成，其结构如图4-24所示。由量芯、电位计、进气温度传感器、线束插头等组成。量芯安装在进气道内并可沿进气道移动，即用量芯代替了叶片式传感器的叶片。

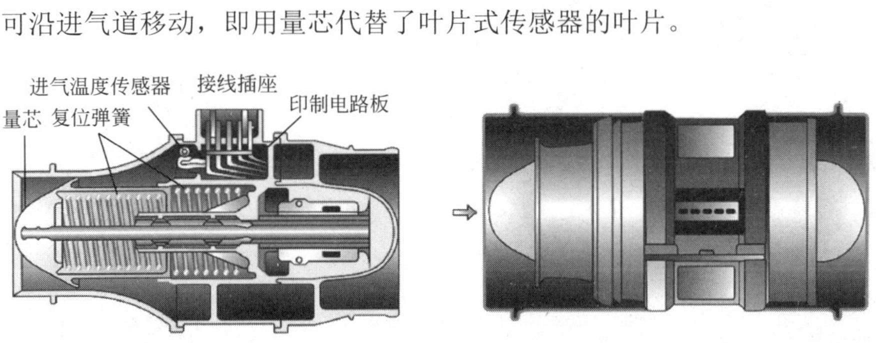

图4-24 量芯式空气流量传感器的结构

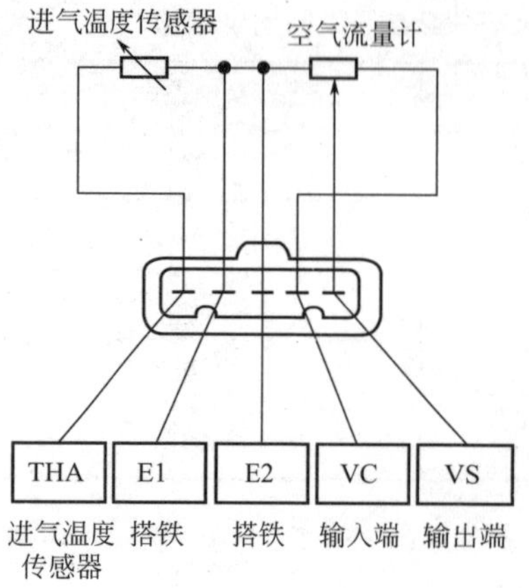

图4-25 量芯式空气流量传感器电路

马自达929汽车采用的量芯式空气流量传感器电路如图4-25所示。

发动机控制单元给传感器VC端子供应5V参考电压，E2端为搭铁端子，VS为信号输出端。进气量增大，进气道内空气气流对量芯产生的推力增大，在气流推动作用下量芯移动的距离增大，从而带动电位计滑臂转动的角度增大，传感器"VS"与"E2"之间的电阻值减小，输出的信号电压将降低；当发动机进气量减小时，输出的信号电压就会升高。电脑根据传感器信号电压的高低，就可计算出进气量的大小。

外观检查：关闭点火开关，拆下空气流量传感器，观察量芯式空气流量传感器是否开裂、量芯是否发卡等。若有，则需更换传感器。

电阻检测：用万用表的电阻挡测量量芯式空气流量传感器本体VC—E2之间的电阻，应符合标准值规定，在测量VS—E1端子之间的电阻时，电阻值应随着量芯的移动而平稳变化，不应出现忽大忽小、短路或断路情况。

参考电压检测：关闭点火开关，拔下空气流量传感器插头，然后打开点火开关，用万用表电阻挡测量连接器线束侧VC—E2端子间的电压，标准应为5V。若不正常，则为导线或ECU电脑故障。

4.3 液体流量传感器

4.3.1 光电式燃油流量传感器

（1）光电式燃油流量传感器的结构

其结构主要由光电耦合元件、叶轮、遮光板组成。光电式燃油流量传感器的结构与电路如图4-26所示。

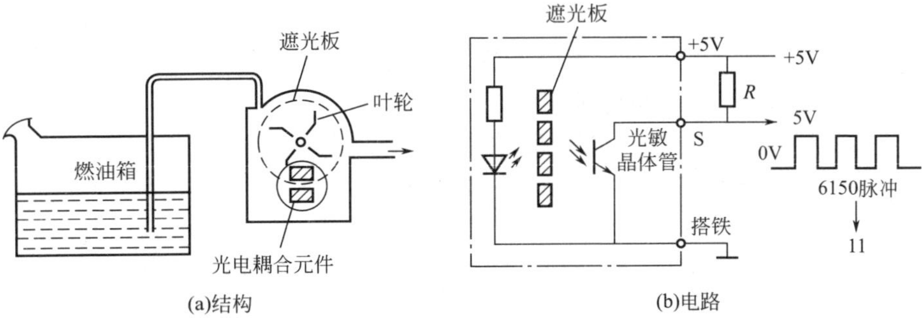

图4-26 光电式燃油流量传感器的结构与电路

（2）工作原理

当叶轮旋转时，遮光板也随叶轮在光电耦合件之间旋转，光敏晶体管就一会儿导通，一会儿截止，根据导通的次数就可以检测出燃油量。

4.3.2 空调制冷剂质量流量传感器

2016款丰田凯美瑞混合动力车型空调制冷剂质量流量传感器安装在连续可变排量型空调压缩机上。

空调制冷剂质量流量传感器安装位置和剖面以及电路连接如图4-27所示。

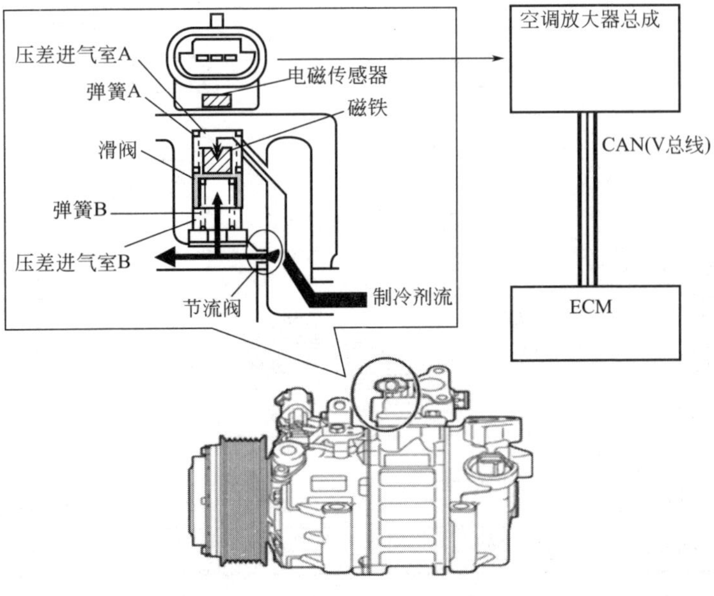

图4-27 空调制冷剂质量流量传感器安装位置和剖面及电路连接

空调制冷剂质量流量传感器利用位置随制冷剂流量变化的滑阀来检测制冷剂流量。安装在滑阀上的磁铁会造成磁通量产生变化，空调制冷剂质量流量传感器将磁通量的变化转变为电压信号输出。

滑阀根据流经制冷剂流量节流阀之前和之后的压差改变其位置。如果制冷剂流量较小，则压差进气室A和B之间的压差较低，弹簧B的力就会向上推动滑阀；如果制冷剂流量较大，则压差进气室A和B之间的压差较高，压差大于弹簧B的力，滑阀则向下移动。根据空调制冷剂质量流量传感器检测到的制冷剂流量，空调放大器总成和ECM协同控制压缩机和发动机。

空调制冷剂质量流量传感器通过空调压缩机端口E75与空调放大器端口I77连接。质量流量传感器不能单独更换，出现故障需要整体更换空调压缩机总成。

空调制冷剂质量流量传感器出现故障会产生故障码“DTC B1479/79：空调制冷剂质量流量传感器电路开路或短路”。

空调制冷剂质量流量传感器线束检查（空调压缩机插头E75～空调放大器插头I77）：断开空调放大器插头I77和空调压缩机插头E75，两个插头外观分别如图4-28和图4-29所示。用万用表欧姆挡测量线束相关插头之间及相关插头与车身接地之间的电阻，电阻应符合表4-8所示。如不符合则修理或更换线束及连接器。

图4-28　空调放大器总成插头I77

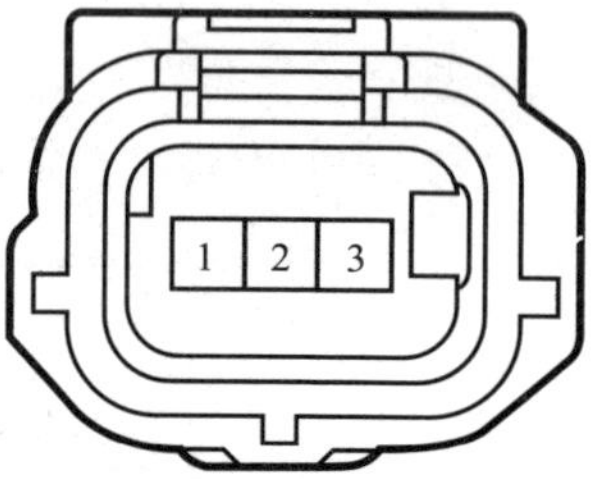

图4-29　空调压缩机端口E75

表4-8　标准电阻值

检测仪连接	条件	规定状态
I77-7（FLOQ）—E75-3（QUFL）	始终	小于1Ω
I77-13（SG-2）—E75-2（SGFL）	始终	小于1Ω
I77-30（S5-1）—E75-1（S5FL）	始终	小于1Ω
I77-7（FLOQ）—车身接地	始终	10kΩ或更大
I77-13（SG-2）—车身接地	始终	10kΩ或更大
I77-30（S5-1）—车身接地	始终	10kΩ或更大

Chapter 5

5 位置与角度传感器

5.1 位置与角度传感器基础知识

用来测量元件运转或运动所处位置的传感器称为位置传感器。应用在汽车上的位置传感器有曲轴位置传感器、凸轮轴位置传感器、节气门位置传感器、液位传感器、踏板位置传感器、EGR位置传感器等。用来确定方向盘所处位置的传感器称为方向盘转角传感器。用超声波来确定物体间位置和距离的传感器称为超声波距离传感器。用来确定车身高度的传感器称为车身高度传感器。用来确定方向盘转角的传感器称为方向盘转角传感器。

在汽车电子控制系统中，位置与角度传感器的使用类型很多，主要有曲轴位置传感器、凸轮轴位置传感器、节气门位置传感器。

① 曲轴位置传感器。它是发动机电子控制系统中最主要的传感器之一，它提供点火时刻（点火提前角）、确认曲轴位置的信号，用于检测活塞上止点、曲轴转角及发动机转速。

② 凸轮轴位置传感器。又称凸轮轴转角传感器、相位传感器、同步信号传感器、缸位传感器、气缸识别传感器、气缸位置传感器。它的作用主要是检测凸轮轴位置和转角，从而确定第一缸活塞的压缩上止点位置。

③ 节气门位置传感器。安装在节气门体上，它可将节气门开度及开闭速度的变化转换成电信号输入电子控制单元（ECU），用来检测节气门开度，使ECU判别发动机工况和负荷。

5.2 曲轴位置传感器

5.2.1 曲轴位置传感器作用与识别

曲轴位置传感器也称为发动机转速传感器，它是发动机集中控制系统最主要的传感器之一，用来检测活塞上止点及曲轴转角的信号并将其输入发动机ECU，用于对点火时刻和喷油正时进行控制，同时它也是测量发动机转速的信号源。

5.2.2 电磁感应式曲轴位置传感器

（1）安装位置

电磁感应式曲轴位置传感器一般安装在曲轴前端或发动机飞轮壳体上，如图5-1所示。

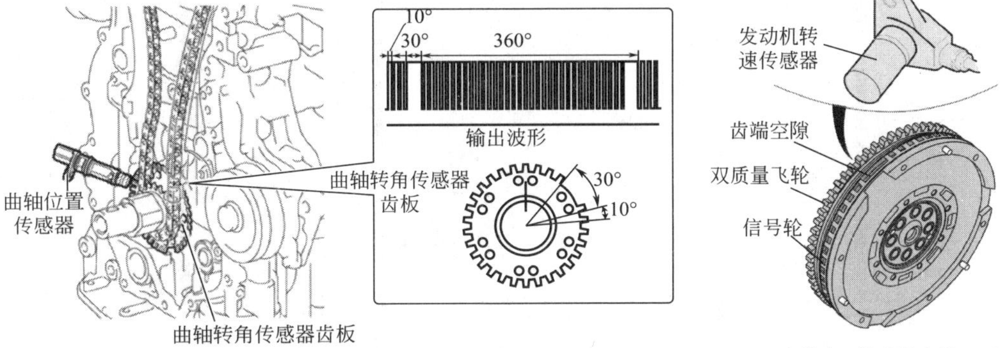

(a)安装在曲轴前端的曲轴位置传感器

(b)安装在飞轮壳体上的曲轴位置传感器

图5-1 电磁感应式曲轴位置传感器安装位置

（2）结构原理

电磁感应式传感器，又称为磁脉冲式传感器。电磁感应式曲轴位置传感器主要由导磁材料制成的信号转子、永久磁铁、信号线圈等组成。传感器的位置是固定的，软磁铁芯与信号转子齿之间必须保持一定间隙。

传感器插头接线形式主要有两线制和三线制两种。两线制的两根线为信号回路线，信号正负交替变化；三线制多出的一根线为屏蔽线。

（3）检测

① 丰田车系。2016款丰田凯美瑞混合动力版（发动机型号6AE-FSE）轿车采用的是电磁感应式曲轴位置传感器。传感器电路如图5-2所示。传感器$1^{\#}$端子为发动机控制单元插接器E81的110端子提供5V参考电源；传感器$3^{\#}$端子、$2^{\#}$端子分别为传感器正信号和传感器负信号，分别与发动机控制单元插接器E81的$76^{\#}$端子、$109^{\#}$端子相连接。

传感器的电阻检测：关闭点火开关，拔下传感器连接器插头，检查传感器插头$1^{\#}$端子和$2^{\#}$端子之间的电阻。–10 ～ 50℃条件下标准阻值为1.6 ～ 2.7kΩ；50 ～ 100℃条件下标准阻值为2.0 ～ 3.2kΩ。若电阻为无穷大，则说明信号线圈存在断路，应该更换传感器。

② 大众车系。一汽大众新迈腾曲轴位置传感器G28电路如图5-3所示。端子T2yf/1为传感器其中一极，与ECU的T60ya/51端子相连；端子T2yf/2为传感器另一极，与ECU的T60ya/36端子相连。

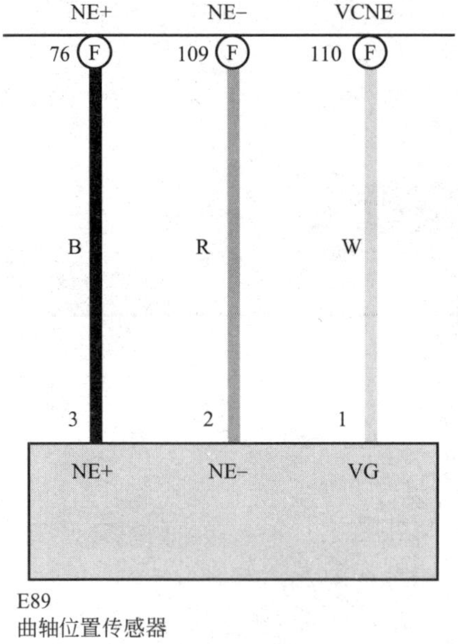

图5-2　2016款凯美瑞混合动力车型曲轴位置传感器电路

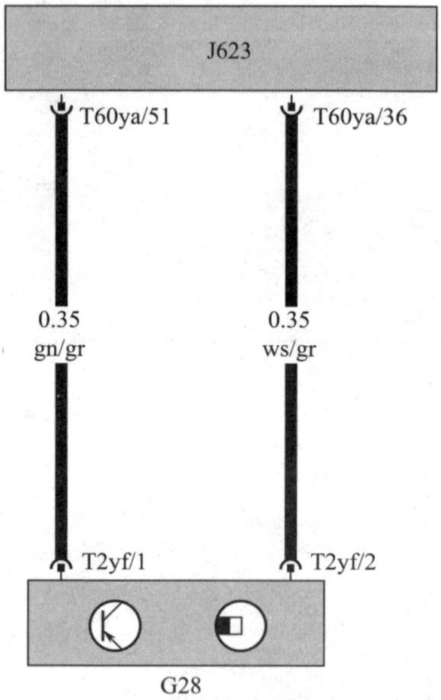

图5-3　一汽大众新迈腾曲轴位置传感器电路

电磁感应式曲轴位置传感器的检测方法如下。

a. 故障征兆检测：在发动机运行中，当曲轴位置传感器出现故障时，会导致信号中断、发动机不能启动或在运行时立即熄火，这时电子控制单元可以诊断到故障并进行代码存储。

b. 曲轴位置传感器的电阻检查：关闭点火开关，拔下传感器连接器插头，检查传感器上$1^{\#}$与$2^{\#}$端子间电阻，应为980～1600Ω。若电阻为无穷大，说明信号线圈存在断路，应更换传感器。

c. 输出电压测量：用万用表的交流电压挡，在线路正常连接、发动机运转时测量$1^{\#}$端子与$2^{\#}$端子间电压，其电压值在0.2～2V之间波动。

5.2.3　霍尔式曲轴位置传感器

霍尔效应是指把一块金属或半导体薄片垂直放在磁感应强度为B的磁场中，沿着垂直于磁场方向通过电流I时，会在薄片的另一对侧面间产生电动势U_H，所产生的电动势称为霍尔电动势，这种薄片（一般为半导体）称为霍尔片或霍尔元件。根据信号触发器结构的不同可以分为触发叶片式和触发轮齿式两种。

① 触发叶片霍尔式曲轴位置传感器主要由触发叶轮、霍尔集成电路和永久磁铁组成，结构如图5-4所示。

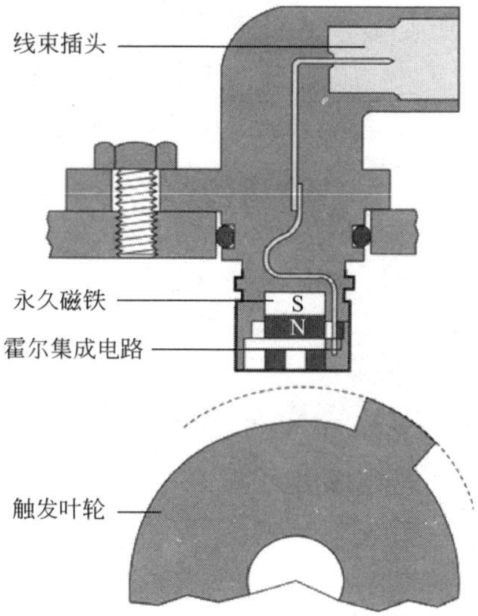

图5-4　触发叶片霍尔式曲轴位置传感器结构

内外信号轮侧面各设置一个信号发生器，信号轮转动时，每当叶片进入永久磁铁与霍尔元件之间的空气隙中时，霍尔集成电路中的磁场被隔磁，此时不产生电压；当叶片离开空气隙时，永久磁铁中的磁通便通过导磁板穿过霍尔元件中，这时产生电压，经过集成电路放大后向控制单元输送脉冲信号。外信号轮每转一圈产生18个脉冲信号，称为18X信号。一个脉冲相当于曲轴转角的20°，发动机控制单元计算出曲轴旋转1°的对应时间，根据这一信号，发动机控制单元可精确控制点火时间。

② 触发轮齿式霍尔曲轴位置传感器的结构与电磁感应式曲轴位置传感器相似，由带凸齿的信号转子和霍尔信号发生器组成，其结构如图5-5所示。

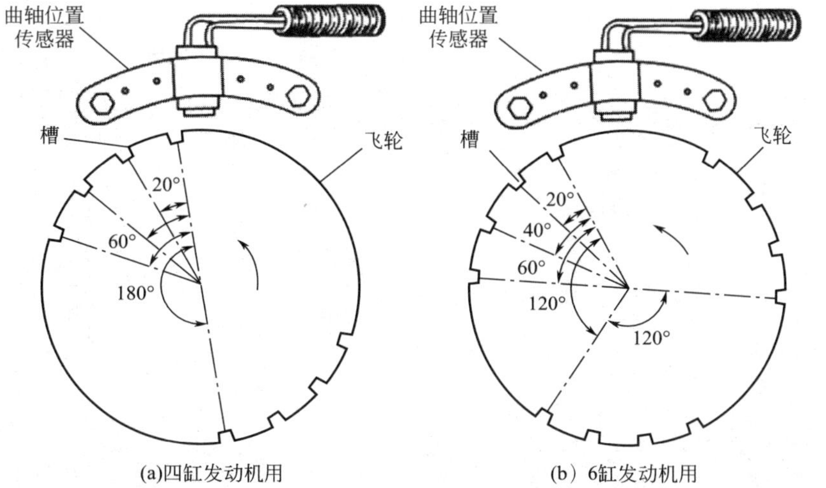

图5-5　触发轮齿霍尔式曲轴位置传感器结构

在四缸发动机的飞轮外沿上有8个齿槽，平均分为两组，之间相隔180°。每一组中每个齿槽的宽度为2°，两个齿槽之间相隔18°。在六缸发动机的飞轮外沿有12个齿槽，均分为三组，每组相隔120°。每一组中每个齿槽的宽度为2°，两个齿槽之间也相隔18°。

当飞轮齿槽通过传感器的磁铁时，霍尔传感器输出5V高电平；当飞轮齿槽离开磁铁时，霍尔传感器输出0.3V低电平。一个飞轮齿圈通过传感器时，传感器便产生一个高、低电平信号。

5.2.4 光电式曲轴位置传感器

光电式曲轴位置传感器应用于早期的带有分电器的发动机上。本书只做简单介绍。

（1）日产汽车光电式曲轴位置传感器

日产公司光电式曲轴位置传感器设置在分电器内，它由信号发生器和带光孔的信号盘（遮光盘）组成，如图5-6所示。信号盘安装在分电器轴上，外围有360条缝隙，相邻缝隙产生1°曲轴转角信号。外围稍靠内间隔60°曲轴转角分布着六个光孔（六缸），产生120°曲轴转角信号，其中有一个较宽的光孔是产生一缸压缩上止点对应的120°曲轴转角信号的。

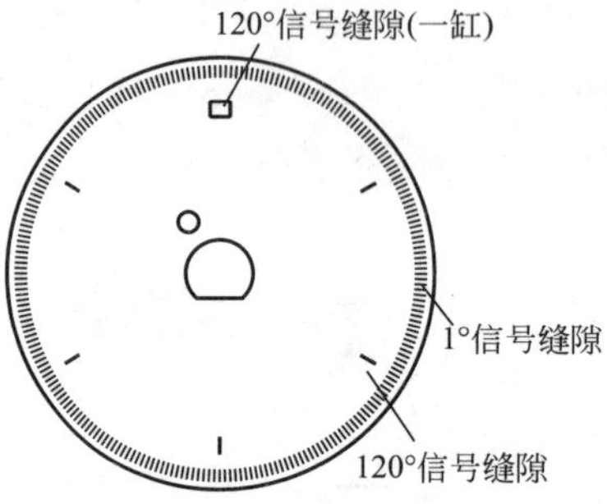

图5-6 日产汽车车系光电式曲轴位置传感器信号盘

脉冲信号发生器固装在分电器壳体上，主要由两只发光二极管、两只光敏二极管和电子电路组成。两只发光二极管分别正对着两只光敏二极管，发光二极管以光敏二极管为照射目标。信号盘位于发光二极管和光敏二极管之间，当信号盘随发动机曲轴运转时，因信号盘上有光孔，故产生透光和遮光的交替变化，使信号发生器输出对应曲轴位置和转角的脉冲信号。

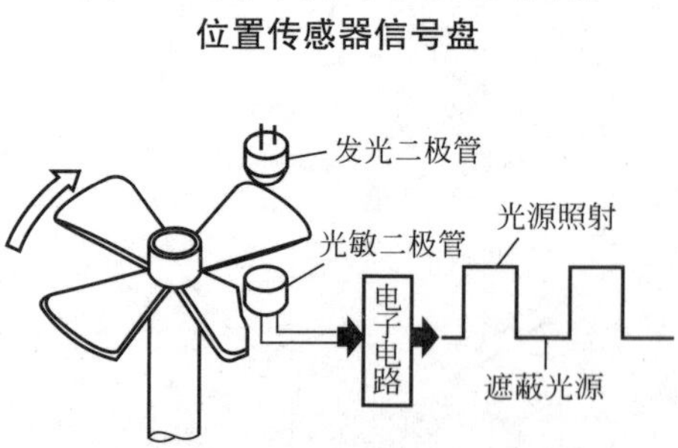

图5-7 现代车系光电式曲轴位置传感器信号盘

（2）现代索纳塔汽车光电式曲轴位置传感器

现代索纳塔汽车光电式曲轴位置传

感器的工作原理与日产公司光敏式曲轴位置传感器相似，其信号盘的结构稍有不同，如图5-7所示。信号盘外圈有四个弧形长槽，用来检测曲轴转角并将其转化为电压脉冲信号，电控单元根据该信号计算发动机转速，并控制汽油喷射正时和点火正时。信号盘内圈有一个孔，用来检测第1缸压缩上止点（在有些索纳塔车上，设有两孔，用来检测第1、第4缸的压缩上止点，目的是为了提高精度），并将它转化成电压脉冲信号输入电控单元，电控单元根据此信号计算出汽油喷射顺序。

5.3 凸轮轴位置传感器

5.3.1 凸轮轴位置传感器作用、分类与识别

凸轮轴位置传感器，又称为凸轮轴转角传感器、相位传感器、气缸识别传感器，有的车上还称为1缸上止点传感器。现代汽车最常出现的名称还是凸轮轴位置传感器。

凸轮轴位置传感器的作用主要是检测凸轮轴位置和转角，从而确定第1缸活塞的压缩上止点位置。在启动时，发动机ECU根据凸轮轴位置传感器和曲轴位置传感器提供的信号，识别出各个气缸活塞的位置和冲程，控制燃油喷射顺序和点火顺序，进行准确的喷油和点火控制。

按照工作原理不同，凸轮轴位置传感器可以分为磁电式凸轮轴位置传感器、霍尔式凸轮轴位置传感器、光电式凸轮轴位置传感器、磁阻元件式凸轮轴位置传感器。由于前三种传感器的检测原理与第一节的曲轴位置传感器相同，在这里只用例子加以说明。

5.3.2 霍尔式凸轮轴位置传感器

（1）安装位置

霍尔式凸轮轴位置传感器与前面的霍尔式曲轴位置传感器工作原理相同。只是安装位置和作用不同。

凸轮轴位置传感器通常安装在凸轮轴上，位于气缸盖前端凸轮轴的正时齿轮处，如图5-8所示。由霍尔传感器和脉冲环组成（脉冲环是一个半周环）。

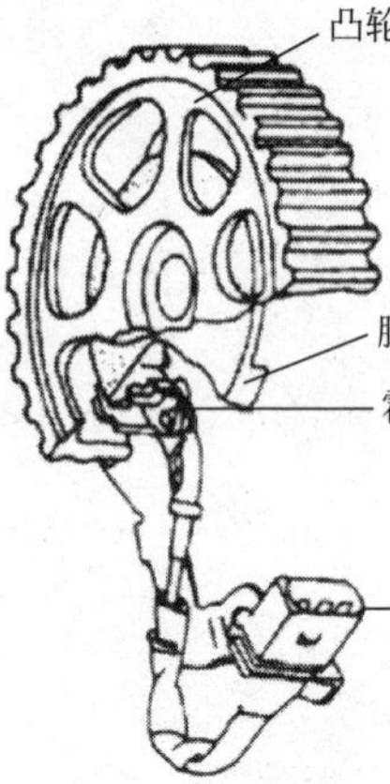

图5-8　安装在凸轮轴上的凸轮轴位置传感器

（2）结构原理

凸轮轴位置信号是数字开/关脉冲，在凸轮轴的每个周期内输出1次。凸轮轴位置传感器不直接影响点火系统的操作。发动机控制模块（ECM）使用凸轮轴位置传感器信息，确定相对于曲轴位置的气门传动组的位置。通过监视凸轮轴位置和曲轴位置（CKP）信号，发动机控制模块（ECM）可以精确触发喷油器，从而使发动机控制模块（ECM）计算出真实顺序燃油喷射模式。如果发动机连续运行时凸轮轴位置信号丢失，燃油喷射系统将切换到基于最近的燃油喷射脉冲计算出的顺序燃油喷射模式，发动机将继续运行。发动机控制模块（ECM）给传感器提供一个12V参考电压、一个低参考电路和一个信号电路。

（3）典型电路连接

2016款新捷达发动机采用霍尔式凸轮轴位置传感器，电路如图5-9所示。

该传感器G40导线插接器有三个接线端子：1为传感器电源正极端子；2为传感器信号输出端子；3为传感器电源负极端子。这三个端子分别与ECU的96、105和98端子相连。

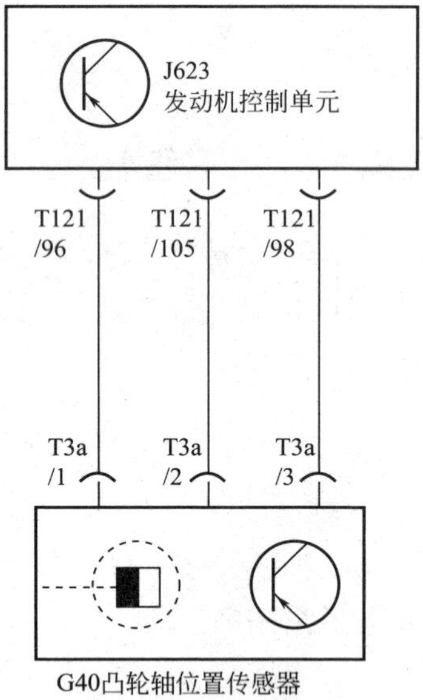

图5-9　大众捷达凸轮轴位置传感器电路

（4）检测

① 传感器电源电压的检测。断开点火开关，拔下传感器导线插接器插头，用万用表的正、负表笔分别与插接器1与3端子相连接。接通点火开关时，电压应在4.5V以上；如果电压为0，说明线束存在断路、短路或ECU有故障。当断开点火开关后，应继续检查导线是否存在断路或短路。

② 信号电压的检测。当叶片进入霍尔传感器时，传感器输出的信号电压为

4.0V；当叶片离开霍尔传感器时，传感器输出的信号电压为0.1V。

③ 导线电阻的检测。用万用表的电阻挡检查传感器的1端子与ECU的96端子、传感器的2端子与ECU的105端子、传感器的3端子与ECU的98端子的电阻值，各导线间电阻值应不大于1.5Ω。如果电阻过大或为无穷大。说明线束接触不良或导线断路，应进行维修或更换线束。

再用万用表电阻挡继续检查传感器插接器端子1与2和3端子间电阻，或检查ECU的96端子与105和98端子间电阻，测得的电阻均应为无穷大。如果阻值不是无穷大，说明导线存在短路，应进行更换。

5.3.3 磁阻元件式凸轮轴位置传感器

（1）安装位置

2016款丰田凯美瑞混合动力版6AR-FSE发动机采用了磁阻元件式凸轮轴位置传感器。在进排气凸轮轴上都安装了一个位置传感器。利用固定到凸轮轴上的正时转子，曲轴每旋转2圈产生3个脉冲来检测各凸轮轴位置。各凸轮轴的正时转子为各自凸轮轴的一部分，如图5-10所示。

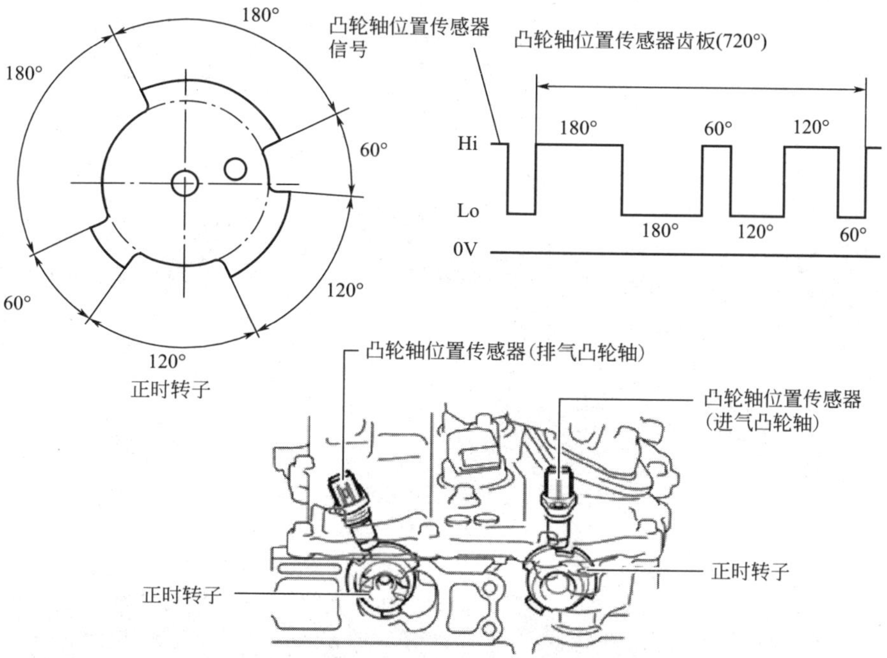

图5-10　2016款丰田凯美瑞凸轮轴位置传感器安装位置

（2）结构原理

磁阻元件式凸轮轴位置传感器由磁阻元件、磁铁和传感器组成。磁场方向根据经过传感器的正时转子形状的不同（凸出和非凸出部分）而改变。因此，磁阻元件电阻发生变化，输出至ECM（发动机控制模块，下同）的电压也会随之升高或降低。ECM根据该输出电压检测凸轮轴位置。电路连接与输出波形如图5-11所示。

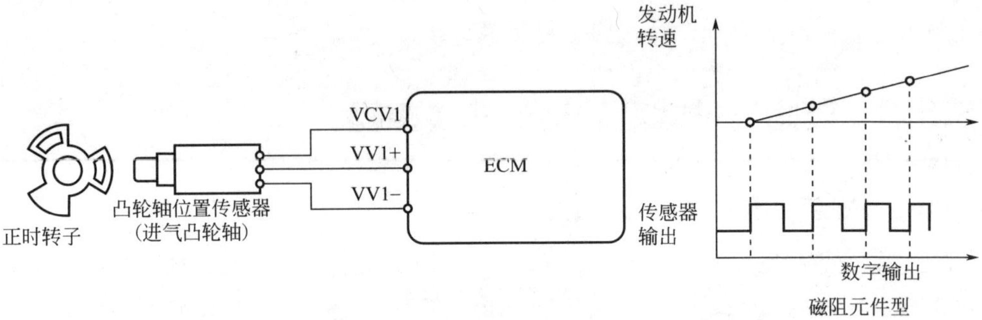

图5-11　电路连接与输出波形

（3）电路连接

2016款丰田凯美瑞混合动力版磁阻元件式凸轮轴位置传感器电路如图5-12所示。

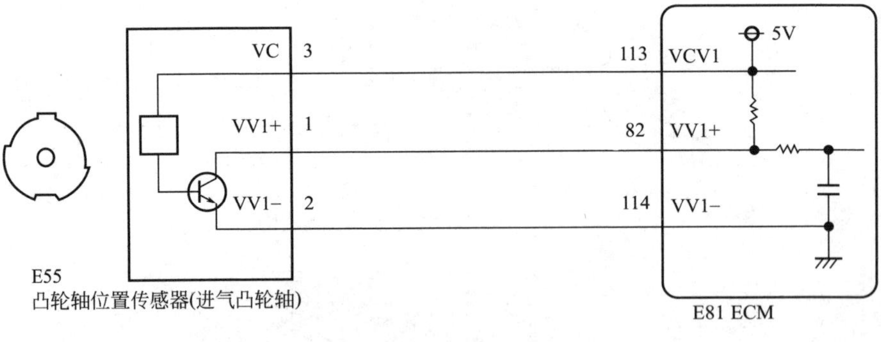

图5-12　磁阻元件式凸轮轴位置传感器电路

（4）检测

① 检查传感器供电（以进气侧凸轮轴位置传感器为例）。断开凸轮轴位置传感器（进气侧）连接器，打开点火开关，用万用表直流电压挡测量3#端子与车身接地之间电压，应符合表5-1所示。如不符合则检查线束和连接器。

表5-1 标准电压值

检测仪连接	条件	规定状态
E55-3（VC）—车身接地	点火开关转到ON	4.5～5.5V

② 检查线束和连接器（凸轮轴位置传感器至ECM）。断开凸轮轴位置传感器（进气侧）和ECM连接器，按照表5-2所示测量连接器之间或与车身接地之间电阻值，应符合规定值。如不符合则更换线束。

表5-2 标准电阻值

检测仪连接	条件	规定状态
E55-1（VV1+）—E81-82（VV1+）	始终	小于1Ω
E55-2（VV1–）—E81-114（VV1–）	始终	小于1Ω
E55-1（VV1+）或E81-82（VV1+）—车身接地和其他端子	始终	10kΩ或更大
E55-2（VV1–）或E81-114（VV1–）—车身接地和其他端子	始终	10kΩ或更大

5.4 节气门位置传感器

5.4.1 节气门位置传感器作用、分类与识别

（1）作用

节气门位置传感器，是汽车电子控制系统中最重要的传感器，主要用于发动机电子燃油喷射系统和电控自动变速器系统。节气门位置传感器安装在节气门体上节气门轴的一端，探测或监测节气门开度的大小和变化的快慢，并把位置信号转变为电信号后输入电控单元。用于判别发动机的各种工况，从而控制不同的喷油量和点火正时。在装备电子控制自动变速器的汽车上，节气门位置传感器信号是变速器换挡和变矩器锁止时的主要信号。

（2）节气门位置传感器的类型

传统的拉索控制式节气门配备的节气门位置传感器，按总体结构分为触点开

关式、滑动电阻式、怠速开关与滑动电阻整合的综合式。新型的智能电子节气门轴门控制系统所用的节气门位置传感器，常见的有双滑动电阻式和线性双霍尔式两种。

目前发动机电控系统主要采用的节气门位置传感器有霍尔元件式和双滑动电阻器式。丰田凯美瑞、卡罗拉等采用了霍尔元件式；日产天籁、通用凯越汽车采用双滑动电阻器式。本书对这两种类型的节气门位置传感器做详细介绍。

5.4.2 霍尔式节气门位置传感器

（1）结构原理与安装位置

2016款丰田凯美瑞混合动力车型（发动机型号6AR-FSE）采用了非接触式双霍尔元件式节气门位置传感器，其结构如图5-13所示。它主要由霍尔元件和磁铁组成，其中磁铁安装在节气门轴上，并可以绕霍尔元件转动。

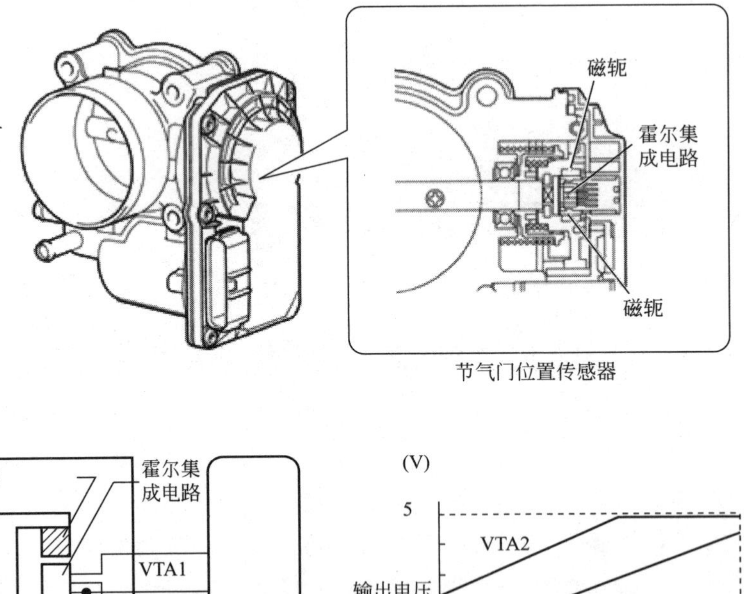

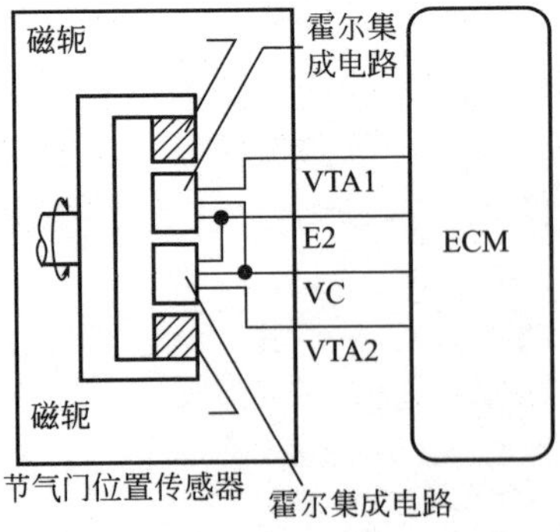

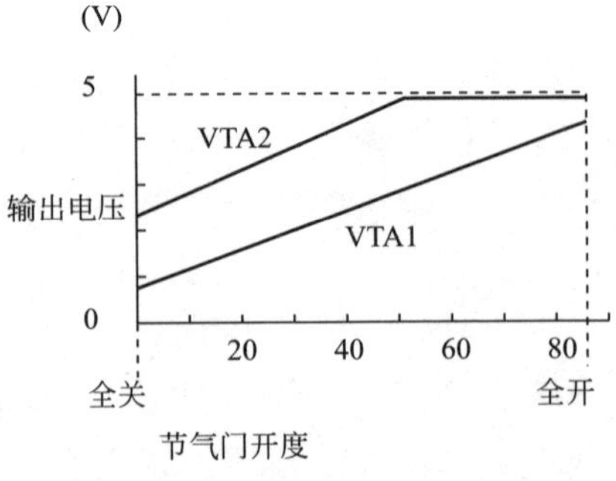

图5-13 2016款丰田凯美瑞混合动力车型节气门位置传感器

霍尔式节气门位置传感器的控制电路及信号输出的特性如图5-13所示。当节气门开度变化时，磁铁随之转动，从而改变了与霍尔元件之间的相对位置，霍尔集成电路由磁轭环绕。霍尔集成电路将磁通量产生的变化转换为电信号，并以节气门位置信号的形式将其输出至ECM。

节气门位置传感器有两个传感器电路：VTA1和VTA2，各自发射一个信号。VTA1用来检测节气门开度，VTA2用来检测VTA1的故障。传感器信号电压与节气门开度成比例，在0～5V之间变化，并且传送到ECM端子VTA1和VTA2。

节气门关闭时，传感器输出电压降低；节气门打开时，传感器输出电压升高。ECM根据这些信号计算节气门开度，并控制节气门执行器来响应驾驶员输入。这些信号同时也用来计算空燃比修正值、功率提升修正值和燃油切断控制。

（2）电路连接

2016款丰田凯美瑞混合动力版节气门位置传感器电路如图5-14所示。

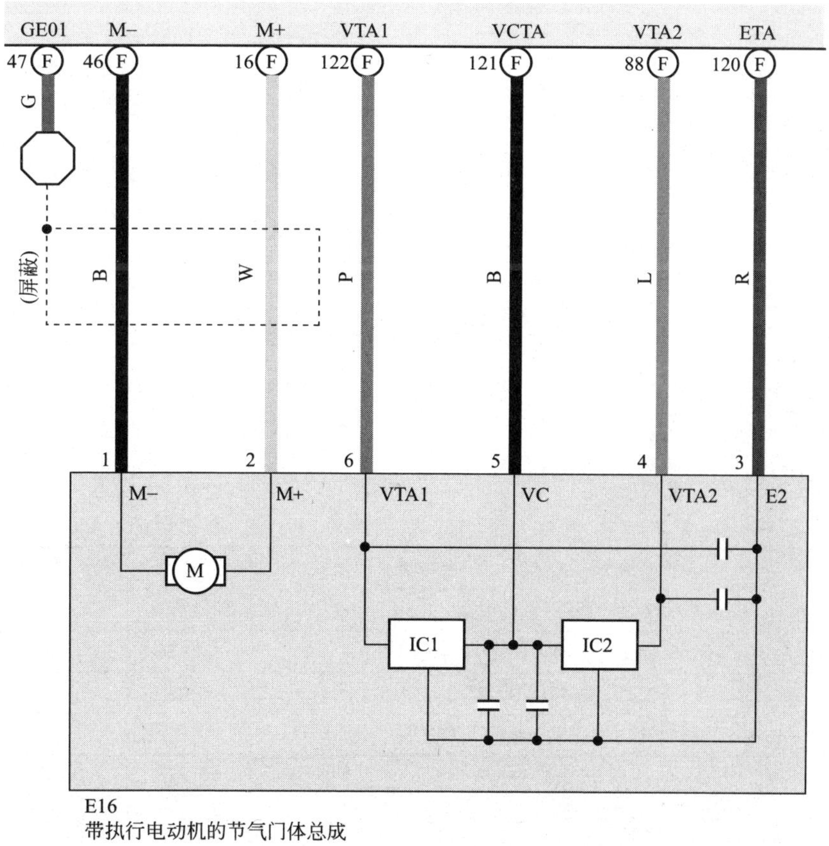

图5-14　2016款丰田凯美瑞混合动力版节气门位置传感器电路

节气门位置传感器集成在节气门体总成E16内。E16有6个插脚。插脚1和2为节气门执行电动机控制端口。插脚6和4分别输出节气门位置信号VTA1和VTA2到发动机控制单元端口E81（F）的122#和88#。插脚5是来自发动机控制单元121#提供的VCTA 5V参考电压；插脚3通过发动机控制单元120#接地。

（3）检测

① 检查传感器供电。点开节气门体插接器E16，用万用表测量E16/5和E16/3之间的电压，应为4.5～5.5V。否则，检查ECU电源电路。如果ECU电源电路正常，则更换ECU。

② 检查传感器的信号电压。连接故障诊断仪，接通点火开关，踩动加速踏板，并读取节气门位置传感器数据VTA1和VTA2读数，数值应符合表5-3所示。

表5-3 传感器输出电压标准值

完全松开加速踏板时		完全踩下加速踏板时（发动机运转）		故障部位
VTA1	VTA2	VTA1	VTA2	
0～0.2V	0～0.2V	0～0.2V	0～0.2V	VCTA电路存在开路
4.5～4.98V	4.5～4.98V	4.5～4.98V	4.5～4.98V	ETA电路存在开路
0～0.2V或4.5～4.98V	2.1～3.1V（失效保护）	0～0.2V或4.5～4.98V	2.1～3.1V（失效保护）	VTA1电路开路或对接地短路
0.6～1.4V（失效保护）	0～0.2V或4.5～4.98V	0.6～1.4V（失效保护）	0～0.2V或4.5～4.98V	VTA2电路开路或对接地短路
0.5～1.1V	2.1～3.1V	3.2～4.8V（非失效保护）	4.6～4.98V（非失效保护）	节气门位置传感器电路正常

③ 检查传感器线束及插接器。断开节气门体插接器E16和发动机控制单元ECM插接器E81，按照表5-4所示检查插接器之间或插接器与车身接地之间的电阻值。电阻值应符合表中所示，如不符合更换或检查线束。

表5-4 线束检查

检测仪连接	条件	规定状态
E16-5（VC）—E81-121（VCTA）	始终	小于1Ω
E16-6（VTA1）—E81-122（VTA1）	始终	小于1Ω
E16-4（VTA2）—E81-88（VTA2）	始终	小于1Ω
E16-3（E2）—E81-120（ETA）	始终	小于1Ω
E16-5（VC）或E81-121（VCTA）—车身接地和其他端子	始终	10kΩ或更大
E16-6（VTA1）或E81-122（VTA1）—车身接地和其他端子	始终	10kΩ或更大
E16-4（VTA2）或E81-88（VTA2）—车身接地和其他端子	始终	10kΩ或更大

5.4.3 滑动电阻式节气门位置传感器

（1）结构

滑动电阻式节气门位置传感器，又称线性输出式节气门位置传感器、可变电阻式节气门位置传感器、电位计式节气门位置传感器。目前双可变电阻式节气门位置传感器正被大量应用到汽车中。

滑动电阻式节气门位置传感器为三线式传感器，其中两个针脚处于电阻的两端，并作为电源端子和搭铁端子由发动机ECU提供5V电压，第三个针脚连接于滑动触点。节气门轴与触点（或称触头）联动，节气门转动时，滑动触点可在电阻上移动，引起滑动触点电位的变化，利用电阻的变化将节气门位置信号转换成电压值，如图5-15所示。因为这个电压呈线性变化，所以也称为线性输出式节气门位置传感器。根据这个线性电压值，ECU可感知节气门的开度，使ECU进行喷油量修正。

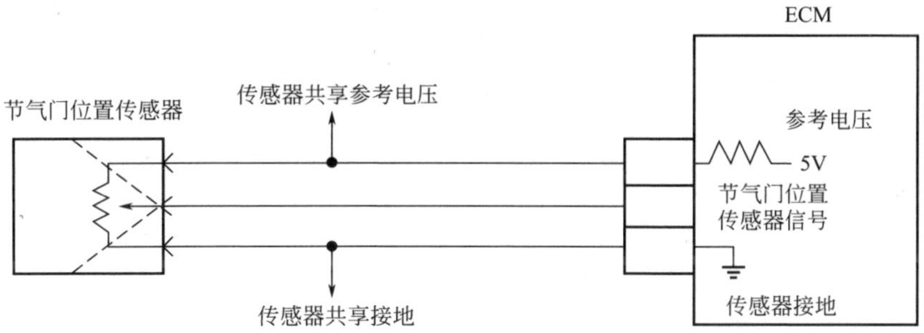

图5-15　滑动电阻式节气门位置传感器的线路连接

（2）传感器检测

2013款别克凯越车系节气门位置传感器电路如图5-16所示。发动机控制模块给节气门位置传感器提供5V参考电压电路，并向低参考电压电路提供接地。节气门位置传感器所提供的信号电压随节气门开度的变化而变化。节气门位置传感器信号电压在怠速运行时小于0.5V。节气门位置传感器电压在怠速运行时一般接近0V，但可能高达0.5V。在节气门全开（WOT）时，节气门位置传感器电压应增加到4V以上。

节气门位置传感器检测如下。

① 关闭点火开关，断开节气门体总成上的线束接头。

② 测量节气门位置传感器5V参考端子2#和低压参考端子1#之间的电阻是否在5.0～5.3kΩ。如果电阻不在规定范围内，则更换节气门体总成。

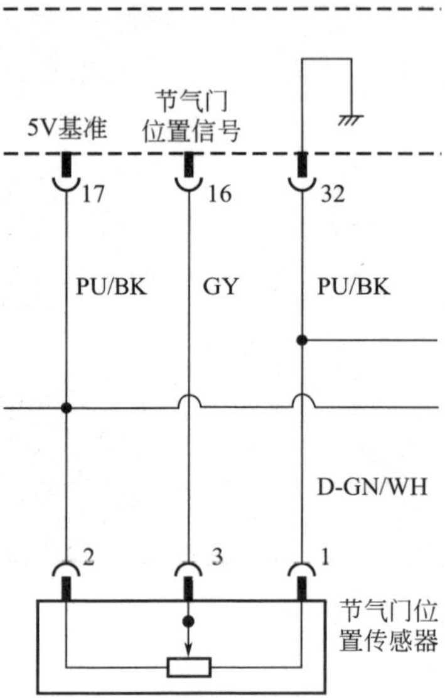

图5-16　2013款别克凯越节气门位置传感器电路

③ 测量节气门体总成器信号端子3#与低压参考端子1#之间的电阻。在全范围内检测节气门传感器。电阻应在2.5～6.8kΩ间变动，并无任何高峰或低谷。如果电阻不在规定范围内或不稳定，更换节气门体总成。

④ 用5V电压和接地对节气门传感器的适用端端子进行连接，检测信号端子与低压参考端子间的电压。在全范围内检测节气门传感器。电压应在0.6～4.7V间变动，并无任何高峰或低谷。如果电压不在规定范围内或不稳定，更换节气门体总成。

（3）双可变电阻式节气门位置传感器

双可变电阻式节气门位置传感器中两个传感器一般组合安装，当一个传感器发生故障时能及时被识别，增加了系统的可靠性。从两个传感器输出信号的变化关系来看，有反相式、同相式两种。同相式又可分为同斜率线性变化和不同斜率线性变化两种。

BOSCH公司双可变电阻式节气门位置传感器结构及内部电路如图5-17所示。

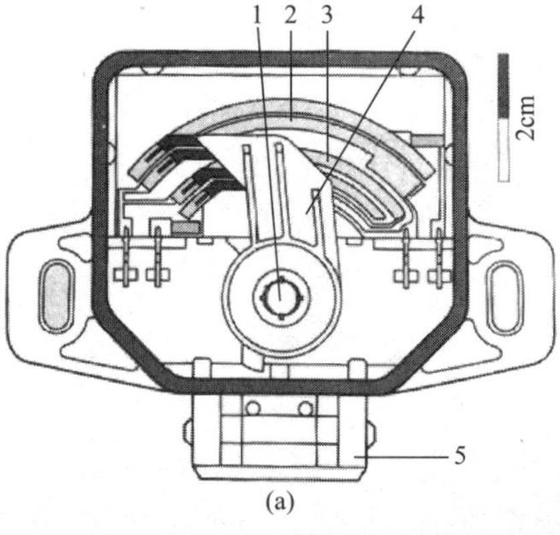

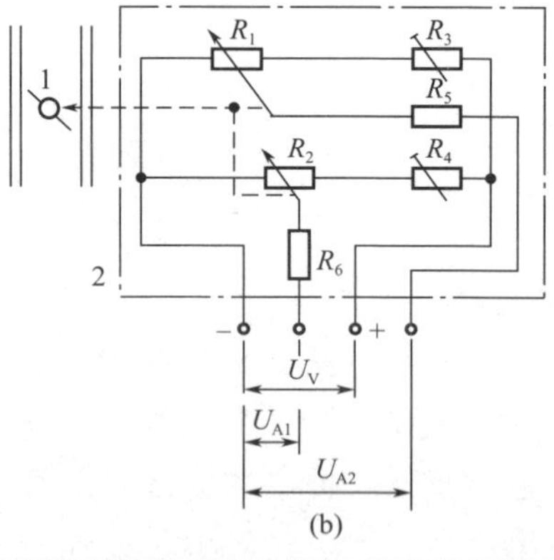

1—节气门轴；
2—滑动电阻1（薄膜电阻）；
3—滑动电阻2（薄膜电阻）；
4—滑动臂与触头；
5—4线插头

1—节气门；
2—节气门位置传感器；
U_{A1}/U_{A2}—测量电压；
U_V—工作电压；
R_1/R_2—滑轨1/2上的薄膜电阻；
R_3/R_4—调节电阻；
R_5/R_6—保护电阻

图5-17　BOSCH公司双可变电阻式节气门位置传感器结构及内部电路

节气门轴上的双轨道节气门位置传感器用来监控节气门准确开度，节气门位置传感器（两个电位计）的滑片与节气门同轴。当节气门转动时，电位计滑片同步转动。当加上5V工作电压后，变化的电阻转化为电压输出信号。电位计的输出电压随节气门的位置变化而改变，可使控制单元准确知道节气门的开度。由于两个电位计是反相安装，因此当节气门位置发生变化时，两路信号电压均线性变化，其中一个增加，同时另一个减小。如图5-18所示是日产车系节气门位置传感器输出特性。

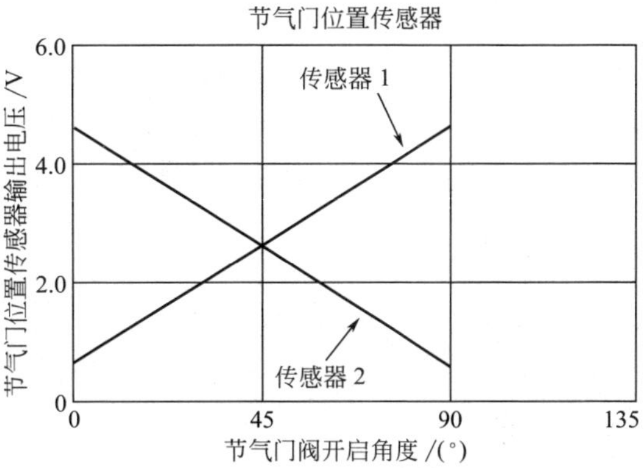

图5-18　日产车系节气门位置传感器输出特性

日产天籁车系双可变电阻式传感器电路如图5-19所示。

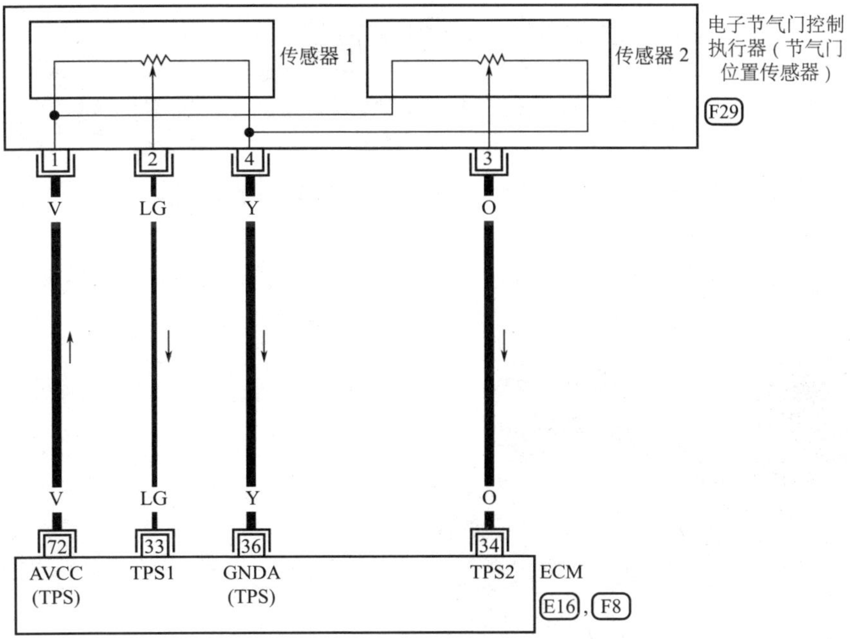

图5-19　日产天籁车系双可变电阻式传感器电路

发动机控制单元ECM通过72#端子向传感器1#端子提供5V参考电压；传感器4#端子通过电控单元36#端子接地。传感器2#端子和3#端子输出TPS1和TPS2节气门位置信号分别送到发动机控制系统的33#端子、36#端子。

双可变电阻式节气门位置传感器的检查（以日产天籁为例）如下。

打开点火开关，将换挡杆换到D挡（A/T）或1挡（M/T），使用万用表电压挡分别检查ECM的端口33（节气门位置传感器1#端子的信号）、34（节气门位置传感器2#端子的信号）在加速踏板不同状态时与接地之间的电压，检查结果应符合表5-5规定。如不符合则更换节气门体总成。

表5-5　节气门位置传感器输出电压标准值

端口	加速踏板	电压/V
33 （节气门位置传感器1#端子）	完全释放	大于0.36
	完全踩下	小于4.75
34 （节气门位置传感器2#端子）	完全释放	小于4.75
	完全踩下	大于0.36

5.4.4　开关触点式节气门位置传感器

开关触点式节气门位置传感器又称为节气门开关。它有两副触点，分别为怠速触点（IDL）和大负荷触点（PSW）。如图5-20所示，有一个和节气门同轴的凸轮控制活动触点（TL或E），使其随节气门的状态将两开关触点分别开启和闭合。当节气门处于全关闭的位置时，怠速触点IDL与活动触点TL或E相连，ECU根据怠速这一信号判定发动机处于怠速工况，从而按怠速工况的要求控制发动机运行。当节气门打开时，怠速触点打开，ECU根据这一信号进行从怠速到小负荷的过渡工况的发动机运行控制；大负荷触点在节气门由全闭位置到中小开度范围内一直处于断开状态。当节气门打开至一定角度的位置时，大负荷触点与活动触点TL或E相连，向ECU送出发动机处于全负荷运转工况的信号，ECU根据此信号进行全负荷加浓控制。

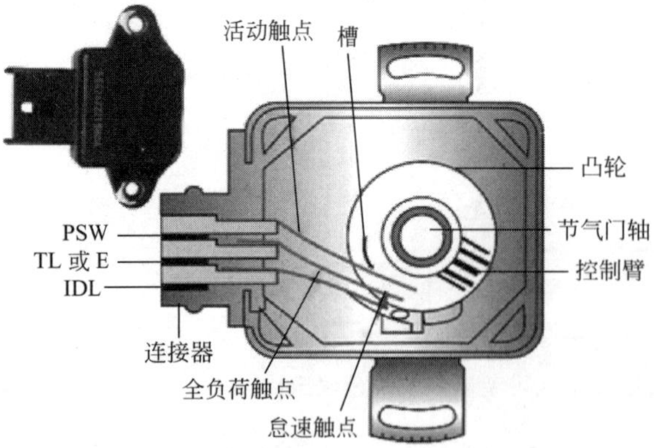

图5-20　开关触点式节气门位置传感器的结构

5.5 踏板位置传感器

5.5.1 加速踏板位置传感器

（1）作用

加速踏板位置传感器应用在采用智能电子节气门、柴油共轨系统的发动机中，其安装在汽车加速踏板附近。其功用是将驾驶员踩下加速踏板的速度和移动量转换成电子信号输入发动机ECU。

（2）安装位置

加速踏板位置传感器一般安装在加速踏板上。按照工作原理可分为双霍尔元件式、双可变电阻式和感应式三种。加速踏板位置传感器安装位置如图5-21所示。

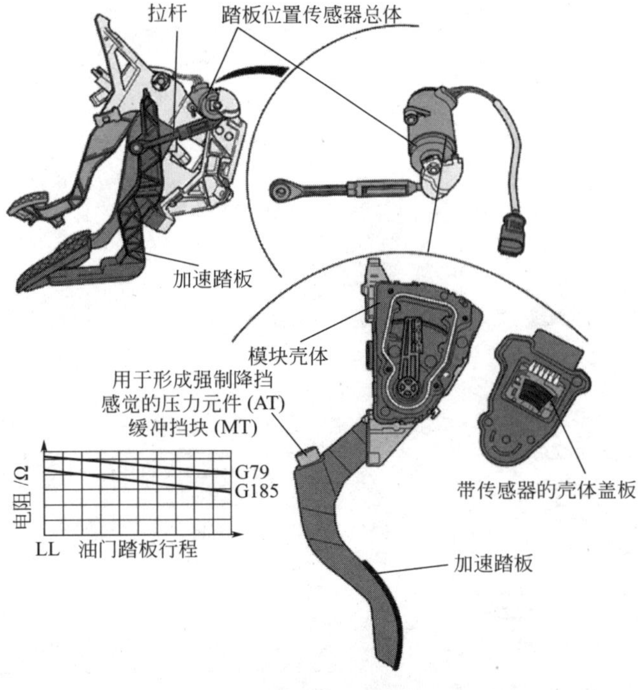

图5-21　加速踏板位置传感器安装位置

（3）工作原理

发动机控制单元供给加速踏板位置传感器5V电压，传感器向发动机控制单元发出两路反映加速踏板位置的电压信号。在发动机启动时，加速踏板未被踏下或轻踏时，节气门在预设程序的控制下开启到一个固定位置，即发动机控制单元根据此信号进行启动控制。

（4）双霍尔元件式加速踏板位置传感器检测

2016丰田凯美瑞混合动力车型5AR-FSE发动机使用了双霍尔元件式加速踏板位置传感器。结构原理与该款发动机霍尔元件式节气门位置传感器相同（见图5-13）。

电路如图5-22所示。

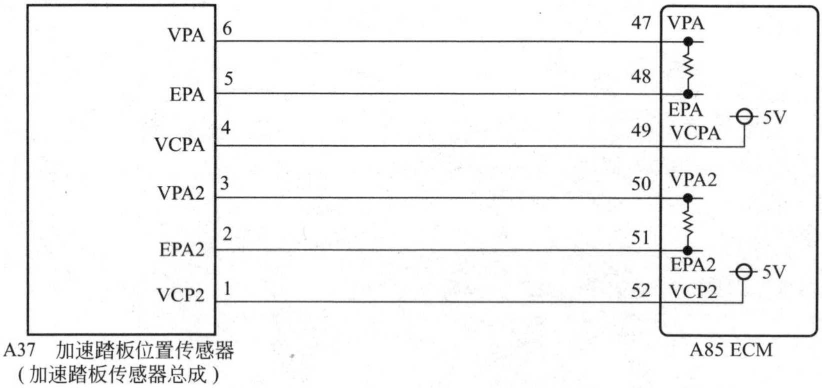

图5-22 加速踏板位置传感器电路

① 检查传感器电源。断开加速踏板传感器插接器A37（图5-23），打开点火开关，用万用表直流电压挡按照表5-6所示检查端口电压，应符合表中所示。

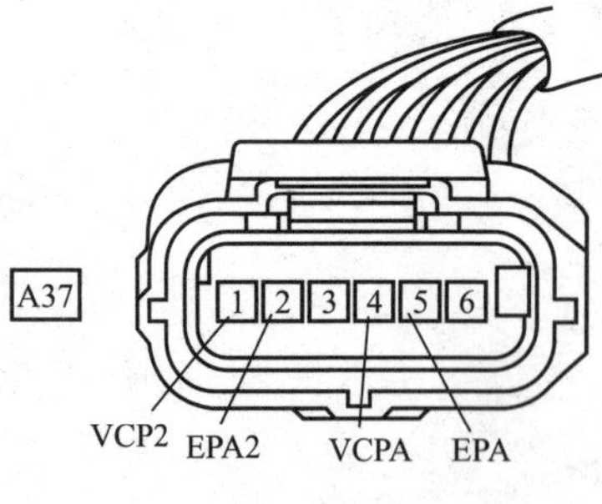

图5-23 加速踏板传感器端子

表5-6 传感器标准电压

检测仪连接	条件	规定状态
A37-4（VCPA）—A37-5（EPA）	点火开关转到ON	4.5～5.5V
A37-1（VCP2）—A37-2（EPA2）	点火开关转到ON	4.5～5.5V

② 传感器线束检查（加速踏板位置传感器至ECM）。断开加速踏板位置传感器插接器A37和发动机ECM端子A85，按照表5-7所示检查插接器之间或插接器与车身接地之间的电阻，应符合表中所示。否则更换线束。

表5-7　线束电阻标准值

检测仪连接	条件	规定状态
A37-6（VPA）—A85-47（VPA）	始终	小于1Ω
A37-5（EPA）—A85-48（EPA）	始终	小于1Ω
A37-4（VCPA）—A85-49（VCPA）	始终	小于1Ω
A37-3（VPA2）—A85-50（VPA2）	始终	小于1Ω
A37-2（EPA2）—A85-51（EPA2）	始终	小于1Ω
A37-1（VCP2）—A85-52（VCP2）	始终	小于1Ω
A37-6（VPA）或A85-47（VPA）—车身接地和其他端子	始终	10kΩ或更大
A37-4（VCPA）或A85-49（VCPA）—车身接地和其他端子	始终	10kΩ或更大
A37-3（VPA2）或A85-50（VPA2）—车身接地和其他端子	始终	10kΩ或更大
A37-1（VCP2）或A85-52（VCP2）—车身接地和其他端子	始终	10kΩ或更大

（5）双可变电阻式加速踏板位置传感器检测

日产天籁、骐达/颐达车系加速踏板位置传感器为双可变电阻式。该传感器与天籁、骐达/颐达车系节气门位置传感器结构原理相同。

电路如图5-24所示。

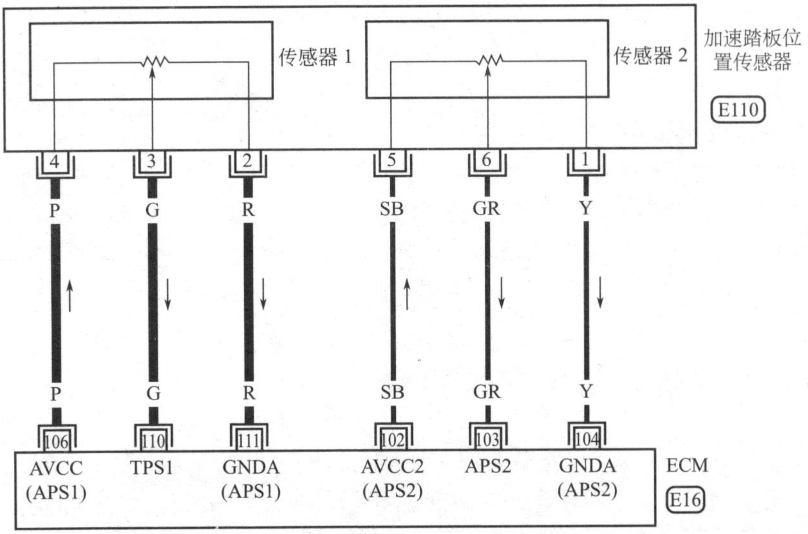

图5-24　日产骐达/颐达汽车加速踏板位置传感器电路

检测：打开点火开关，使用万用表直流电压挡在加速踏板不同状态下检查ECM端口110（APP传感器1#端子信号）、103（APP传感器2#端子信号）与接地之间的电压。检查结果应符合表5-8所示。

表5-8 传感器输出电压标准值

端口	加速踏板	电压/V
110（加速踏板位置传感器1#端子）	完全释放	0.6～0.9
	完全踩下	3.9～4.7
103（加速踏板位置传感器2#端子）	完全释放	0.3～0.6
	完全踩下	1.95～2.4

大众-速腾使用了感应式加速踏板位置传感器。感应式加速踏板位置传感器与感应式节气门位置传感器基本工作原理是一样的。结构上的不同之处在于，节气门位置传感器采用的是旋转结构，而加速踏板位置传感器采用直线位移结构。感应式浮动传感器无摩擦，寿命长。

5.5.2 制动踏板位置传感器

在某些高端车型的电子制动控制系统或行驶动态管理系统中安装有制动踏板位置传感器或制动踏板行程传感器。安装在制动踏板上部制动助力装置前，用来精确感应驾驶人踩踏制动踏板的力度，从而对制动系统或行驶动态管理系统做出响应。

制动踏板位置传感器一般使用双滑动电阻传感器，滑动触点跟随制动踏板的摆动而旋转，使输出电压发生变化。根据输出电压的大小和变化的速率，可以反映驾驶员所需求的制动强度和制动的速率。双滑动变阻器式制动踏板位置传感器的工作原理和检测方法与前面双滑动电阻器式节气门位置传感器、加速踏板位置传感器相同。这里不再赘述。

宝马G11/G12行驶动态管理系统中安装有制动踏板行程传感器。制动踏板行程传感器主要用于制动辅助系统。当车辆相关系统检测到驾驶员在紧急制动时，系统根据制动踏板行程传感器信号控制制动系统压力，以增加制动行程，达到干预制动系统的目的。制动行程传感器安装在真空助力器内部，一般为滑动变阻器式传感器。

5.5.3 离合器踏板位置传感器

某些情况下，为了防止带挡启动，需要踏下离合器踏板才能启动发动机。因此采用离合器踏板位置传感器感知离合器踏板的位置。另外，车辆的定速巡航以及电子驻车系统都需要离合器踏板位置的信息。

离合器踏板位置传感器用卡箍固定在主缸上监测离合器踏板的动作。一般为霍尔元件式传感器。主缸通过一个卡扣，安装在轴承支撑架上。在活塞的最前端是一块永久磁铁。集成在离合器踏板位置传感器极板中的是一个或多个霍尔传感器。当踩下离合器踏板时，推杆推动主缸的活塞，推杆头和推杆一起沿离合器踏板位置传感器方向被推动。永久磁铁一经过霍尔传感器，电子机构就会向相应的控制单元发送信号。

速腾车系手动变速器车型离合器踏板位置传感器电路如图5-25所示。

离合器踏板位置传感器G476的5#端子为来自熔丝SB22的12V蓄电池电压供电；G476的2#端子输出传感器信号至发动机控制单元的65#端子；G476的1#端子通过接地点382搭铁。

检测如下。

① 传感器电源检查。拔下离合器位置传感器G476的5#端子插头，打开点火开关检查，插头5#供电端1脚搭铁端应有12V蓄电池电压。

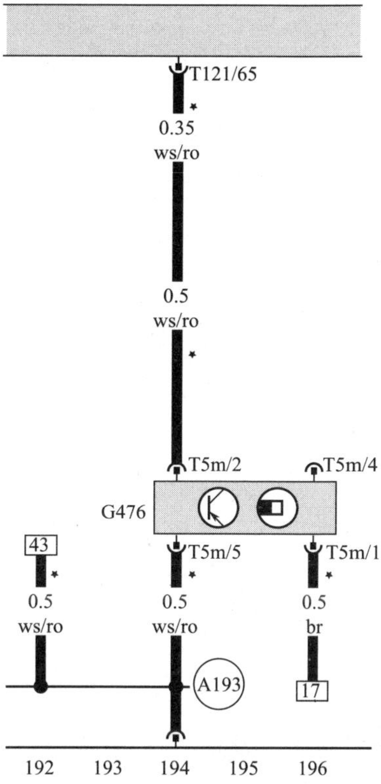

图5-25　离合器踏板位置传感器电路

② 输出信号的检查。在线束连接完好的情况下，打开点火开关，测量各个信号输出端信号电压的变化。端子2#在放开和踩下离合器踏板时，电压值应该在0～2V之间转换。

以上数据若不正确，应更换离合器位置传感器。

5.6 车身（位移）高度传感器

5.6.1 车身高度传感器作用、分类与识别

车身高度传感器主要应用在电子控制悬架、主动悬架或自适应减震系统中。

车身高度传感器用来感应悬架摆臂元件与车身间在垂直方向上的关系，其信

号可使悬架电控单元ECU根据汽车载荷的大小，通过有关执行元件随时调节车身高度，维持车身高度基本不随载荷变化而变化。

车身高度传感器一般安装在左右前轮胎的挡泥板上或后桥的中部，一般是将车身高度的变化（悬架的位移变形量）转变成传感器轴的转角的变化并检测出此轴的旋转角度，类似于节气门传感器结构，把它转变成电信号输入ECU。固定部件固定在车架（非承载式车身）或车身（承载式车身）上，活动部件与悬架下摆臂或车桥相连。

在装配有前照灯自动调平装置的车辆上，车灯自动调平装置采用安装在悬架和车身上的一个或两个同一侧的车身高度传感器。车灯自动调平装置上的车身高度传感器也被称为水平传感器。

车身高度传感器一般有片簧开关式车身高度传感器、滑动电阻式车身高度传感器、霍尔集成电路式车身高度传感器、线性霍尔车身高度传感器、光电式车身高度传感器、感应式车身高度传感器。片簧开关式车身高度传感器、霍尔集成电路式车身高度传感器属于直接测量型；滑动电阻式车身高度传感器、线性霍尔车身高度传感器、光电式车身高度传感器、感应式车身高度传感器属于旋转转换测量型。

5.6.2 霍尔式车身高度传感器（水平传感器）

以大众奥迪车系自适应减震系统DCC为例。奥迪自适应减震系统在车辆的左前、右前和左后分别安装了一个高度传感器（水平传感器）。安装位置如图5-26所示。

(a) 车辆水平传感器-前桥(右侧)

(b) 车辆水平传感器-后桥(左侧)

图5-26 奥迪车型车身高度传感器（水平传感器）安装位置

这三个车身高度传感器（水平传感器）都是霍尔效应式传感器。车轮悬架的变化（行程）通过前桥或后桥上的控制臂的运动以及传感器连杆的运动传给传感器，并转换成转角。

这种传感器采用双腔结构。一面（第1腔）有转子，另一面（第2腔）有带定子的电路板。转子和定子各自都是密封安装的。

转子有一个非磁性高级合金钢轴，该轴内粘接有一块稀土磁铁。使用稀土磁铁可以以尽可能小的尺寸获得极强的磁场。

转子通过操纵杆与连接杆相连并由该连接杆来推动。转子是通过一个径向密封圈安装在操纵杆上的，这样可使结构免受环境影响。定子就是个霍尔传感器，它安装在电路板上。由于电路板是包在聚氨酯块中的，因此也可免受外界环境影响。

悬架位置发生变化时，转子在操纵杆的作用下发生转动并带动磁极运动，霍尔元件传递并放大磁通，电路板上的芯片会对这些信号进行转换，以便电子调节减振系统控制单元识别出车身水平变化。如图5-27和图5-28所示。

奥迪Q5汽车全自动减震系统车身高度传感器（水平传感器）电路如图5-29所示。

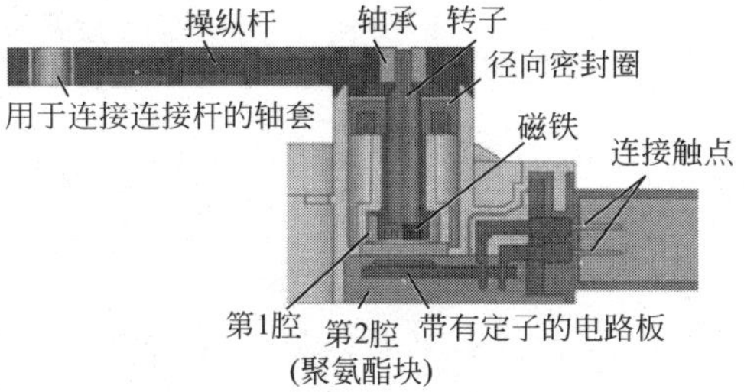

图5-27　车身高度传感器（水平传感器）结构

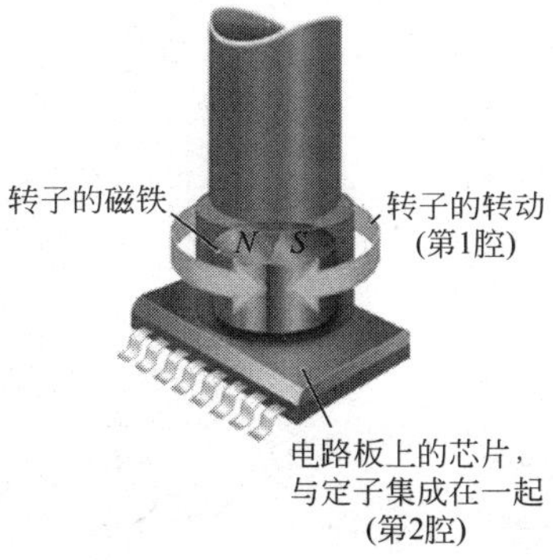

图5-28　车身高度传感器（水平传感器）原理

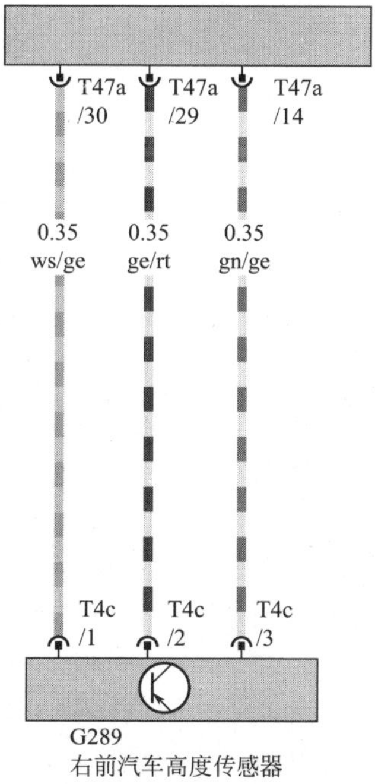

图5-29　奥迪Q5全自动减震系统车身高度传感器电路

5.6.3 光电式车身高度传感器

（1）结构原理

车身高度传感器的结构如图5-30所示。它有一靠连杆带动旋转的轴，在轴上装有一个开有许多槽的盘形遮光板，在遮光板的两侧装有4组光敏元件（由发光二极管和光敏晶体管组成）。当连杆带动轴旋转时，光敏元件之间时而透光、时而被遮光板遮住，使电路接通或断开。光电式车身高度传感器工作状态如图5-31所示。

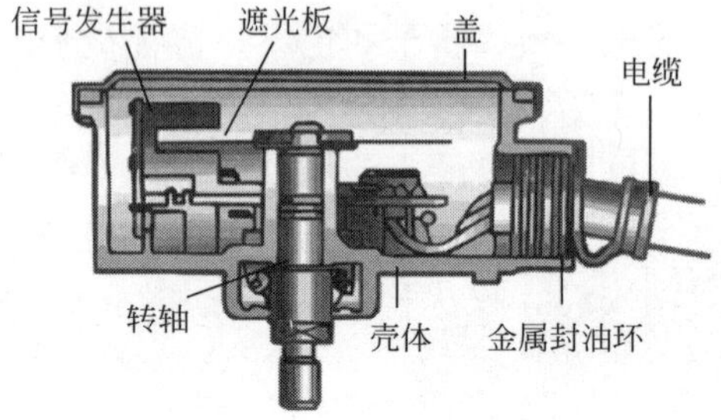

图5-30 车身高度传感器的结构

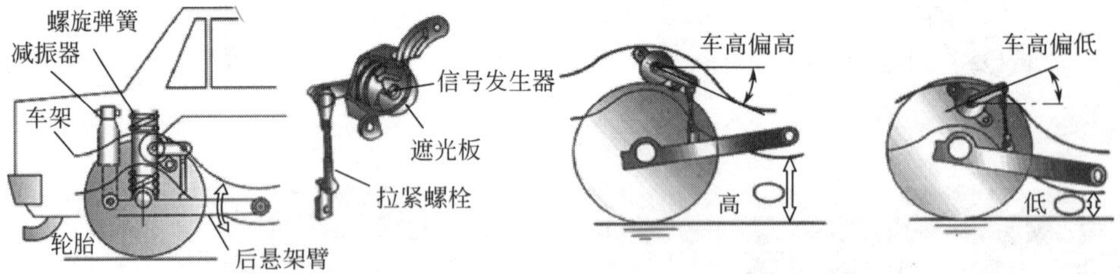

图5-31 车身高度传感器的工作状态

拉紧螺栓的上端与传感器的连杆铰链连接，下端与后悬架臂相连。当车身上下振动时，拉紧螺栓带动连杆使传感器的轴左右旋转，信号发生器（光电耦合元件）将这一旋转动作转换成车身高度信号并传送给悬架ECU。

如果要改变车身高度的设定值，则拆下拉紧螺栓，拧松拉紧螺栓的锁紧螺母，旋转拉紧螺栓的螺旋接头，调整拉紧螺栓长度即可实现。

（2）检测

光电式车身高度传感器的常见故障是发光二极管、光敏晶体管的玷污、损坏，内部电路断路或接触不良，遮光板变形或槽残缺等，使传感器输出信号减弱或无信号产生，造成电控悬架系统不能正常工作。

在对传感器进行检修时，首先检查光敏耦合元件（发光二极管和光敏晶体管）表面是否脏污、线路连接是否良好、遮光板是否变形、遮光板上的透光槽中有无夹杂脏物。如果无问题，则拆下光敏式车身高度传感器的导线插头，用导线将插头两端的电源插孔连接起来，并将传感器外壳搭铁，打开点火开关（点火开关位于“ON”位置），然后慢慢转动传感器轴，用万用表电压挡从传感器插头上的信号插孔测量信号电压。如果电压在0 ～ 1V之间（不同的车型亦有不同），说明车身高度传感器良好。否则需要更换车身高度传感器。

5.6.4 滑动电阻式车身高度传感器

凌志LS400采用的是滑动电阻式车身高度传感器，其结构和原理与可变电阻式节气门位置传感器相同。

凌志LS400采用的滑动电阻式车身高度传感器电路如图5-32所示。

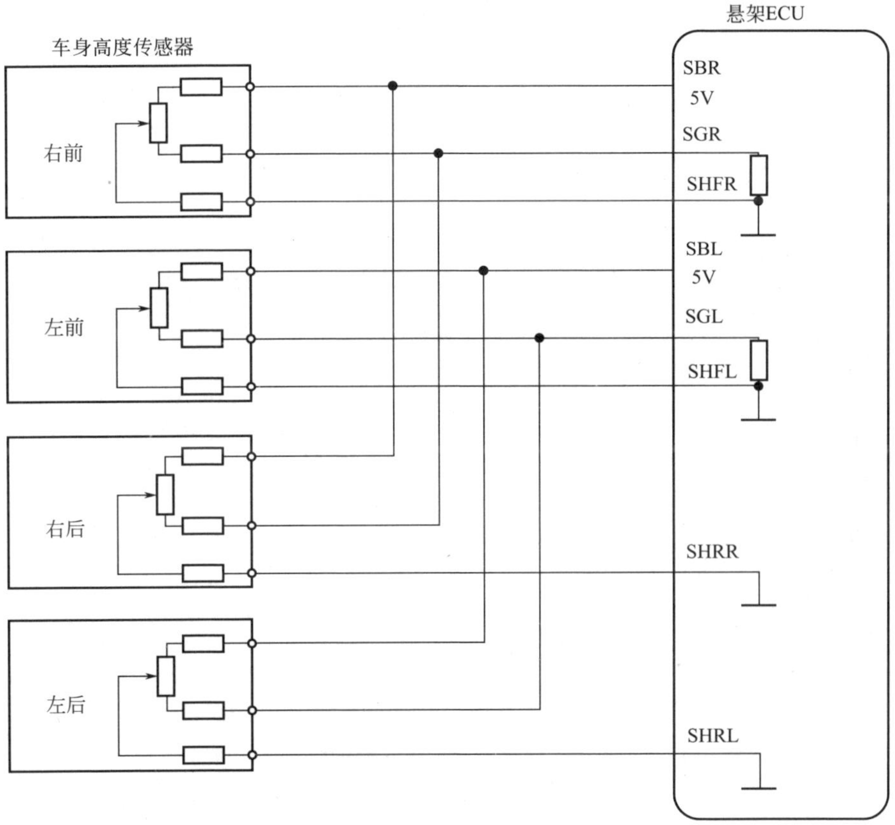

图5-32 滑动电阻式车身高度传感器电路

① 检查传感器供电电压（以前部车身高度传感器为例）。拆下仪表板盒，将点火开关旋到“ON”位，将电压表正极、负极分别接到传感器的2#端子和3#端子之间，电压表的读数应约为5V。若读数不符合要求，应检查悬架的ECU和线路。

② 检查传感器信号电压（以前部车身高度传感器为例）。拆下车身高度传感器，在端子2与3之间施加约4.5V的电压，使控制杆缓慢地上、下移动。检查端子1、3之间的电压，正常位置时，电压为2.3V；低位置时为0.5 ～ 2.3V；高位置时为2.3 ～ 4.1V。后部车身高度传感器与前部车身高度传感器检查方法相同。

5.6.5 舌簧开关式车身高度传感器

舌簧开关式车身高度传感器的结构如图5-33所示。舌簧开关式车身高度传感器有四组触点式开关，它们分别与两个晶体管相连，构成四个检测回路。用两个端子作为输出信号与悬架ECU连接，两个晶体管均接受ECU“输出”端子的控制。该传感器将车身高度组合成四个检测区域，分别是低、正常、高、超高。

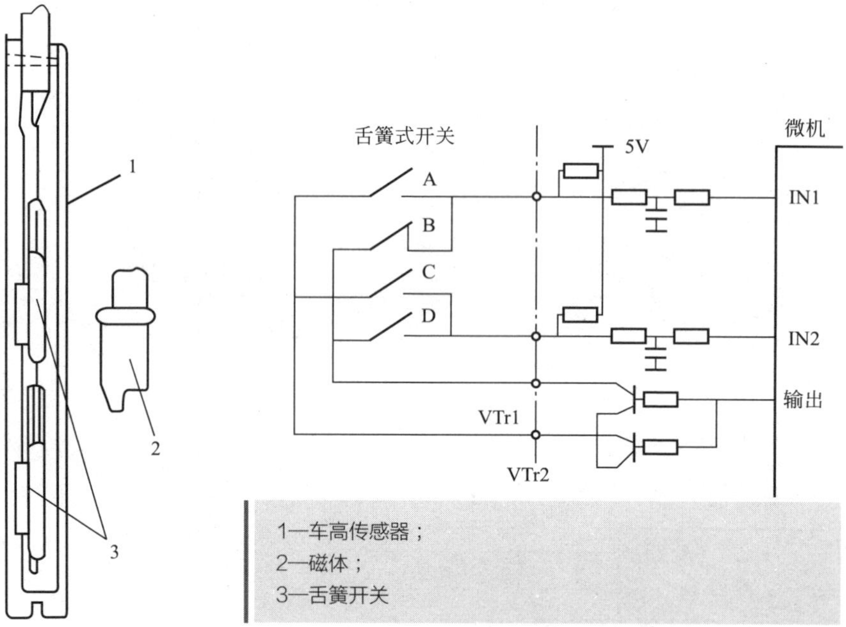

1—车高传感器；
2—磁体；
3—舌簧开关

图5-33 舌簧开关式车身高度传感器的结构和工作原理

当车身高度调定为正常高度时，因乘员数量的增加，而使车身偏离正常高度。此时舌簧开关式车身高度传感器的另一对触点闭合，产生电信号输送给ECU，ECU随即做出车身高度偏低的判断，从而输出电信号到车身高度控制执行器，促使车身恢复正常高度状态。

舌簧开关式车身高度传感器在福特车型上应用较多。检测时，可以根据舌簧开关的特性，在不同的位置，使用万用表，检验四组舌簧开关的导通和断开。

5.7 方向盘角度传感器

5.7.1 光电式方向盘角度传感器

(1) 安装位置

光电式方向盘角度传感器安装在安全气囊的带滑环的回位环后面，转向柱开关和方向盘之间的转向柱上，如图5-34所示。

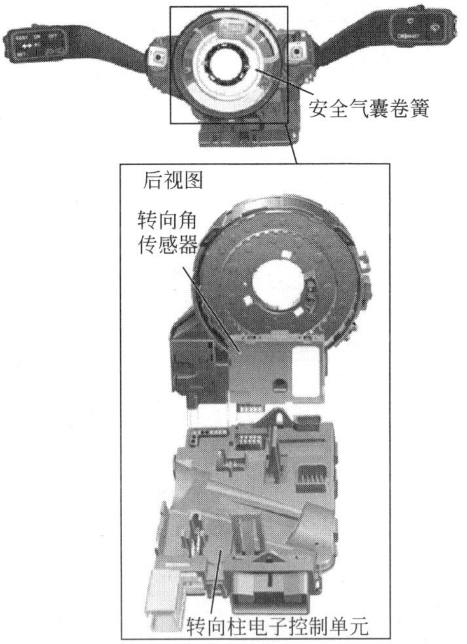

图5-34 光电式方向盘角度传感器安装位置

(2) 结构与原理

方向盘角度传感器的基本组件由带有两个编码环的编码盘、光电耦合对（一个光源和一个光敏传感器）组成。如图5-35（a）所示，编码盘由两个环组成，外侧的叫绝对环，内侧的叫相对环。

相对环分成5个扇区，每个扇区为72°，由光电耦合对来读取。该环的扇区上都穿有孔。同一块扇区上的这些孔的间距是相同的，但是不同扇区上的孔距是不同的。这就形成了扇区编码。如图5-35（b）所示，绝对环确定角度，角度由6组光电耦合对来读取。该方向盘角度传感器可以识别1044°的转向角。由于它会把角度值加在一起，因此在超过了360°标记时，它就会识别出方向盘转一整圈了。

为了简单明了地了解光电式方向盘角度传感器，这里只以相对环为例介绍其工作原理。

相对环一侧有一个光源，另一侧有一个光敏传感器。如果光穿过缝隙照到光敏传感器上，就会产生一个电压信号，如图5-36（a）所示；如果光源被遮住了，就不会产生电压信号，如图5-36（b）所示。转动这个相对环，就会产生一系列电压信号，如图5-37所示。

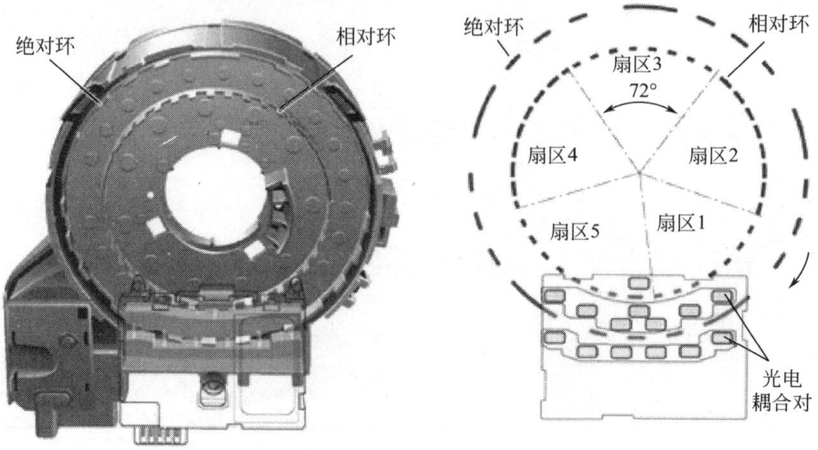

(a) 绝对环和相对环布置　　(b) 绝对环和相对环原理

图5-35　光电式方向盘角度传感器基本组件

(a) 光源照射在传感器上产生电压　　(b) 光源未照射在传感器上没有产生电压

图5-36　光电式方向盘角度传感器基本原理

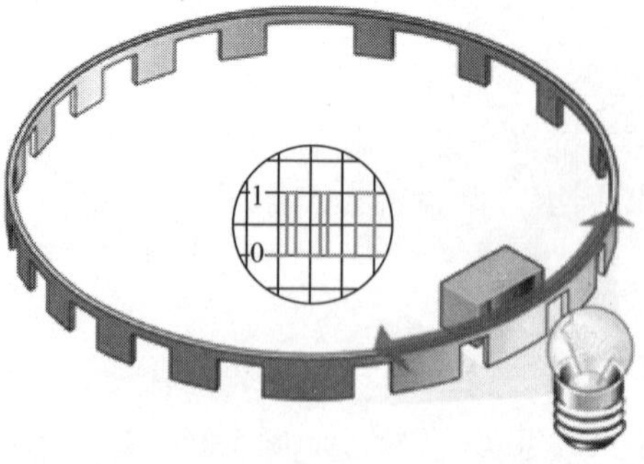

图5-37　转动相对环产生一系列电压信号

光电式方向盘角度传感器的可能故障有传感器内部发光元件或光敏元件烧坏、传感器内部电路有接触不良或断路等。光电式方向盘角度传感器的检测内容及方法与光电式曲轴位置传感器相似，具体检测方法如下。

① 检测传感器的电源电压。拔下传感器连接器后，检测端子之间的电压，以确定传感器电源正常与否。

② 检测传感器的输出信号。在连接电源的情况下，通过测量传感器插头的电源端子与传感器输出电压，以确定传感器输出信号正常与否，正常信号电压是脉冲电压。

③ 检测传感器与ECU的连接线路。若传感器输出信号电压正常，但自诊断系统有故障码显示，则需拔下传感器和ECU的连接器，通过线束两端的插头相关端子测量每根导线的电阻，以确定连接导线是否有断路或接触不良。如果线路良好，则需检修或更换ECU。

5.7.2 滑动电阻式方向盘角度传感器

滑动电阻式方向盘角度传感器与线性节气门位置传感器工作原理相同，在电阻器的两端施加5V直流电压，一个滑动接触点随着方向盘的转动在电阻器两端内运动，方向盘转动到两个端点位置时，滑动接触点刚好运动到电阻器两端。测量接触点和电阻器一端的电压即可求得方向盘的绝对转角位置。

滑动电阻式方向盘角度传感器的检测方法可以参照节气门位置传感器来进行。

5.7.3 各向异性磁阻元件式方向盘角度传感器

采用各向异性磁阻元件（AMR）的方向盘角度传感器如图5-38所示。

磁阻式传感器电阻随外部磁场方向而变。通过测量两个齿轮的角度就可以得到方向盘转动四圈的角度信号。两个齿轮是由转向轴上的一个齿轮驱动。两个齿轮相差一个齿，这样从两个齿轮的一对角度值就可以知道方向盘的每个可能的位置。

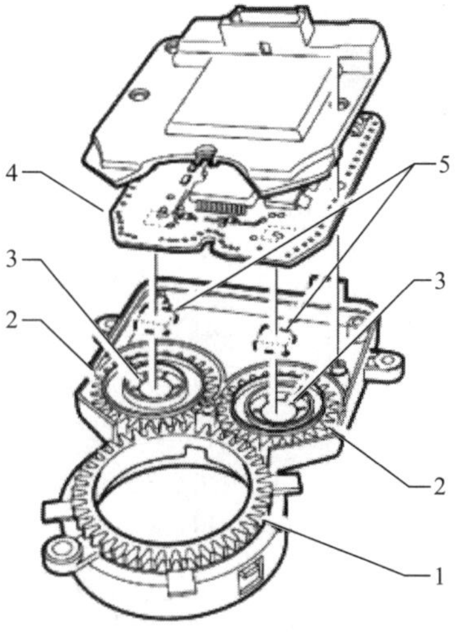

图5-38 采用各向异性磁阻元件的方向盘角度传感器

1—齿轮；
2—测量齿轮；
3—测量齿轮磁铁；
4—判断电路；
5—各向异性磁阻集成电路（IC）

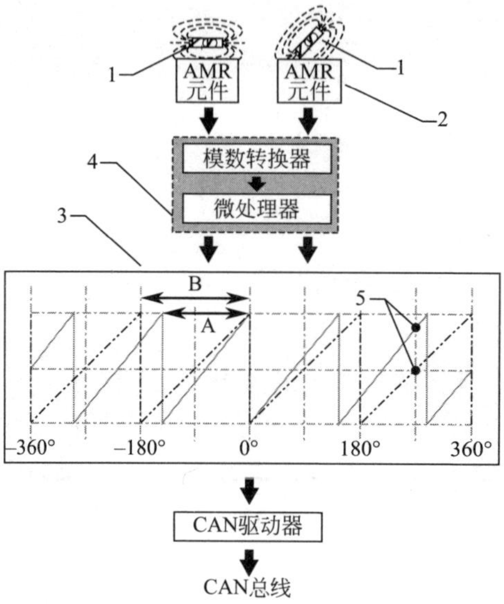

图5-39　AMR元件式方向盘角度传感器详细工作原理

1—测量齿轮磁铁；
2—各向异性磁阻集成电路；
3—输出信号；
4—判断电路；
5—对比点

AMR元件式方向盘角度传感器详细工作原理如图5-39所示。

测量齿轮磁铁所产生磁场的角向与方向盘的角位相对应。该磁场改变各向异性磁阻元件的电阻值，使各向异性磁阻集成电路产生一对输出信号。两个测量齿轮之间的转速差使第二个各向异性磁阻集成电路的信号输出的范围比第一个各向异性磁阻集成电路的信号输出的范围要短。比较并判断这一差别以及两个各向异性磁阻集成电路输出信号在对比点处的变化率，从而计算出精确的方向盘角位。通用别克荣御汽车曾采用过这种类型的方向盘角度传感器，电路如图5-40所示。

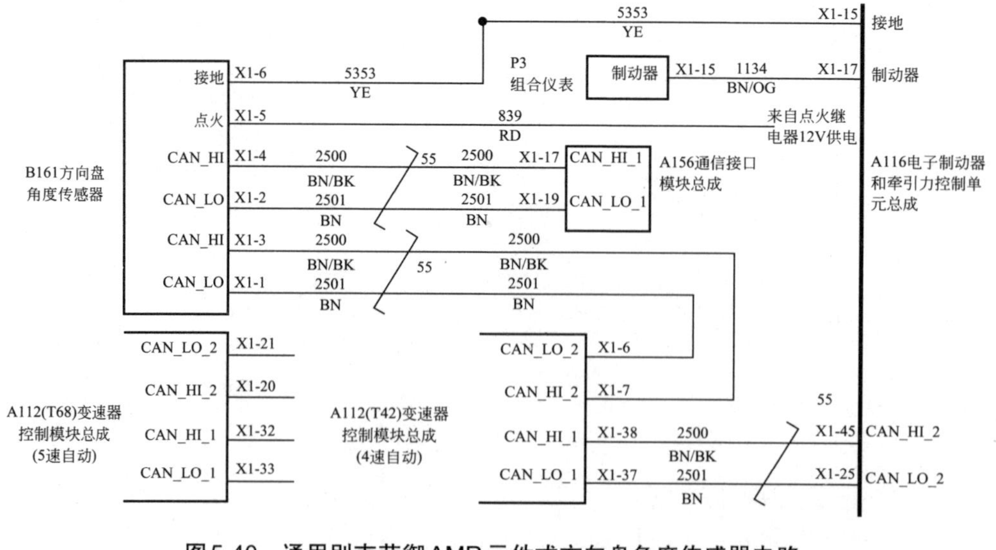

图5-40　通用别克荣御AMR元件式方向盘角度传感器电路

5.8 液位传感器

5.8.1 液位传感器作用、分类与识别

液位传感器用来探测各种液体的高度位置，作为仪表指示、警告的输入信号。汽车上的液位传感器主要有发动机机油液位传感器、燃油液位传感器、冷却液液位传感器、制动液液位传感器、清洗液液位传感器等。按照传感器的性质类型不同，可以分为模拟量输出型和开关输出型两种。模拟量输出型主要用于仪表指示，主要有浮子式和电热式、电容式等；开关输出型主要用于仪表报警，主要有热敏电阻式、舌簧开关式。

5.8.2 可变电阻式液位传感器

（1）安装位置识别

可变电阻式燃油液位传感器通常和燃油泵一起安装在燃油箱内部，用于检测燃油的油量，并将信号传递给仪表系统中的燃油表。图5-41为丰田凯美瑞车系可变电阻式燃油液位传感器安装位置及结构。

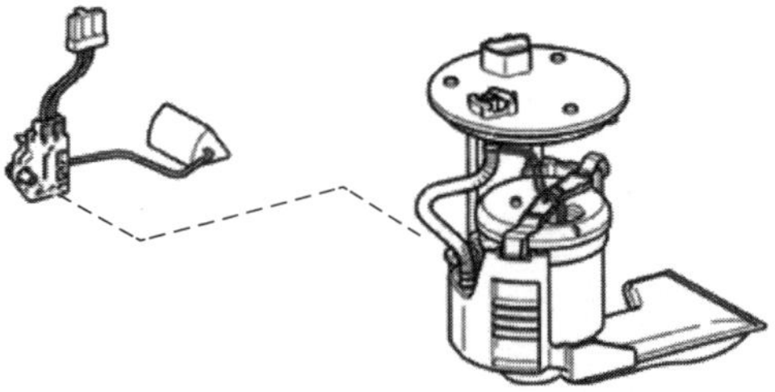

图5-41　丰田凯美瑞车系可变电阻式燃油液位传感器安装位置及结构

（2）结构原理

液位传感器包含一个浮子、导线浮子臂和陶瓷电阻器。浮子臂的位置指示燃油液位。液位传感器包括一个可变电阻器，该电阻器可以根据浮子臂的位置改变电阻。发动机控制模块通过串行数据电路将燃油液位信息发送至仪表板组合仪表。如果适用，则仪表板组合仪表燃油表和燃油液位过低警告灯使用该信息。发动机控制模块还监测各种诊断的液位输入。

燃油液位传感器电阻值的变化取决于燃油液位的高低。发动机控制模块（ECM）监测燃油液位传感器的信号电路，以确定燃油液位。当燃油箱加满时，燃油液位传感器的电阻值过低，且发动机控制模块在燃油液位传感器的信号电路

中检测到低信号电压；当燃油箱变空时，燃油液位传感器的电阻值变大，并且发动机控制模块检测到高电压信号。发动机控制模块使用燃油液位传感器的信号电路计算出油箱中的剩余燃油百分比。发动机控制模块通过高速CAN总线将燃油液位百分比发送给车身控制模块（BCM）。然后车身控制模块通过低速CAN总线将燃油液位百分比传送到组合仪表，以控制燃油表。

（3）电路连接

丰田凯美瑞车系燃油液位传感器电路如图5-42所示；科鲁兹车系燃油液位传感器总电路如图5-43所示。

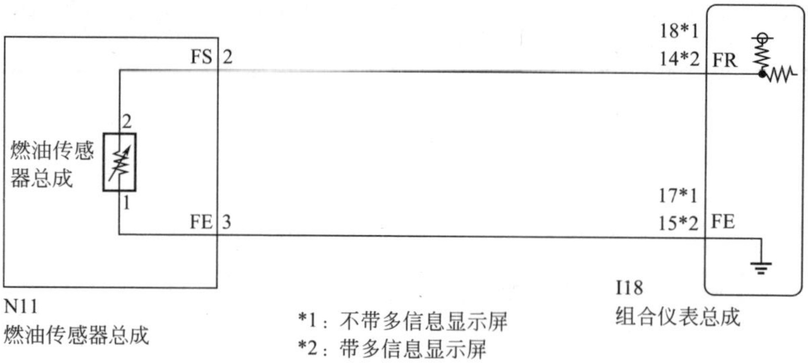

图5-42　2016款丰田凯美瑞混合动力车型燃油液位传感器电路

（4）检测

① 丰田车系。以2016款丰田凯美瑞混合动力车型为例，电路参见图5-42。如图5-44所示，检查并确认浮子在E和F之间可平稳移动，在移动浮子时用万用表测量传感器针脚1和2的电阻，应符合表5-9所示。测量时变化要特别均匀，不得有接触不良和跳变现象。当E处电阻值大于F处电阻值，且从E处到F处变化过程中，阻值连续变化就说明传感器良好。

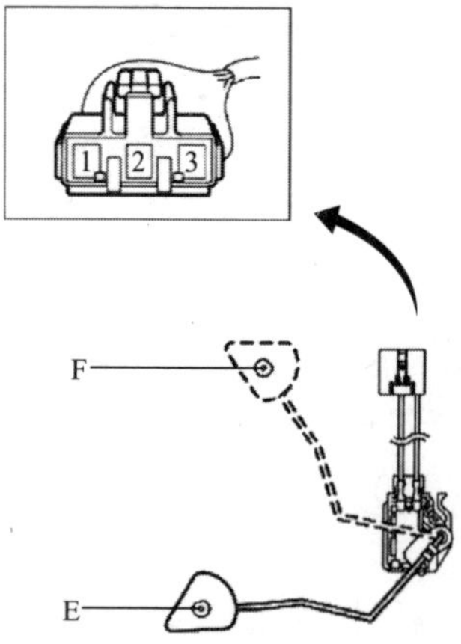

图5-44　燃油液位传感器检测示意图

表5-9　燃油液位传感器标准电阻（2016丰田凯美瑞混合动力版）

检测仪连接	浮子高度	规定状态
1—2	F	13.5 ～ 16.5Ω
	E和F间	13.5 ～ 414.5Ω（逐渐变化）
	E	405.5 ～ 414.5Ω

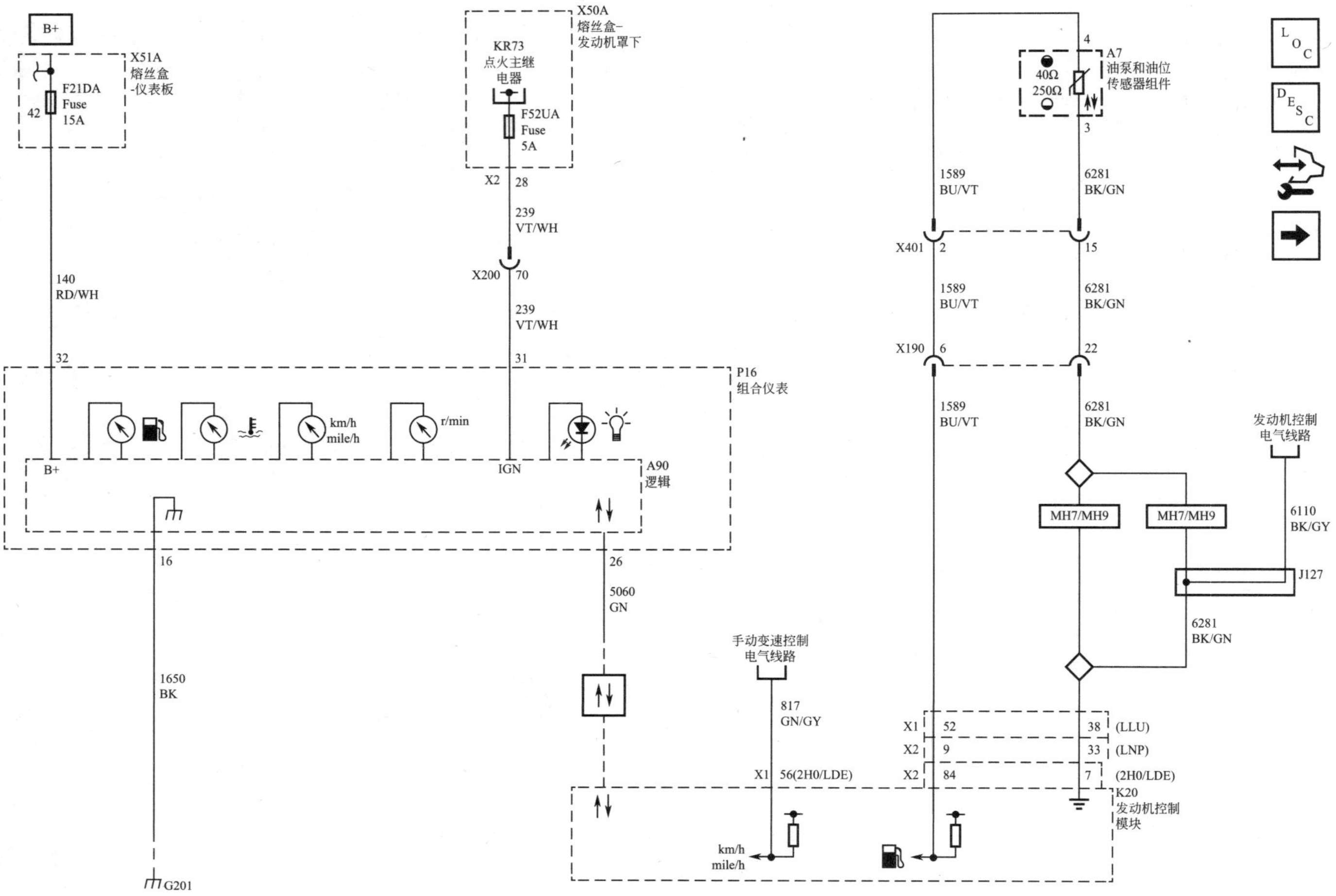

图5-43　科鲁兹车系燃油液位传感器总电路

② 通用车。科鲁兹车系燃油液位传感器电路见图5-43。检测方法如下。

a. 电路测试：点火开关置于OFF位置，断开K20发动机控制模块的线束连接器X2。

将点火开关置于ON位置，测试低电平参考电压电路端子7或信号电路端子84和搭铁之间的电压是否低于0.3V。如果高于规定范围，则测试低电平参考电压电路和信号电路是否对电压短路。如果电路测试正常，则测试或更换G12燃油泵。

将点火开关置于OFF位置，测试低电平参考电压电路端子7或信号电路端子84和搭铁之间的电阻是否为无穷大。如果不是，则测试低电平参考电压电路和信号电路是否开路/电阻过大。如果电路测试正常，则测试或更换G12燃油泵。

将点火开关置于OFF位置，测试低电平参考电压电路端子7和信号电路端子84之间的电阻是否为20～300Ω。如果不在规定范围内，则测试信号电路和低电平参考电压电路是否开路/电阻过大。如果电路测试正常，则测试或更换G12燃油泵。

b. 传感器单体监测：将点火开关置于OFF位置，断开G12燃油泵上的线束连接器。将燃油液位传感器从燃油箱上拆下。监测信号端子4和低电平参考电压端子3之间的电阻时，在整个范围内扫描传感器。如果不在规定的范围内或异常，则更换G12燃油泵。

5.8.3 舌簧开关式液位传感器

（1）结构原理

舌簧开关式液位传感器可以用来检测制动油油量、发动机机油液位、洗涤液液位、冷却液液位等。

舌簧开关式液位传感器的结构如图5-45所示，其控制电路如图5-46所示。该传感器装在制动主缸的储液罐内，外壳的外面套装着浮子，浮子上固定有永久磁铁，外壳内部装有舌簧开关，舌簧开关的两个接线柱与警告灯和搭铁线相连。当制动液液面在规定值以上时，浮子浮在靠上的位置，永久磁铁的吸力不足，舌簧开关在自身的弹力作用下保持断开的状态。制动液液面下降到一定值时，浮子位置下降，舌簧开关在永久磁铁吸力作用下闭合，警告灯点亮。

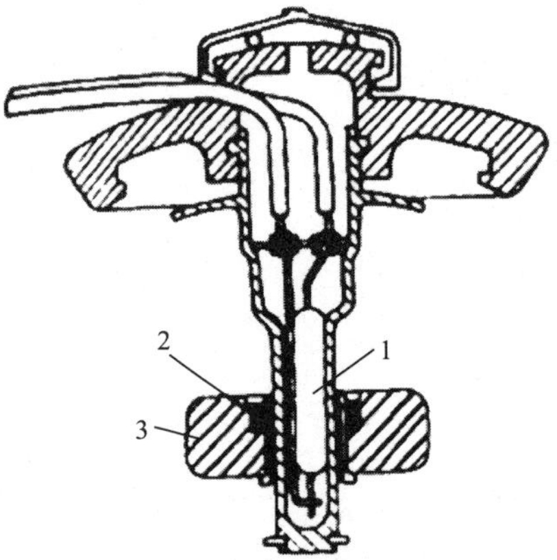

图5-45 舌簧开关液位传感器构造

1—舌簧开关；
2—永久磁铁；
3—浮子

（2）检测方法

舌簧开关式液位传感器的常见故障有浮子损坏、舌簧弹性丧失等。

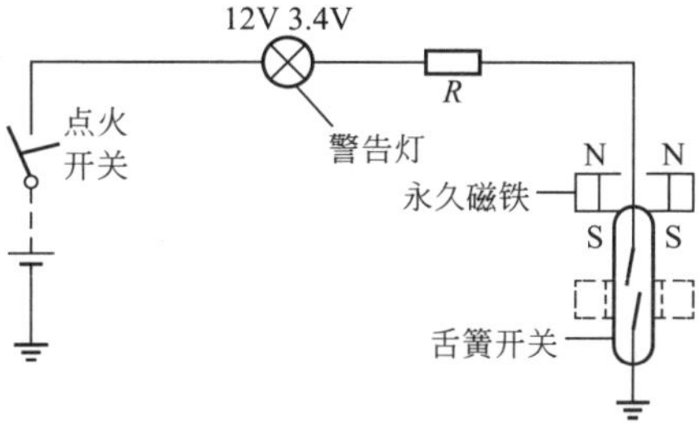

图5-46　舌簧开关液位传感器控制电路

检测时可用万用表电阻挡把表笔接舌簧开关式液位传感器的两端，当浮子上下动作时，确认开关是否可随之通断变化。正常的液位传感器，当浮子向下移动时，两端之间导通（电阻值为0）；当浮子向上移动时，两端之间不导通（电阻值为无穷大）。如不符合，应更换舌簧开关式液位传感器。

5.8.4　浮子开关式液位传感器

浮子开关式液位传感器和上面讲解的舌簧开关式液位传感器比较相似，不同的是舌簧开关式利用永久磁铁带动开关通断，而浮子开关式是利用浮子的移动带动开关通断。机油液位传感器就是这种形式的传感器。

发动机机油池内液面随着浮子的高度变化而变化，从而使机油液面传感器的上触点或下触点接通，并将此信号传给ECU。ECU根据此信号实现机油补给泵回路继电器的通断，实现机油补给泵对机油池供油的通断。

5.8.5　热敏电阻式液位传感器

因为热敏电阻的阻值可以随着温度的变化而变化，所以可利用热敏电阻式液位传感器检测汽油、柴油的液位。当热敏电阻置于油中时，因为其上的热量容易散出，所以热敏电阻的温度不会升高而使其阻值增加；当油量减少，热敏电阻暴露在空气中时，因为其上的热量难以散出，所以热敏电阻的阻值降低。

将热敏电阻浸在不同深度的油中，测量热敏电阻液位传感器两端的电阻值，其电阻值随着浸入深度的变大而变大。拔下燃油箱上的接线插头，在燃油箱侧找出与液位传感器两端相连的报警端与搭铁端子。然后在报警端与搭铁端连接一个12V、3W的小灯泡，当接上蓄电池时，警告灯应点亮；当将液位传感器放入油中时，警告灯应该熄灭。如不符合规定，则应更换液位传感器。

5.8.6　电极式液位传感器

电极式液位传感器主要元件是装在蓄电池盖子上的铅棒，这时的铅棒起电极的作用。当蓄电池电解液量低于规定值时警告灯亮，以通知驾驶员电解液不足。

当怀疑这种液位传感器有故障时，可把电极式液位传感器安装在液量正常的蓄电池上，对其进行性能试验。此时如试验灯不亮，则说明电极式液位传感器组件的性能良好。

5.9 其他位置传感器

5.9.1 座椅位置传感器

大部分中高档座椅采用了带存储功能的电动座椅，它通过控制单元，能将选定的两或三种不同的理想座椅调节位置进行存储，使用时只需按指定按键开关，即能自动地调节到预先选定的位置。

为了能够获得存储功能，必须有能够感测座椅位置的传感器来确定座椅的位置，即座椅位置传感器。座椅位置传感器常见的有霍尔式和滑动电阻式两种类型。

（1）霍尔式座椅位置传感器

① 结构与原理。带有记忆功能的座椅控制系统组成如图5-47所示。霍尔式位置传感器与滑动调节电动机（滑动传感器）、升降电动机（升降传感器）、前部高度调节电动机（前部垂直高度传感器）、靠背倾斜角度电动机（倾斜角度传感器）集成在一起，协同座椅存储器开关工作。

在将座椅调整到适当位置后，由滑动位置传感器、前垂直位置传感器、后垂直位置传感器、靠背位置传感器来感测滑动、高度、前垂直、靠背位置，然后送进电动座椅ECU进行储存。

使用霍尔式座椅位置传感器，通过霍尔元件将座椅位置的变化（即永久磁铁的变化位置）引起的磁通密度变化检测出来，产生霍尔电压，以脉冲信号的形式输入控制电脑。

② 检测。以2016款丰田凯美瑞混合动力版车型的驾驶员侧座椅滑动电机为例，介绍滑动座椅传感器的检测。滑动传感器电路如图5-48所示；滑动电动机（集成滑动传感器）端子E15如图5-49所示。

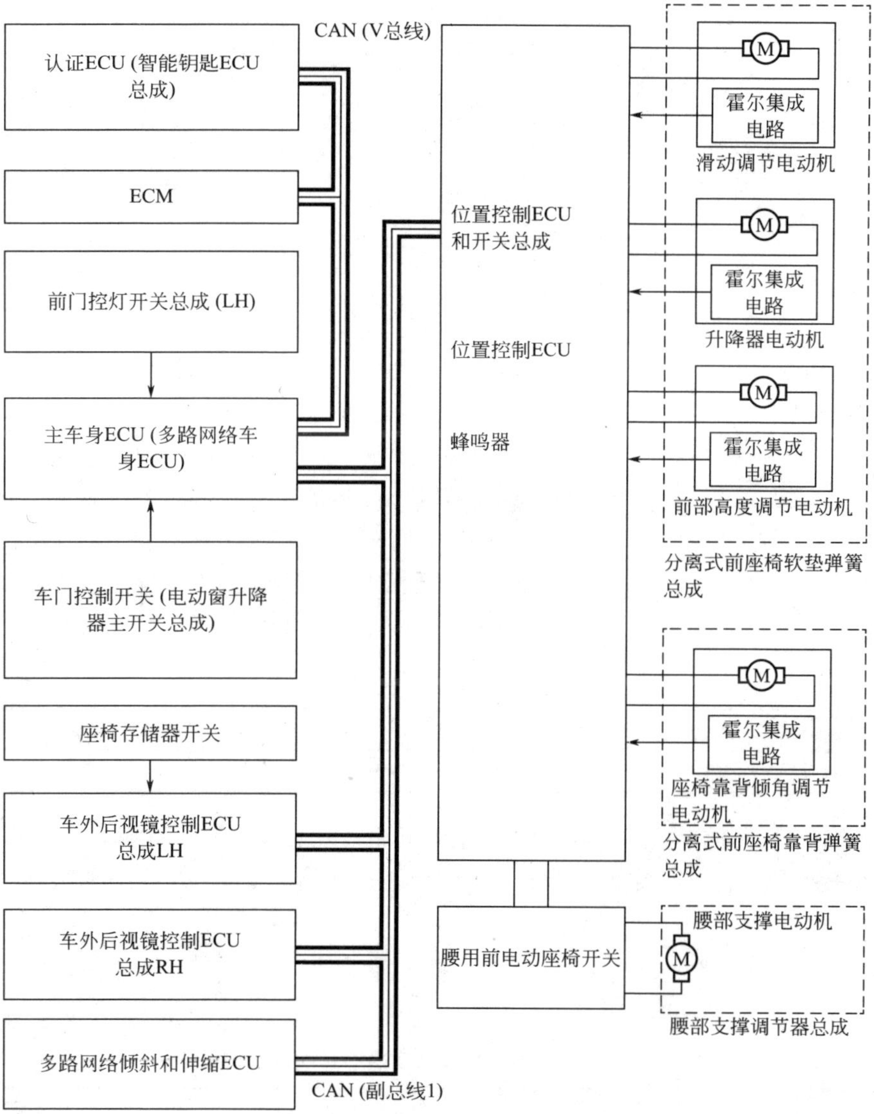

图5-47 霍尔式座椅位置传感器的可记忆座椅控制系统组成

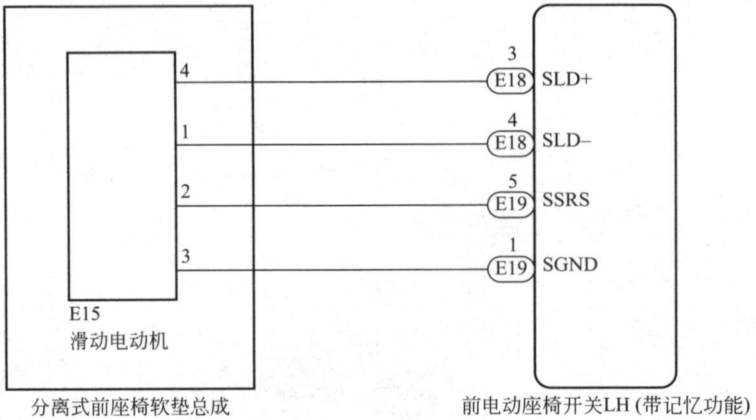

图5-48　滑动电动机（集成滑动传感器）电路

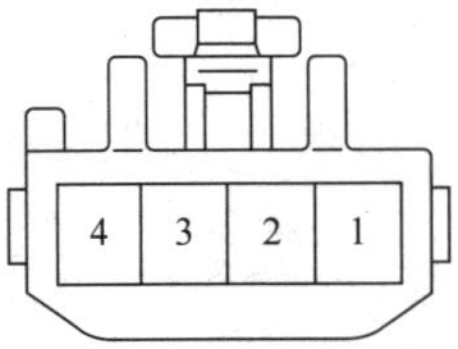

图5-49　滑动电动机（集成滑动传感器）端子E15

如图5-48所示，E15的4#端子和1#端子为滑动电动机控制端子；2#端子为滑动传感器信号端子。若滑动位置传感器故障，则前电动座椅控制ECU会存储“B2650滑动传感器故障”的故障代码。检测步骤如下。

a.检查前电动座椅开关LH（带记忆功能）：断开滑动电动机E15插接器，根据表5-10测量电压，电压应符合表中所示。如不符合则检查线束和连接器。

表5-10　前电动座椅开关检测

万用表连接	开关状态	规定状态
E15/2#—E15/3#	滑动开关ON	4.8 ～ 5.1V

b.检查滑动电动机：连接好滑动电动机连接器E15，在滑动开关打开的状态下测量E15和车身接地之间的电压，应为4.5 ～ 4.8V。如不符合则更换滑动电动机总成。

c.检查线束：断开前电动座椅开关连接器E19，根据表5-11测量线束之间或线束与车身接地之间的电阻，应符合表中所示。

表5-11　线束和线束连接器E19检测

检测仪连接	条件	规定状态
E19-5（SSRS）—E15-2	始终	小于1Ω
E19-1（SGND）—E15-3	始终	小于1Ω
E19-5（SSRS）—车身接地	始终	10kΩ或更大
E19-1（SGND）—车身接地	始终	10kΩ或更大

断开前电动座椅开关连接器E18，根据表5-12测量线束之间或线束与车身接地之间的电阻，应符合表中所示。

表5-12 线束和线束连接器E18检测

检测仪连接	条件	规定状态
E18-3（SLD+）—E15-4	始终	小于1Ω
E18-4（SLD–）—E15-1	始终	小于1Ω
E18-3（SLD+）—车身接地	始终	10kΩ或更大
E18-4（SLD–）—车身接地	始终	10kΩ或更大

d.滑动电机测试：断开滑动电动机连接器E15，在端子4和端子1上分别施加正负蓄电池电压，检查座椅是否平稳移动。检查结果应符合表5-13所示。

表5-13 滑动电动机的测试

测量条件	操作说明
蓄电池正极（+）→端子4 蓄电池负极（–）→端子1	座椅软垫向前移动
蓄电池正极（+）→端子1 蓄电池负极（–）→端子4	座椅软垫向后移动

（2）滑动电阻式座椅位置传感器

滑动电阻式座椅位置传感器主要由壳体、螺杆、滑块、电阻组成。它的作用是将座椅的位置转变成电压信号输送给电子模块存储起来。其基本原理是当调节座椅时，电动机将动力传给螺杆使螺杆转动，螺杆又带动滑块在电阻丝上滑移，于是改变了电阻值。当座椅的位置调定后，将电压输送给电子模块，驾驶员只要按下存储按钮，就能将选定的调节位置进行存储并作为重新调节的基准。使用时只要按指定的按键，座椅就会调节到预先选定的座椅位置上。

由于座椅位置传感器使用滑动电阻式，因此可以用检测一般滑动电阻的方法来进行检查。首先检查供给参考电压和搭铁线路是否正常，然后检测滑动电阻的总阻值，以及在滑动的过程中电阻是否有短路、断路现象。

5.9.2 怠速电机位置传感器

在一些低端发动机上使用的拉索直动式节气门上安装有怠速电机，怠速电机位置传感器信号帮助ECU控制怠速时的节气门开度。目前采用电子节气门的发动机上取消了怠速电机，也没有怠速电机位置传感器。

（1）滑动电阻式电机位置传感器

电机位置传感器位于节气门体前端，用于验证和检测直流可逆伺服电机伸长和收缩的长度位置。电机位置传感器把感测到的怠速控制伺服电机头伸缩位置转化为电压信号，并把它输送到电子控制装置，电子控制装置根据此输入信号反馈控制怠速直流电机，由发动机ECU对怠速进行反馈控制电机的伸长与收缩，从而控制怠速和急加速、急减速以及开空调时的旁通进气量。

电机位置传感器一般使用滑动电阻式，其工作原理和检测方法类似于节气门位置传感器，这里不再赘述。

（2）霍尔式电机位置传感器

霍尔式电机位置传感器由两个霍尔传感器组成，发动机ECU为两个霍尔传感器提供5V参考电压。当电机旋转时，正齿轮B上的磁体在齿轮转动下也旋转并为传感器提供脉冲。电磁脉冲由霍尔传感器接收，根据电机位置的变化将5V参考电压接地或不接地时，转化为5V或0脉冲信号。正齿轮B每旋转一周，每个霍尔效应传感器产生4个5V方波输入脉冲，被输送至发动机ECU。由于两个霍尔效应传感器存在相位上的差异，因此第一个被触发的霍尔效应传感器使发动机ECU能够确定电机的方向，如图5-50所示。

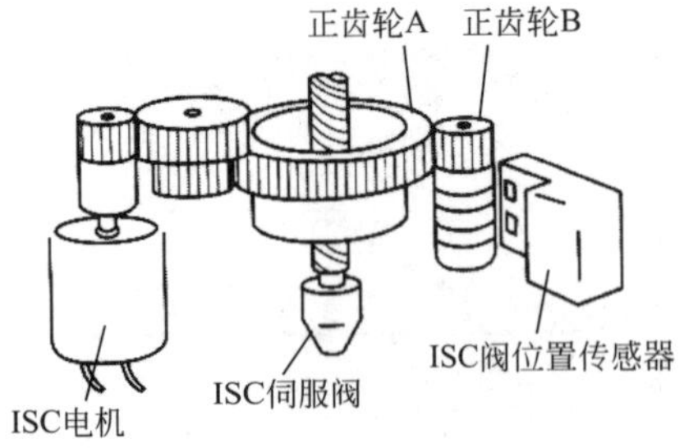

图5-50 霍尔式怠速电机位置传感器构造

霍尔式电机位置传感器的检测方法如下。

① 直观检查。在打开和关闭点火开关时，应能在怠速电机处听到动作响声，然后停止。这是怠速电机在找寻开度最大和最小位置。如果无反应，则电机有故障。

② 供电电压的检测。根据电路图检查发动机ECU为霍尔传感器提供的5V参考电压。电压不正常，则检查线束或者ECU。

5.9.3 座椅位置识别传感器（辅助SRS系统）

（1）概述

奥迪A6L、A7、Q5、Q7等车系安全气囊系统在驾驶员和副驾驶员座椅上安装了霍尔效应式座椅位置传感器。根据霍尔效应式座椅位置传感器的耗电量，安全气囊控制单元识别到座椅位于调节范围的前三分之一还是后三分之二区域。安全气囊控制单元利用这个信息，在正确的时间激活安全带拉紧力限制器和前排自适应安全气囊。如果检测到座椅位于调节范围的前三分之一区域，则安全气囊控制单元提前激活自适应安全气囊的第二点火器。通过及时引爆点火器安全气囊，能够根据实际情况针对乘员进行调整，使体重较轻的乘员也能被安全气囊完全包裹。

座椅位置识别传感器与座椅导轨协同工作。如果座椅位置识别传感器位于固定在车辆上的座椅导轨上方，则安全气囊控制单元识别到“座椅在后部”信号。座椅识别传感器的耗电量为5 ～ 7mA，如图5-51所示；如果座椅向前移动，且座椅位置传感器的移动范围超过固定在车身上的座椅导轨，安全气囊控制单元识别到“座椅在前部”信号，此时座椅识别传感器耗电量为12 ～ 17mA，如图5-52所示。

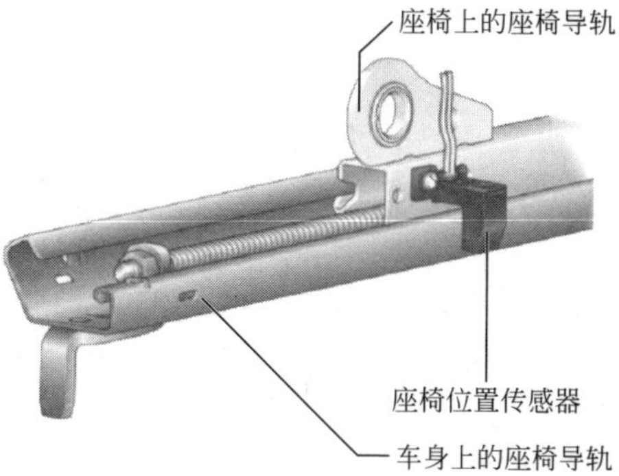

图5-51　座椅在后部

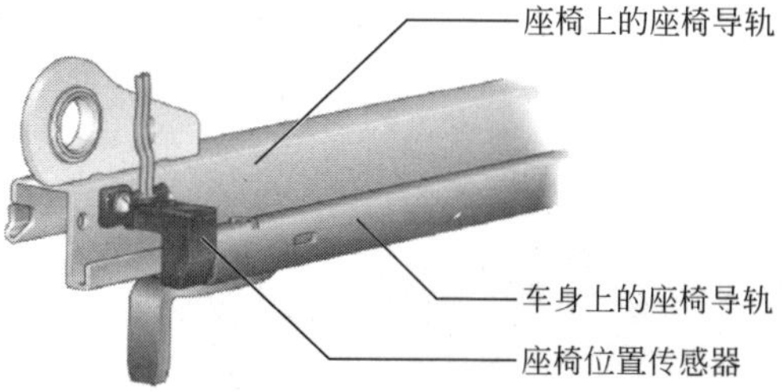

图5-52　座椅在前部

（2）座椅占用识别传感器

奥迪A6L、A7、Q5、Q7等车系安全气囊系统在副驾驶员座椅上还安装了座椅占用识别传感器。该传感器的作用是检测副驾驶侧座椅是否有乘员乘坐，如果没有乘员乘坐，则在发生碰撞时，副驾驶侧安全气囊不弹出。

副驾驶员侧座椅占用识别传感器是带有2排各4个压力传感器的塑料薄膜。每个压力传感器在承受负荷的时候电阻都会发生变化，为了识别到座椅被占用，必须有两个压力传感器检测到压力。

当座椅被占用时，座椅占用识别传感器的电阻值小于120Ω；座椅未被占用时，传感器电阻值为420 ～ 490Ω；座椅占用识别传感器发生故障时的电阻值大于2400Ω。

Chapter 6

6

速度传感器

0 1 2 3 4 5 6 7 8 9

6.1 速度传感器基础知识

速度传感器在汽车中的应用非常广泛，汽车发动机、底盘、车身等控制系统中都需要速度传感器。主要有车速传感器、轮速传感器、减速度传感器和横摆角速度传感器四大类。

车速传感器主要用于测量车辆的行驶速度，并将信号送到车速里程表，以电子式或指针式显示出来。对于电控自动变速器，车速信号还用于确定变速器的换挡时刻和变矩器锁止离合器的锁止控制。在巡航控制系统中，车速信号是巡航ECU控制设定车速的重要参考依据。

需要注意的是，某些自动变速器车型的车速传感器又叫变速器输出轴转速传感器。还有些车辆的车速传感器使用ABS控制系统的轮速传感器，通过转换得出车速信号。

轮速传感器，即车轮速度传感器，用于检测车轮速度，并将其转化为电信号输入ABS（防抱死制动系统）ECU，用于计算车轮的圆周速度。

速度传感器主要有舌簧开关式、电磁感应式、光电式、霍尔效应式、磁阻元件式、多普勒雷达式等几种。常用的有舌簧开关式、可变磁阻式、电磁感应式、光电式和霍尔式几种。

减速度传感器和横摆角速度传感器在车身稳定系统和电控悬架中应用比较广泛。

6.2 发动机转速传感器

具体内容见5.2曲轴位置传感器。

6.3 车速传感器

6.3.1 车速传感器安装位置及分类

车速传感器安装在变速器壳体的输出轴处，部分自动变速器使用输出轴转速传感器作为车速传感器，安装在阀体板上，如图6-1所示。

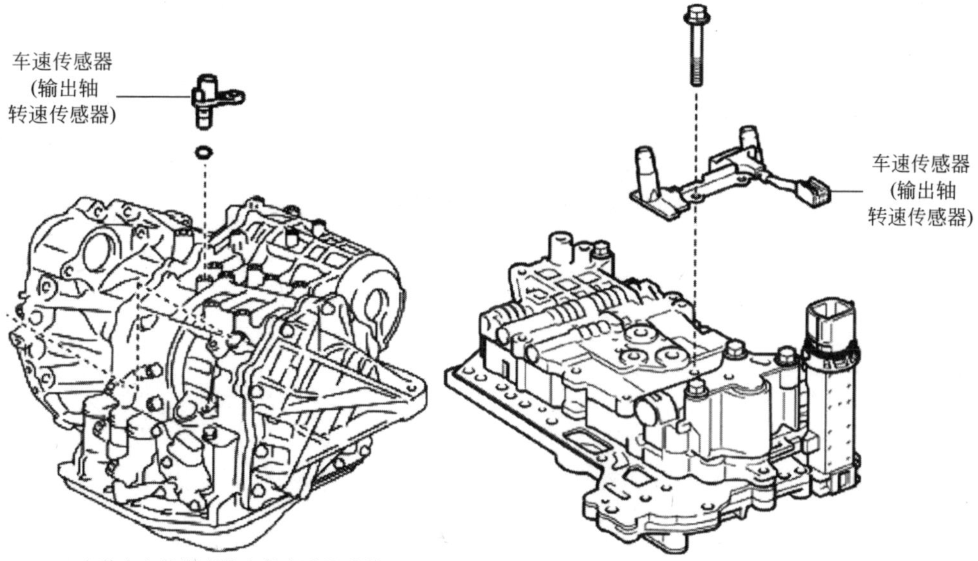

(a) 安装在变速器壳体上的车速传感器 (b) 输出轴转速（车速）传感器

图6-1 车速传感器安装位置

6.3.2 电磁感应式车速传感器

(1) 结构和原理

电磁感应式车速传感器安装在变速器壳体上，与在输出轴上安装的随输出轴转动的电磁感应齿轮相对应，且保持一定的间隙。

电磁感应式车速传感器与电磁感应曲轴位置传感器工作原理相同，如图6-2所示。

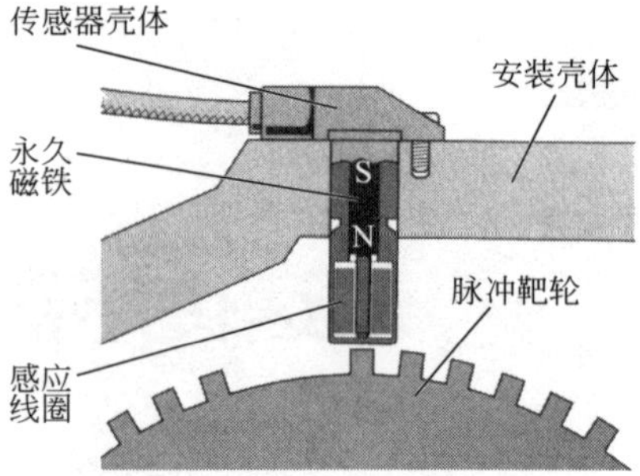

图6-2　感应式车速传感器原理

（2）检测

① 电阻检测。拔下车速传感器连接器接头，用万用表测量传感器两接线端子间电阻。不同车型车速传感器感应线圈的电阻值不同，一般为几百欧到几千欧。丰田凯美瑞车系U241E自动变速器车速传感器电阻值在20℃时为560 ～ 680Ω。

② 输出信号检测。电磁感应式车速传感器由于是自发电式的传感器，因此可以对传感器直接采用模拟法进行检测。

将车支起，用手转动车轮，同时用万用表测量车速传感器的两接线端子间有无感应电压。输出电压应随车速的变化而变化。若万用表指针有摆动，说明传感器有输出脉冲电压，传感器工作正常；否则，说明传感器有故障，应进一步检查传感器转子及感应线圈是否脏污。若脏污，应进行清洁，再进行测试。若传感器仍无脉冲电压产生，确认传感器已经损坏，应进行更换。

6.3.3　光电式车速传感器

（1）结构和原理

光电式车速传感器的结构如图6-3所示。光电式车速传感器是固态的光电半导体传感器，它由带孔的转盘和一个发光二极管、一个作为光传感器的光敏三极管及安装在转速表驱动轴上的遮光板构成。

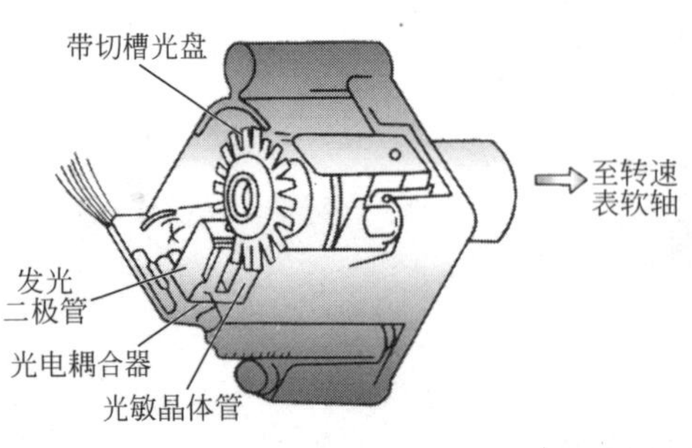

图6-3　光电式车速传感器

光电式车速传感器的工作原理如图6-4所示，驱动轴驱动的带切槽的遮光板位于发光二极管和光敏三极管中间，随着带切槽的遮光板转动，当遮光板不能遮断光束时，发光二极管发出的光射到光敏三极管上，光敏三极管导通，三极管VT1基极由于有偏压存在也导通，因此在信号输出端Si上为低电平输出。当发光二极管的光被遮蔽时，则输出高电平电压5V。脉冲频率由车速决定，驱动轴每转一圈，传感器有与遮光板缝隙个数相同的脉冲电压信号输出。

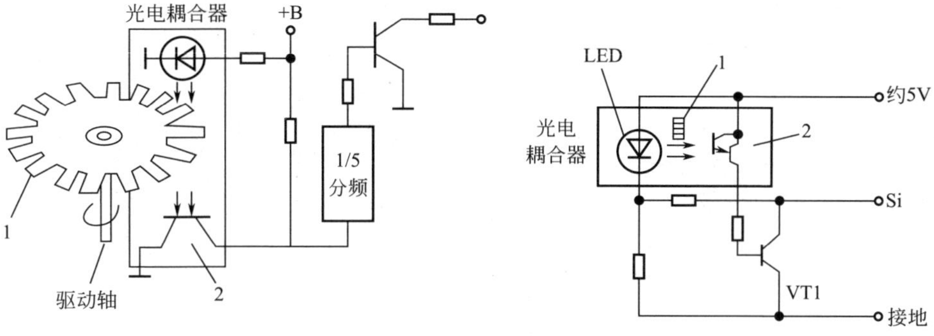

图6-4　光电式车速传感器原理

1—遮光板； 2—光敏三极管

（2）检测

① 供电电压检测。光电式车速传感器必须有供电才能工作，在检测时可以先检测传感器供电。对照电路图，在点火开关打开的情况下，测量光电式车速传感器的供电电源和搭铁端子间的电压，正常应为5V。

② 输出信号测量。举升车辆，打开点火开关，用万用表的电压挡测量信号端与搭铁端的电压，转动车轮在转速很慢的情况下，应能够看到电压在0 ～ 5V间波动。

6.3.4　霍尔式车速传感器

（1）结构和原理

霍尔式车速传感器有两种形式：叶轮触发式（图6-5）和轮齿触发式（图6-6）。

叶轮触发式霍尔式车速传感器，主要由触发叶轮、带导板的永久磁铁、霍尔元件及集成电路组成。其工作原理和检测方式与霍尔式曲轴位置传感器相同。

轮齿触发式霍尔式车速传感器是利用导磁齿轮的齿顶和齿槽集磁能力的不同来触发霍尔元件的。

2013款科鲁兹车系输出轴转速传感器（OSS）是一个霍尔效应传感器。输出轴转速传感器安装在控制阀体总成下的变速器壳体上，并通过线束和连接器连接至控制电磁阀（带阀体和变速器控制模块）总成。传感器朝向驻车齿轮的齿状机

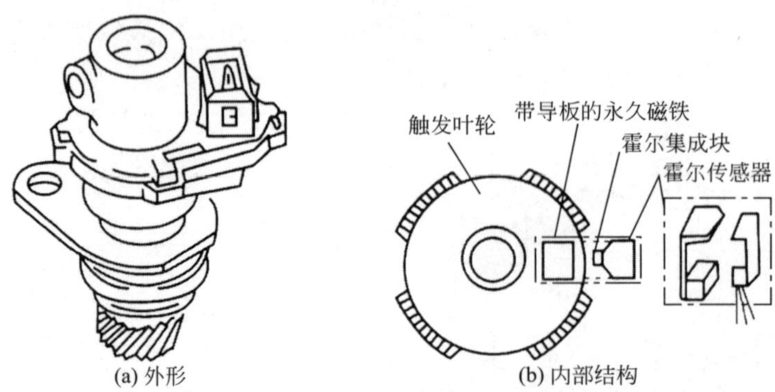

图6-5　叶轮触发式霍尔式车速传感器的外形和内部结构

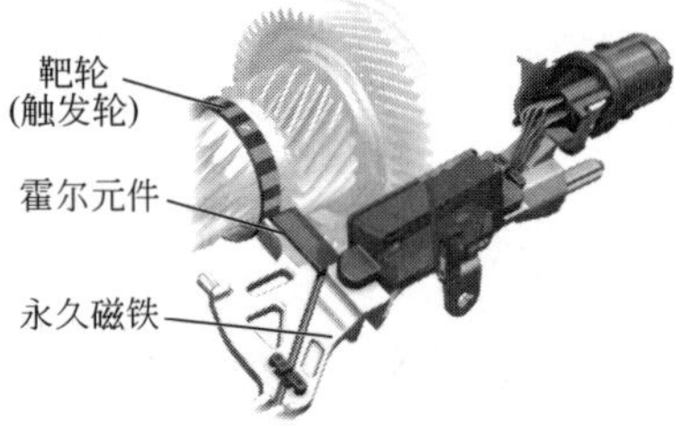

图6-6　轮齿触发式霍尔式车速传感器（大众/奥迪DSG双离合器变速器）

加工面。传感器接收到输入轴转速传感器/输出轴转速传感器电源电压电路中由变速器控制模块提供8.3～9.3V电压。随着差速器分动箱主动齿轮的转动，传感器通过驻车齿轮的齿状机加工表面产生信号频率。此信号通过输出轴转速传感器（OSS）信号电路传输至变速器控制模块（TCM）。变速器控制模块使用输出轴转速传感器（OSS）信号以确定管路压力、变速器换挡模式、变矩器离合器（TCC）滑差转速和传动比。同时变速器输出轴传感器信号在TCM中经过转换得到车速信号，并通过CAN总线送至发动机控制模块和仪表模块，在车速表中显示出来。科鲁兹车系变速器输出轴转速传感器外观及安装位置如图6-7所示。

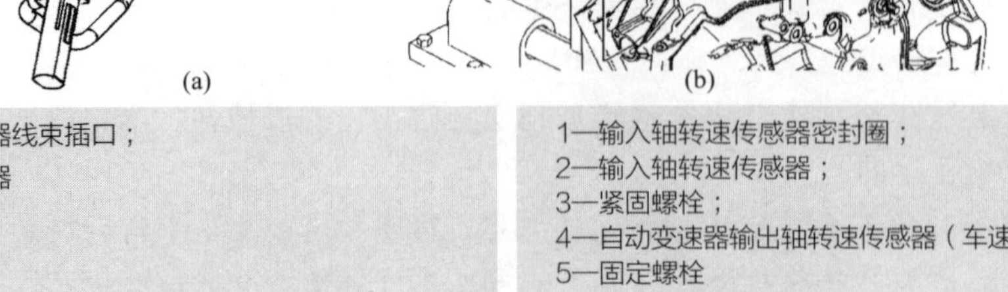

1—传感器线束插口； 2—传感器	1—输入轴转速传感器密封圈； 2—输入轴转速传感器； 3—紧固螺栓； 4—自动变速器输出轴转速传感器（车速传感器）； 5—固定螺栓

图6-7　科鲁兹车系车速传感器外观及安装位置

(2) 检测

传感器1号端子为电源端子；传感器2号端子为信号输出端子，与ECU的20号端子相连；传感器3号端子为搭铁端子。

① 传感器的供电检测。霍尔效应式车速传感器一般有三个端子，分别为12V供电端子、传感器信号输出端子和传感器接地端子。关闭点火开关，拔下车速传感器的连接插头，然后打开点火开关，用万用表测量传感器连接插头上供电与接地端子之间的电压值。传感器的电源电压应为12V。若电压值不符合要求，则说明电源线路有断路或短路故障，或熔断丝损坏。

② 传感器线束检查。关闭点火开关，同时拔下传感器的连接插头和TCM连接插头，用万用表的电阻挡测量传感器连接插头的供电端子与为其供电的熔断丝之间的电阻值，传感器连接插头的信号端子与TCM端子之间的电阻值，以及传感器连接插头的接地端子与搭铁之间的导通性，均应小于1Ω。若相差很大或为∞，则说明线束的连接有故障。

6.3.5 舌簧开关式车速传感器

舌簧开关式车速传感器是由在小玻璃管内的两个细长的触点构成的，触点用铁、镍等易被磁铁吸引的强磁性材料制成，受玻璃管外磁板的控制。有时触点相互吸引而闭合，有时相互排斥而断开，从而形成了触点的开关作用。

舌簧开关式车速传感器的结构如图6-8所示。舌簧开关式车速传感器安装在车速表转子附近，当车速表驱动轴回转时，永久磁铁也回转，磁铁的N、S极将靠近或远离舌簧开关的触点。

当N、S磁极从接近舌簧开关到逐渐离开时，上下两个触点由于磁化形成不同极性的磁极，触点互相吸引，开关变成闭合状态，如图6-9所示。

当N极或S极接近触点时，触点磁化为同一极性的磁极，互相排斥，舌簧开关断开。因为磁铁一般是4极的，所以控制部分连续工作时，车速表驱动轴每回转一圈，就会输出4个脉冲，如图6-10所示。ECU根据传感器输入的脉冲信号即可计算出汽车的速度，并在速度指示仪表上显示出来。

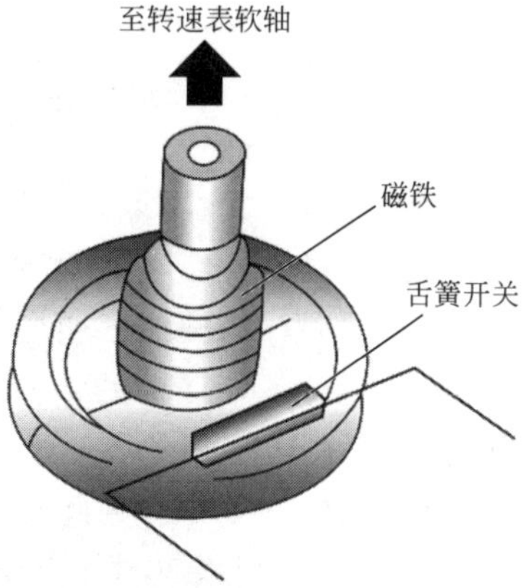

图6-8 舌簧开关式车速传感器

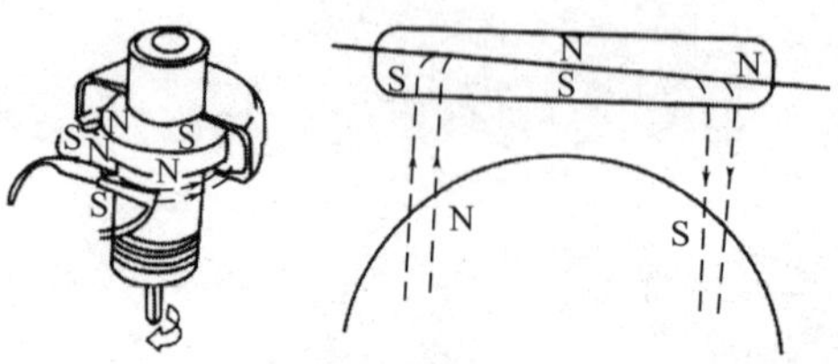

图6-9　舌簧开关触点的吸合状态

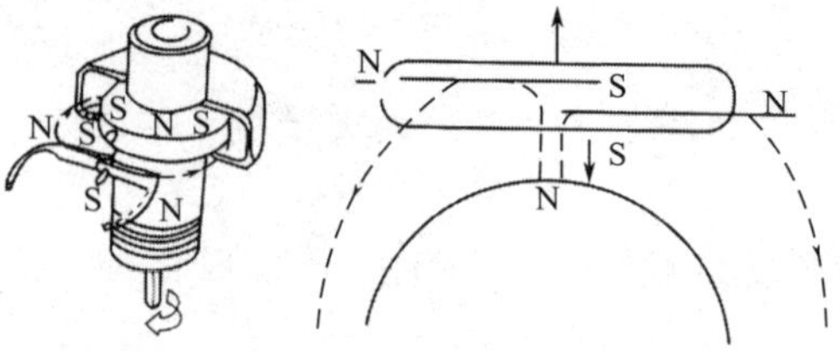

图6-10　舌簧开关触点的断开状态

6.3.6　可变磁阻元件式车速传感器

磁阻元件式（MRE）车速传感器安装在变速器的壳体上，由变速器齿轮驱动。

可变磁阻式车速传感器的结构如图6-11所示，它主要由磁阻元件、转子、弹簧、集成电路电路板和磁环等构成。

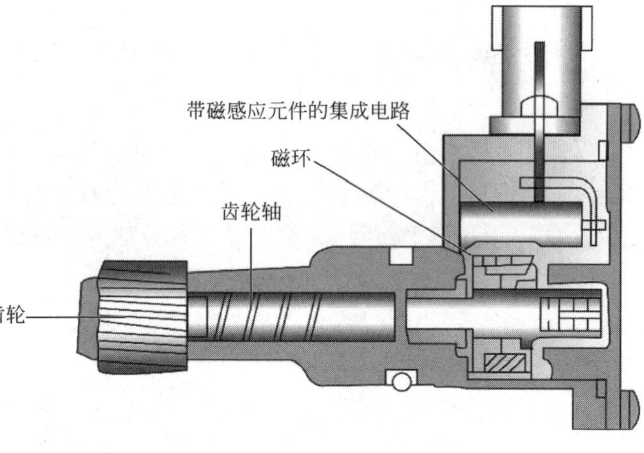

图6-11　磁阻元件式车速传感器

当变速器齿轮驱动传感器轴旋转时，与轴连在一起的多极磁环也同时旋转，集成电路内的磁阻元件的磁通量发生变化。由于磁环上N极与S极的交替排列，因此伴随着磁环的旋转，通过磁阻元件的磁通量和磁力线的方向都不断变化，从而使磁阻元件（MRE）的阻值发生变化（当流向磁阻元件的电流方向与磁力线方向平行时，其电阻值最大；电流方向与磁力线方向垂直时，其电阻值最小）。由于磁阻元件阻值的变化，因此磁环每旋转一周，在集成电路（IC）的内置磁阻元件（MRE）中就会出现20个脉冲电压信号。将此信号通过电路的连接输入到比较器中进行比较，再由比较器输出信号去控制晶体管的导通和截止，这样就可以检测出车速。

6.4 轮速传感器

6.4.1 轮速传感器的作用、分类与识别

轮速传感器多用于制动防抱死装置ABS、牵引力控制装置TCS、电子制动力分配装置EBD、电子稳定程序ESP等系统中。作用是检测车轮旋转速度，并将其转化为电信号输入控制单元ECU。各个控制单元根据轮速传感器的信号，通过和车速传感器信号的对比，确定车辆是否发生抱死和滑移，从而决定执行器是否做出制动干预。因此，轮速传感器也是一个重要的传感器。

轮速传感器按照工作时是否需要供电可分为无源传感器和有源传感器。无源传感器在工作时不需要外界提供工作电压；有源传感器需要外界提供工作电压。电磁感应式轮速传感器为无源传感器；霍尔式和磁阻元件（MRE）式轮速传感器为有源传感器。

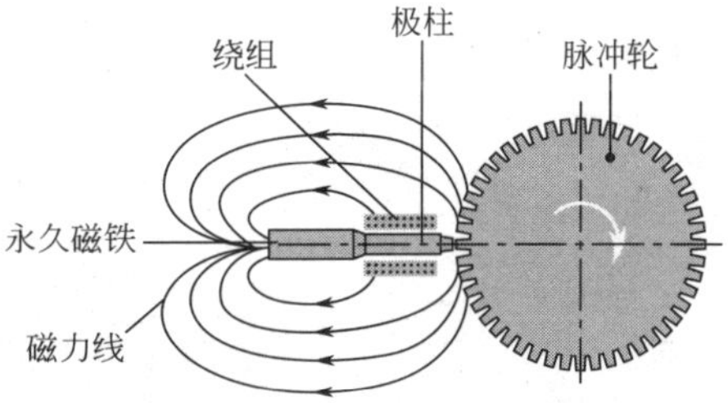

图6-12　无源轮速传感器原理

无源轮速传感器由永久磁铁、极柱、绕组、脉冲轮组成。随着脉冲轮转动，传感器周边的均匀磁场不断受到脉冲轮的齿和齿隙切割，改变了磁通密度。在绕组中感应出一个交变的电压如图6-12所示。

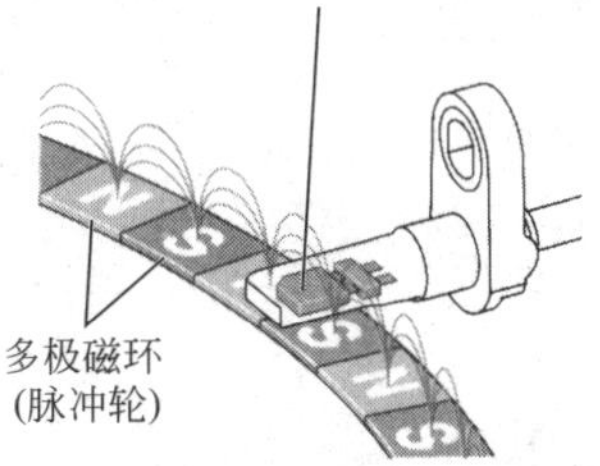

图6-13　有源轮速传感器原理

近年来有源轮速传感器在汽车制动系统中得到了广泛地应用。这类传感器需要外部提供电源，在传感器头部有一封装的磁敏硅芯片或霍尔芯片。此类轮速传感器的脉冲轮是一个多极磁环。北极N和南极S充当脉冲轮的齿和齿隙，如图6-13所示。传感器芯片感受磁环上不断交替的磁场变换，车轮转动（即多极磁环转动），传感器芯片上的磁通密度不断变化，经过集成电路放大后输出给控制单元。霍尔式有源传感器是将霍尔测量元件、信号放大和信号处理电路集成在一起，如图6-14所示。

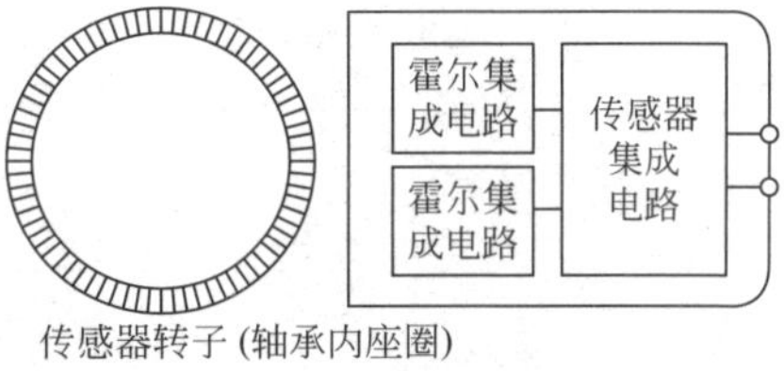

图6-14　霍尔式有源轮速传感器原理

6.4.2 电磁式轮速传感器（无源传感器）

（1）结构和原理

电磁感应式轮速传感器由传感头和齿圈两部分组成。传感头的结构如图6-15所示，它由永磁体、极轴和感应线圈等组成。齿圈用铁磁性材料制成。

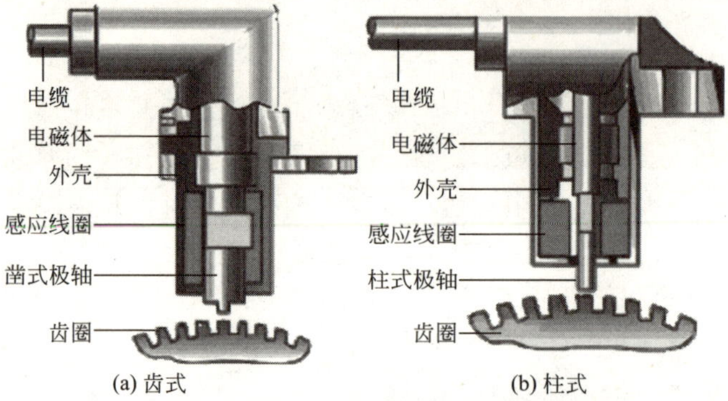

图6-15 电磁感应式轮速传感器的结构

当齿圈旋转时，齿顶与齿隙轮流交替对向磁芯；当齿圈转到齿顶与传感头磁芯相对时，传感头磁芯与齿圈之间的间隙最小，由永久磁芯产生的磁力线就容易通过齿圈，感应线圈周围的磁场就强；而当齿圈转动到齿隙与传感头磁芯相对时，传感头磁芯与齿圈之间的间隙最大，由永久磁芯产生的磁力线就不容易通过齿圈，感应线圈周围的磁场就弱。此时，磁通迅速交替变化，在感应线圈中就会产生交变电压，交变电压的频率将随车轮转速成正比例变化。电子控制单元可以通过转速传感器输入的电压脉冲频率进行处理来确定车轮的转速、汽车的参考速度等。

2011款别克凯越车系采用了电磁式轮速传感器。前轮速传感器安装在前转向节上，后轮速传感器安装在底板上，分别如图6-16和图6-17所示。

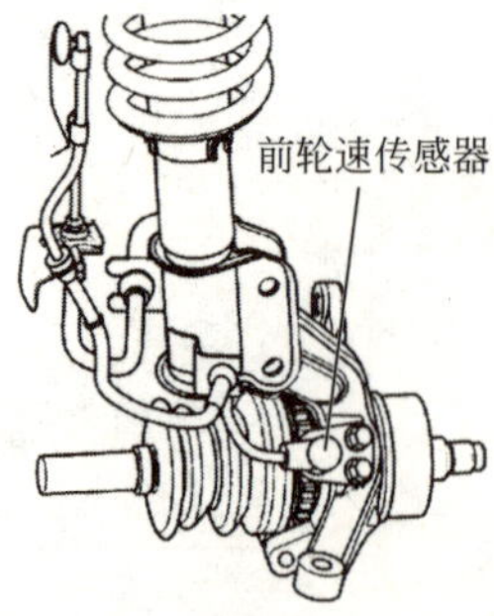

图6-16 别克凯越前轮速传感器安装位置

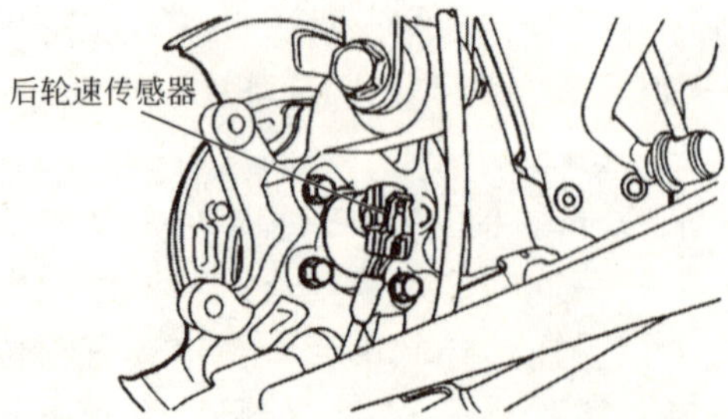

图6-17 别克凯越后轮速传感器安装位置

别克凯越轮速传感器以很小的交流电压形式将车轮速度信息传递至电子制动控制模块。该电压是由传感器齿环经过静止传感器时的电磁感应而生成的。交流电压的振幅和频率与车轮速度成正比，都会随速度的上升而增大。车轮速度传感器信号通过接口传送给电子制动控制模块，而接口可能给电子制动控制模块带来虚假或有干扰的车轮速度传感器输入信号。

维修拆装时应避免撬动或者接触车轮速度传感器环。过度接触可能导致一个或多个齿损坏。

车轮速度传感器不能维修，气隙无法调节。前轮速度传感器环被压装到驱动轴上；后轮速度传感器环与后轮轮毂合为一体。前轮速度传感器环包括47个等间距齿；后轮速度传感器环包括34个等间距齿。

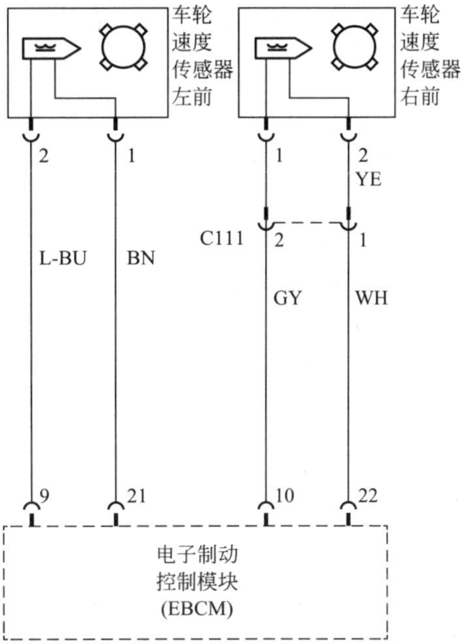

图6-18　别克凯越车系轮速传感器电路

（2）传感器检测

别克凯越车系车轮速度传感器电路如图6-18所示。

① 外观检查。关闭点火开关，检查车轮速度传感器、连接器、线束和齿环是否有外观损伤以及传感器与脉冲轮之间气隙是否过大。

② 输出电压检查。关闭点火开关，举升车辆，断开传感器线束。在传感器针脚1和2之间连接一电压表，选择交流电毫伏挡，转动车轮同时观察电压表，电压应随车轮转速增加而增加，正常电压应大于等于100mV。不符合规定则更换轮速传感器。

③ 电阻检查。关闭点火开关，断开传感器线束，测量传感器两个端子之间的电阻，标准阻值为800～1600Ω。电阻不在正常范围内则更换轮速传感器。

④ 线束检查。断开控制单元端子和车轮转速传感器端子（以左前轮速传感器为例），分别测量电子控制单元端子9、21与传感器端子2和1之间的电阻，电阻值应小于2Ω。检测结果不符合规定的应检查或更换线束。

6.4.3　霍尔式轮速传感器（有源传感器）

（1）原理与安装位置识别

霍尔式有源轮速传感器由永久磁铁、霍尔传感器和集成在一起的处理电路、壳体等组成。永久磁铁和霍尔传感器与集成在一起的处理电路封装在轮速传感器壳体内部。这类传感器与普通的霍尔式轮速传感器外围电路不同，此类霍尔式轮速传感器采用两线制。此类霍尔式轮速传感器脉冲轮有齿轮型、磁环型和孔板型，其中齿轮型和磁环型最为常见。

2016款丰田皇冠、卡罗拉、新威驰、致炫、雷凌等车系前后轮都采用了磁环型转子霍尔效应式轮速传感器。安装位置如图6-19和图6-20所示。传感器原理如图6-21所示。

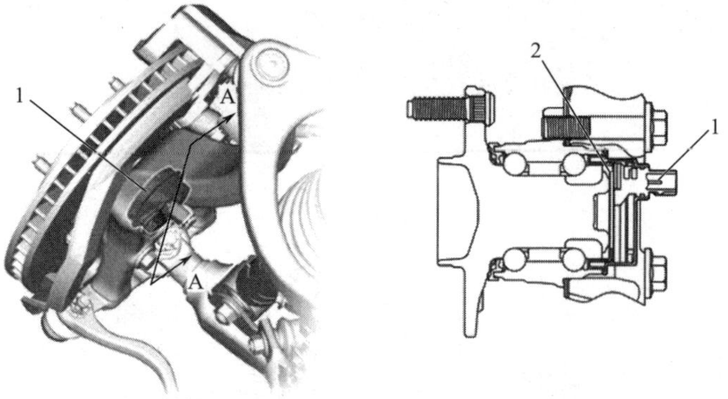

(a) 前桥　　(b) 横切面

图6-19　前轮速传感器安装位置

1—前轮速传感器；	2—传感器转子

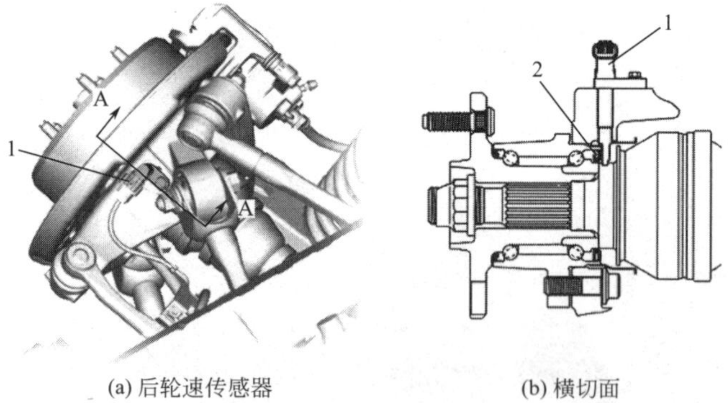

(a) 后轮速传感器　　(b) 横切面

图6-20　后轮速传感器安装位置

1—后轮速传感器；	2—传感器转子

2016款丰田凯美瑞混合动力车型前轮采用了齿轮型转子霍尔效应式轮速传感器（图6-22），后轮采用与丰田皇冠等车系相同的磁环转子型轮速传感器。

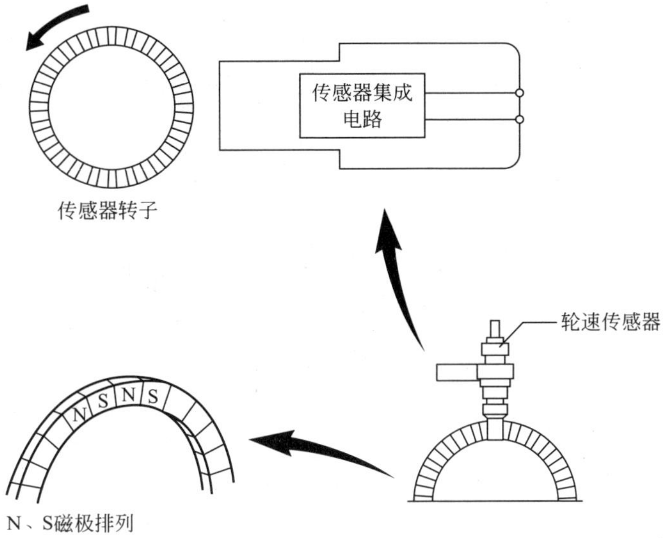

图6-21　磁环式传感器转子

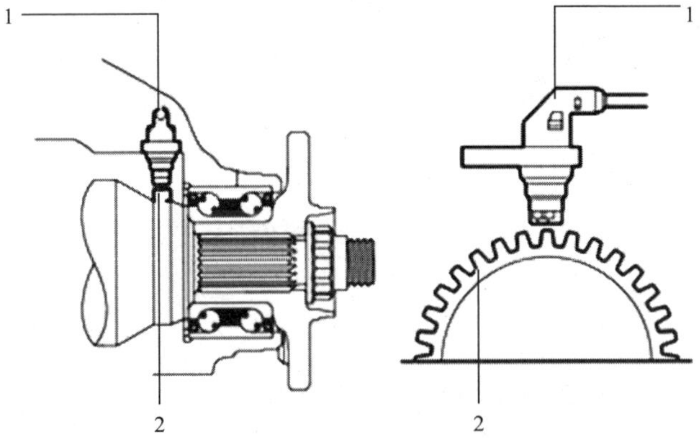

图6-22　齿轮型传感器转子

1—前轮速传感器；	2—齿轮型传感器转子

（2）传感器电路连接

2016款丰田凯美瑞混合动力车系前轮速传感器电路如图6-23所示。轮速传感器转子有48个锯齿。霍尔集成电路型轮速传感器利用输出脉冲的频率来检测车速。由于传感器输出数字脉冲（图6-24），因此即使在车辆几乎静止时，也可检测到车速。

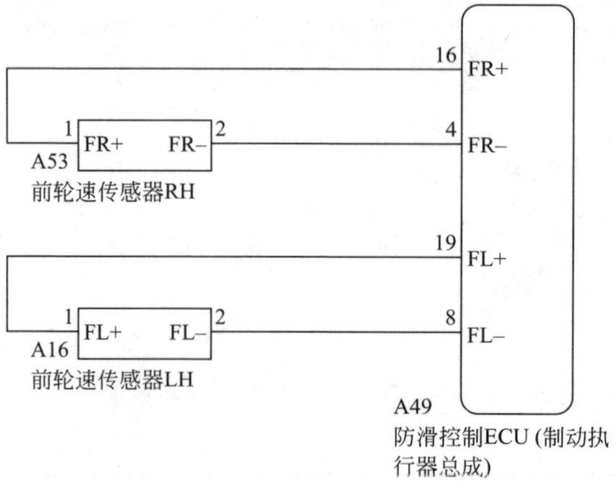

图6-23　2016款丰田凯美瑞混合动力车系轮速传感器电路

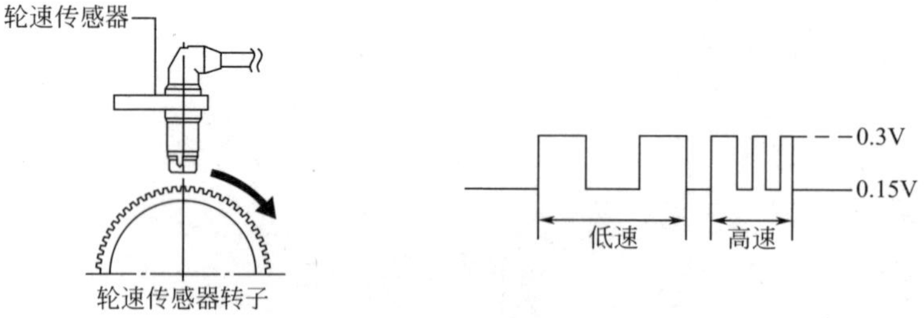

图6-24　前轮速传感器原理与输出波形

(3)传感器检测

① 外观检查。检查传感器的安装是否稳固。检查传感器顶部和传感器转子上有无刮痕、机油或异物。如有应清理干净。检查过程中若没有发现传感器顶部损坏，不要轻易更换轮速传感器。

② 检查传感器供电。以图6-23电路中所示A53右前轮速传感器为例。传感器1脚为防滑控制ECU A49提供12V电压，传感器2脚为转速信号输入端。关闭点火开关，断开传感器A53插接器，万用表调到电压挡，红表笔接A53端子1，黑表笔接车身接地。打开点火开关，标准电压应为8 ～ 14V。如电压不在此范围内，则检查修理线束或更换防滑控制ECU。

③ 线束检查。以图6-23电路中所示A53右前轮速传感器为例。断开防滑控制ECU和右前轮速传感器插接器，根据表6-1所示测量电阻值，测量结果应符合规定状态。如不符合则修理或更换线束。

表6-1　右前轮速传感器线束测量

仪器连接	条件	规定状态
A49/16—A53/1	始终	小于1Ω
A49/4—A53/2	始终	小于1Ω
A49/16—车身接地	始终	10kΩ或更大
A49/4—车身接地	始终	10kΩ或更大

6.4.4　磁阻式轮速传感器

（1）原理与安装位置识别

日产新阳光的轮速传感器采用磁阻型半导体传感器（MRE传感器）。传感器由磁组元件、放大电路、壳体等组成。传感器转子为磁环式，转子上的北极N和南极S充当脉冲轮的齿和齿隙。如图6-25所示。

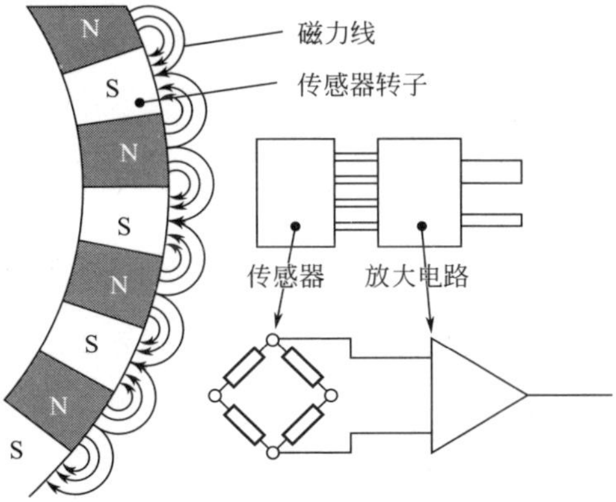

图6-25　磁阻式传感器原理

ABS控制单元向检测部分供电，从而能读取磁场线。检测到的磁场转换为电流信号。

当传感器转子（即磁环）转动时，磁场发生变化。磁场的改变使磁组元件的电阻值发生变化，电阻值的改变被转换为电流信号（方波），经过放大电路转换放大后，被发送到ABS执行器和电气单元（控制单元）。磁阻的变化与车轮转速成正比。

日产新阳光前轮速传感器安装在转向节上，传感器转子集成在轮毂总成中；后轮速传感器安装在后制动器的底板上，传感器转子安装在后制动鼓上，如图6-26所示。

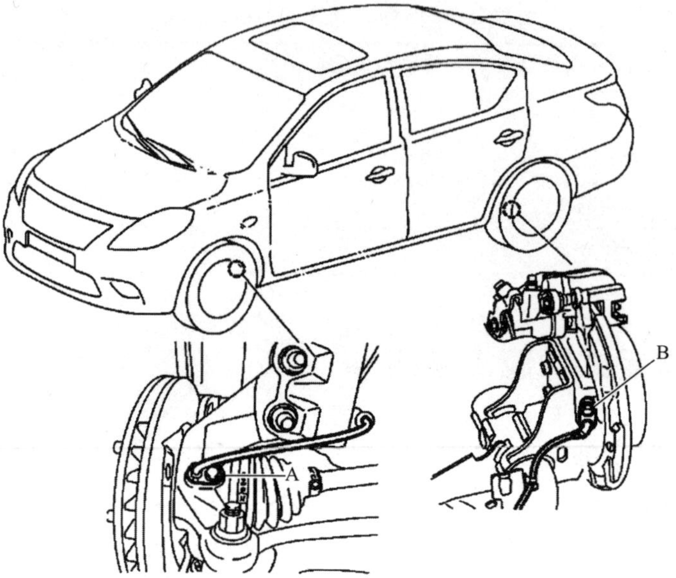

图6-26　日产新阳光前后轮速传感器安装位置

A—前轮速传感器；　B—后轮速传感器

(2) 电路连接

日产新阳光前后轮速传感器电路如图6-27所示。

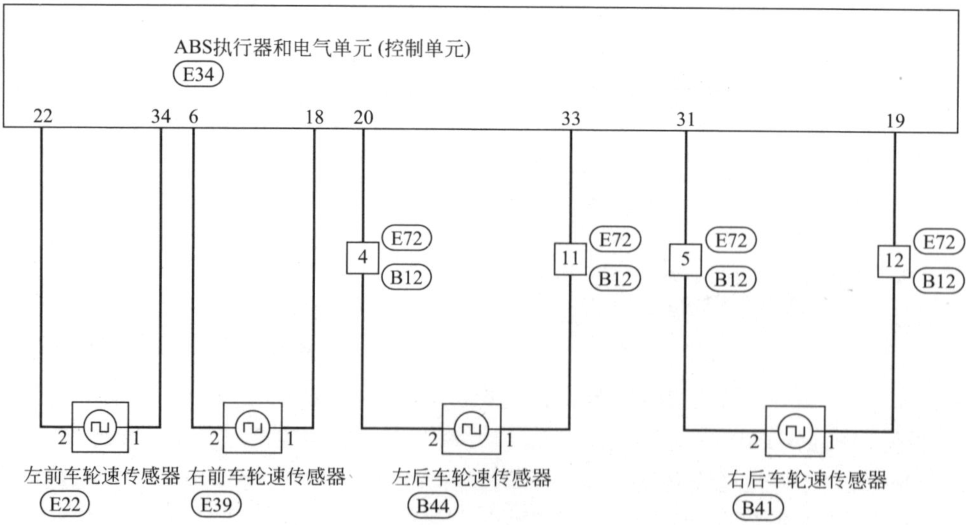

图6-27　日产新阳光轮速传感器电路

ABS控制单元通过端子34、18、33、19分别向左前轮速传感器E22的1#、右前轮速传感器E39的1#、左后轮速传感器B44的1#、右后轮速传感器B41的1#提供传感器所需的12V电压。传感器的1#为信号输入端子。

（3）传感器检测

由于磁阻式轮速传感器内部有集成电路，因此检测时请勿直接测量传感器端子电压或电阻。

① 传感器外观检查。关闭点火开关，检查车轮传感器表面有无损坏；检查传感器转子有无划痕、灰尘、油污和杂质；检查ABS控制单元和传感器插头是否断开或松动。

② 传感器供电检查。关闭点火开关，断开轮速传感器插头，万用表调整到直流电压挡，万用表红表笔接轮速传感器插头的端子1，黑表笔接地；打开点火开关，标准电压应为8 ～ 14V。如不在范围之内则检查或更换线束和ABS控制单元。

③ 线束检查（线束与接地）。关闭点火开关，断开ABS控制单元和传感器插头，检查ABS控制单元线束插头和接地之间的导通性，检查结果应如表6-2所示。如不符合则修理或更换线束。

表6-2　线束检查

插头	端子	导通性
E34	34/22—车身接地	不导通
	16/6—车身接地	
	33/20—车身接地	
	19/31—车身接地	

④ 检查线束（线束之间）。关闭点火开关，断开ABS控制单元和轮速传感器插头。在向左和向右转动方向盘或移动轮罩中的中心线束时，检查ABS控制单元与轮速传感器线束插头之间的导通性。

a. 电源电路的线束检查如表6-3所示。如不符合则检查或更换线束。

表6-3　电源电路线束检查

端子	导通性	端子	导通性
E34/34—E22/1	导通	E34/33—B44/1	导通
E34/18—E39/1	导通	E34/19—B41/1	导通

b.信号电路的线束检查如表6-4所示。如不符合则检查或更换线束。

表6-4 信号电路线束检查

端子	导通性	端子	导通性
E34/22—E22/2	导通	E34/20—B44/2	导通
E34/6—E39/2	导通	E34/31—B41/2	导通

Chapter 7

7 气体浓度传感器

7.1 气体浓度传感器基础知识

气体浓度传感器可以感测混合气的浓度，如氧传感器、烟雾浓度传感器、柴油烟雾传感器等。

在使用三元催化转化器来降低排放污染的发动机上，氧传感器是必不可少的。为了发挥三元催化剂的最佳净化特性，需要将空燃比控制在14.7左右。为了检测实际空燃比，在排气管中设置了氧传感器，以此检测实际空燃比是浓还是稀，并向ECU提供空燃比反馈信号，以此控制空燃比使之接近理论值。氧传感器可以分为氧化锆式、氧化钛式、宽带式三种类型。其中氧化锆式传感器最为常用。

在发动机稀薄燃烧领域空燃比反馈控制系统中，采用了稀薄混合气传感器。该传感器与氧传感器一样，使用氧化锆元件测定排气中的氧浓度，从而来测定空燃比，也叫空燃比传感器（A/F传感器）。

在全自动空调系统中加装有烟雾浓度传感器，它用来检测驾驶室内烟雾的浓度。通过空调ECU使空气交换器在有烟雾时候自动运转，没有烟雾时自动停止，总能保持车内空气清新。

7.2 氧传感器

7.2.1 氧传感器作用、分类与识别

目前几乎所有中高端汽车都采用了空燃比（A/F）传感器和氧传感器组合的方式。一般空燃比传感器安装在三元催化器之前，而氧传感器安装在三元催化器之后，以更精确地检测废气中的氧浓度，并将其转换成电压信号，输入发动机ECU，测定空燃比，从而反馈控制喷油量，使空燃比接近于14.7的理论空燃比。空燃比传感器与氧传感器的一般结构和原理相同。空燃比传感器和氧传感器的安装位置如图7-1所示。

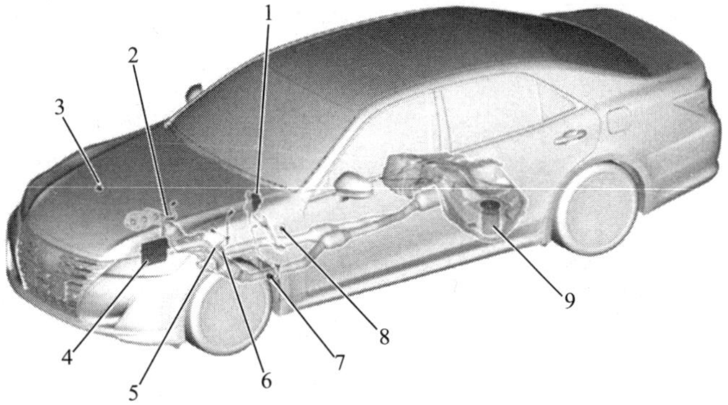

图7-1　空燃比传感器和氧传感器安装位置

1—加速踏板传感器；
2—空燃比传感器（B1 S1）；
3—空气流量计；
4—ECU；
5—空燃比传感器（B2 S1）；
6—氧传感器（B1 S2）；
7—氧传感器（B2 S2）；
8—DLC3；
9—燃油泵

目前使用的氧传感器有二氧化锆式和二氧化钛式两种，其中应用最多的是二氧化锆式氧传感器。

7.2.2　二氧化锆式氧传感器

（1）工作原理

① 二氧化锆式氧传感器的结构和工作原理。二氧化锆式氧传感器的基本元件是二氧化锆陶瓷管（固体电解质），由于陶瓷体制成管状，因此亦称锆管。锆管固定在带有安装螺纹的固定套中，锆管内外表面都覆盖着一层多孔性的透气铂膜作为电极。氧传感器安装在排气管上，其内表面与大气接触。外表面与废气接触，在锆管外表面的铂膜上覆盖着一层多孔的氧化铝保护层，并加装了一个防护套管。如图7-2所示。

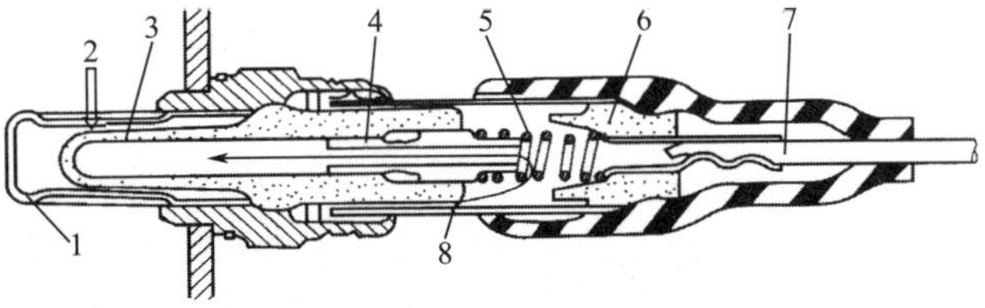

图7-2　氧化锆式氧传感器构造

1—防护套管；
2—废气；
3—锆管；
4—电极；
5—弹簧；
6—绝缘体；
7—信号输出导线；
8—空气

在一定条件下（高温和铂催化），利用氧化锆内外两侧的氧浓度差，产生电位差，且浓度差越大，电位差越大。大气中的氧的含量为21%左右，浓混合气燃烧后的废气含氧非常少，稀混合气燃烧生成的废气或因缺火产生的废气中含有较多的氧，但仍比大气中的氧少得多。

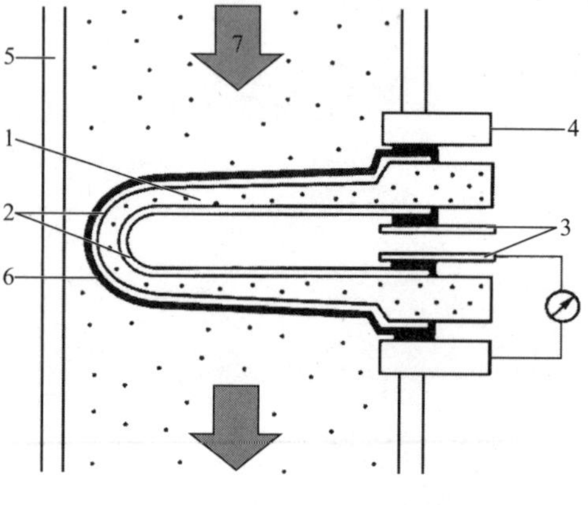

图7-3 氧化锆式氧传感器工作原理

1—锆管；
2—电极；
3—电极引线；
4—壳触点；
5—排气管；
6—多孔陶瓷支承；
7—废气

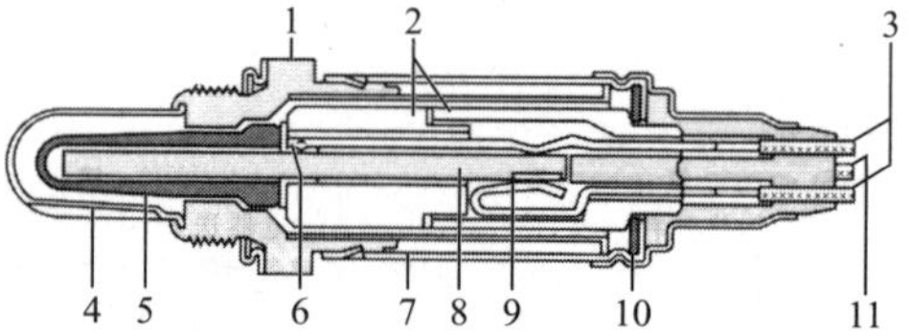

图7-4 加热式氧化锆式氧传感器结构

1—壳体；
2—陶瓷管支承；
3—加热电阻电缆；
4—带槽的保护套；
5—二氧化锆；
6—接触部；
7—外保护套；
8—加热元件；
9—电加热接头；
10—弹簧垫圈；
11—氧传感器信号

在高温及铂的催化下，带负电的氧离子吸附在氧化锆套管的内外表面上。由于大气中的氧气比废气中的氧气多，因此套管上与大气相通一侧比废气一侧吸附更多的负离子，两侧离子的浓度差产生电动势，如图7-3所示。当空气-燃油混合气很稀时，废气中含有大量的氧，由于传感器内外两侧的氧浓度差较小，因此产生的电动势很小（约0.1V）。如果空气-燃油混合气很浓时，因为废气中几乎没有氧，这就使传感器内外两侧的氧浓度有很大差异，所以产生的电动势相对较大（约0.9V）。根据氧传感器的电压信号，ECU按照尽可能接近14.7 ：1的理论最佳空燃比来减稀或加浓混合气。因此氧传感器是电子燃油喷射系统中很重要的一个传感器。

② 加热型二氧化锆式氧传感器。二氧化锆式氧传感器输出信号的强弱与工作温度有关，只有在300℃以上时传感器才能正常工作。早期使用的氧传感器靠排气加热，这种传感器必须在发动机启动运转数分钟后才能开始工作。因此，电控发动机在氧传感器正常工作之前是开环控制。现在，大部分汽车使用带加热器的氧传感器，这种传感器在原来传感器的基础上，增加了一个陶瓷加热元件用于加热传感器，如图7-4所示，可在发动机启动后的20 ～ 30s内迅速将氧传感器加热至工作温度，扩大了空燃

比闭环控制的工作范围，故又称为加热型氧传感器。目前几乎所有的车辆上都装配了加热型氧传感器。

氧传感器有一线制、两线制、三线制、四线制四种类型。一线制只有一根信号线与发动机ECU连接，传感器的另一极直接搭铁；两线制的两根线均与ECU相连，一根为信号线，另一根进入ECU后搭铁；三线制、四线制均属于加热式氧传感器，由于添加了两根加热电阻的接线，因此和氧传感器信号线组合成为三线制或四线制。加热电阻的两根接线，一根直接接控制继电器或主继电器，接受12V加热电源；另一根由ECU控制搭铁端，控制加热电阻加热时间。

（2）氧化锆式传感器的应用

2016款丰田皇冠5GR-FE、2016款丰田凯美瑞混合动力版车型5AR-FSE发动机都采用了氧化锆式空燃比传感器和氧传感器。两款车型都采用了平面型空燃比传感器和杯型氧传感器，如图7-5所示。

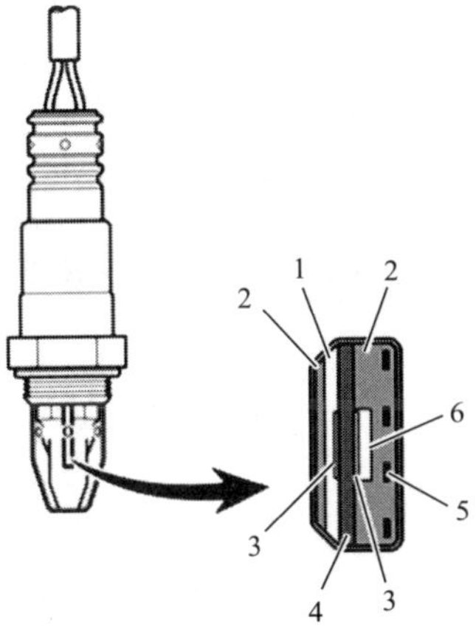

(a) 平面型空燃比传感器

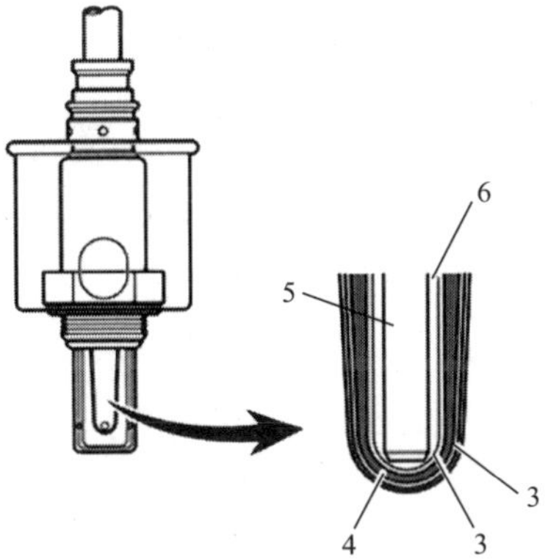

(b) 杯型氧传感器

图7-5　丰田汽车空燃比和氧传感器应用

1—扩散阻力层；
2—氧化铝；
3—铂电极；
4—氧传感器元件（氧化锆）；
5—加热器；
6—大气

平面型空燃比传感器和杯型氧传感器基本结构和原理相同。平面型空燃比传感器采用导热性能和绝缘性能良好的氧化铝，将传感器元件与加热器集成一体，从而提高传感器的预热性能。杯型氧传感器内有一个环绕加热器的传感器元件。氧传感器的特点是其输出电压会在理论空燃比阈值（14.7 ∶ 1）处发生骤变。相反，空燃比传感器数据则与当前空燃比大致成比例，如图7-6所示。空燃比传感器将氧浓度转换成电流并将其发送至ECM，从而提高了空燃比的检测精度。

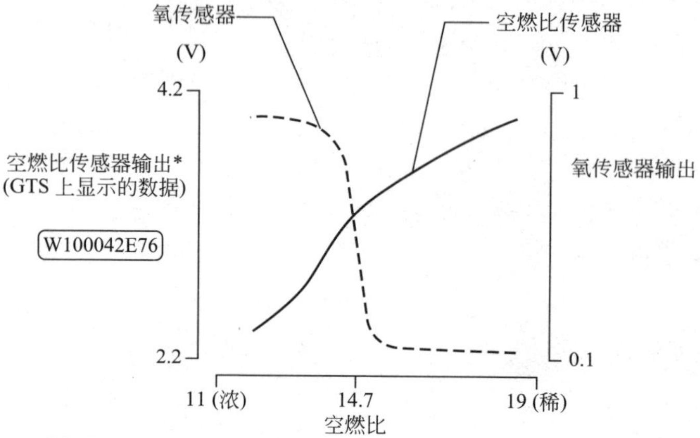

*：该值在ECM内部计算，并非ECM端子电压。

图7-6　空燃比和氧传感器输出特性

日产新阳光车系空燃比（A/F）传感器是平面单元极限电流传感器，如图7-7所示。A/F传感器的元件包括电极层，它可以传输离子。它的元件中有一个加热器。

传感器可以精确测量$\lambda=1$，但也可以在稀和浓范围内测量。与其控制电路一起，传感器在较大范围内输出清晰、持续的信号。

排气成分通过传感器元件的扩散层扩散。电极层作用电压，该电流不仅与稀氧气浓度相关，而且与浓碳氢化合物相关。

因此，A/F传感器用该电极层的电流可以指示空燃比。另外，有一个加热器集成于传感器中，以确保所需的工作温度大约为800℃。

日产新阳光车系加热型氧传感器位于三元催化器之后，用于监测废气中的氧含量。即使空燃比（A/F）传感器的开关特性改变，空燃比仍然可以根据加热型氧传感器发出的信号，控制在化学计量比范围内。

该传感器用氧化锆陶瓷制成，如图7-8所示。氧化锆会产生电压，在氧气充足时大约为1V，而在含氧稀薄时减小到0。

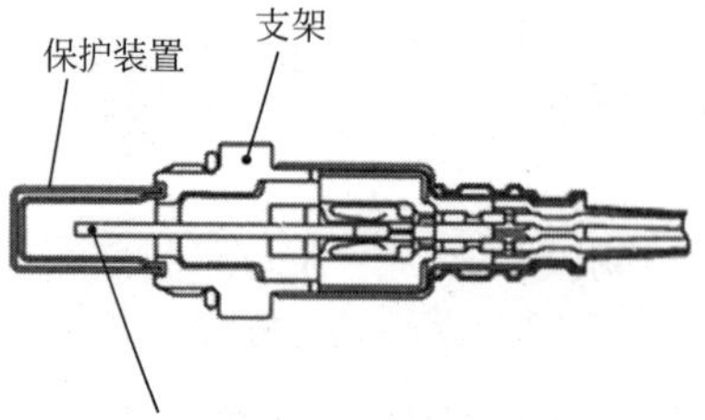

图7-7　日产新阳光空燃比传感器构造

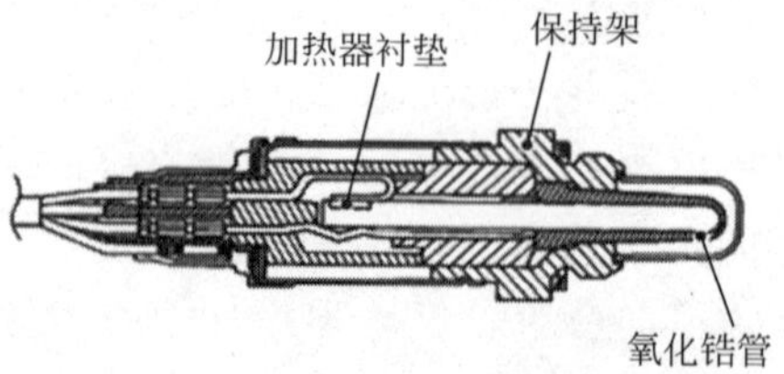

图7-8　日产新阳光氧传感器构造

在正常情况下，加热型氧传感器不用于发动机控制操作。

（3）典型电路连接

2016款丰田新皇冠空燃比和氧传感器电路如图7-9所示。

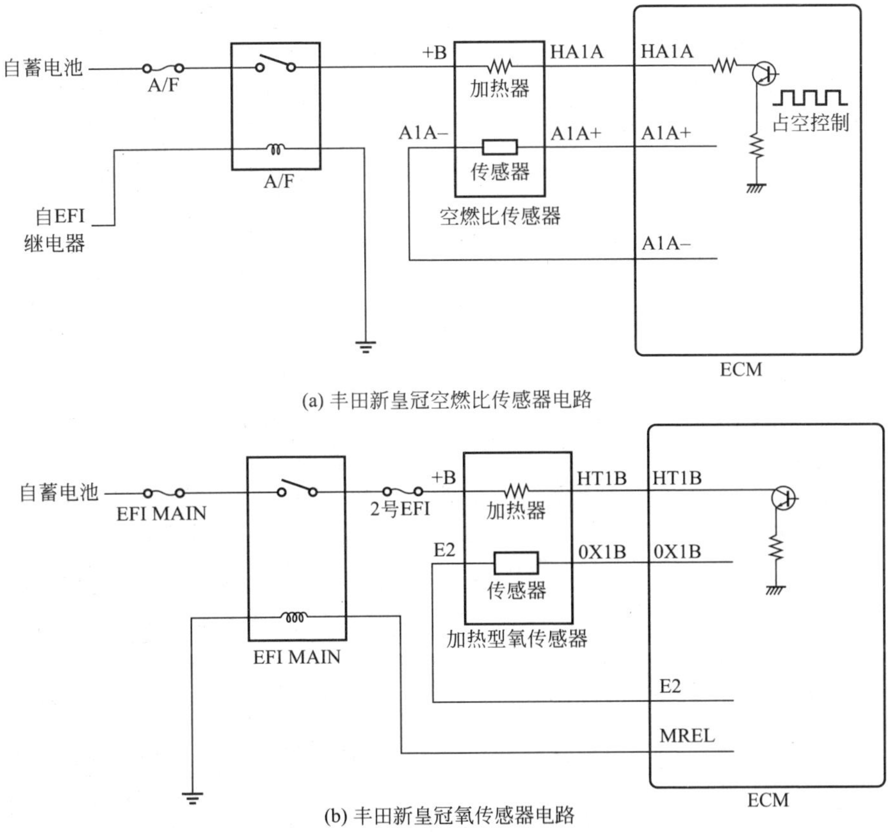

图7-9　丰田新皇冠空燃比、氧传感器电路

如图7-9（a）所示，空燃比传感器和+B端子来自A/F继电器的12V电源；HA1A端子为ECM发出的空燃比传感器加热器工作信号；空燃比传感器的A1A+和A1A–端子分别输出3.3V的高电压传感器信号和2.9V的低电压传感器信号。

如图7-9（b）所示，加热型氧传感器的+B端子是来自EFI MAIN继电器和2号EFI熔丝的12V蓄电池电压。HT1B是氧传感器加热器工作信号，发动机怠速时该信号的电压小于3V，点火开关打开时该信号为11～14V。加热型氧传感器E2为接地脚；OX1B为氧传感器输入信号，在发动机暖机并保持发动机转速为2500r/min，2min后产生如图7-10所示的波形。

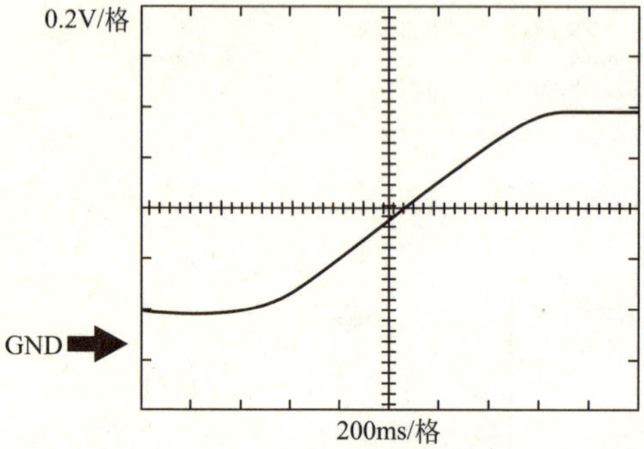

图7-10 氧传感器输出波形

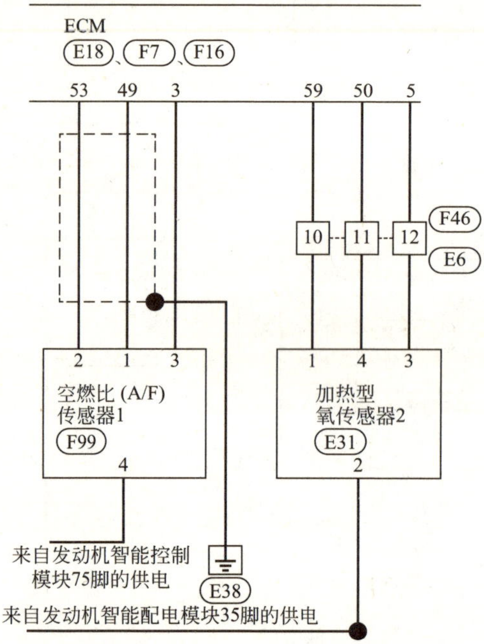

图7-11 日产新阳光空燃比、氧传感器电路

日产新阳光车系空燃比传感器和加热型氧传感器电路如图7-11所示。

空燃比传感器和加热型氧传感器均为4线式传感器。空燃比传感器F99的4#端子为发动机智能控制模块75脚的12V供电；1#、2#端子为传感器信号，分别输出至ECM的49#、53#端子。传感器1#端子在点火开关打开状态下信号电压为2.2V，2#端子在暖机发动机转速2500r/min的状态下输出电压为1.8V；传感器3#端子为传感器加热信号控制端子，连接ECM的3#端子。

加热型氧传感器E31的2#端子为来自发动机智能控制模块35脚的12V氧传感器加热器供电；E31的3#端子为氧传感器加热器的控制信号，来自发动机控制模块的5#端子；E31的4#端子为氧传感器信号输出端，连接ECM的50#端子，在暖机状态下发动机转速从怠速升高至3000r/min时，信号电压为0～1.0V；E31的1#端子为传感器接地端，连接ECM的59#端子。

（4）检测

① 日产新阳光氧传感器检测。参见图7-11，以加热型氧传感器E31为例。

a.检查氧传感器供电：关闭点火开关，断开加热型氧传感器线束插头；打开点火开关，检查E31端子2和接地之间的电压，标准值应为蓄电池电压。

b.检查传感器输出信号电路：关闭点火开关，断开ECM和E31线束插头，检查E31的3#端子和ECM F7插头的5#端子之间线束是否导通。标准值应为导通状态。如不导通则修理或更换线束。

c.检查传感器加热器电阻：关闭点火开关，断开氧传感器插接器E31，检查E31的端子2和端子3之间的电阻，标准阻值应为3.3～4.4Ω。

② 丰田凯美瑞车系氧传感器检测。2016款丰田凯美瑞混合动力版车型氧传感器电路如图7-12所示。

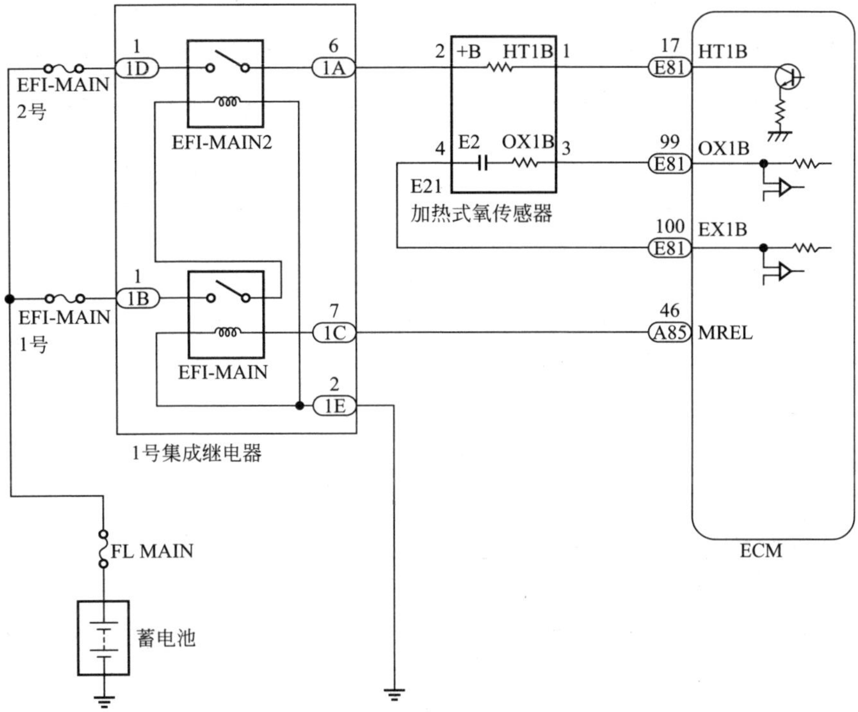

图7-12　丰田凯美瑞混合动力版氧传感器电路

a.检查氧传感器是否存在短路现象：关闭点火开关，断开氧传感器E21插头，按照表7-1检查氧传感器端子之间的电阻。如不符合表中所示，则更换氧传感器。

表7-1　氧传感器电阻检查

检测仪连接	条件	规定状态
2（+B）—3（OX1B）	始终	10kΩ或更大
2（+B）—4（E2）	始终	10kΩ或更大

b.检查线束和连接器是否存在短路：将点火开关转到OFF并等待5min或更长时间。断开ECM连接器E81。检查E81/17和E81/99之间电阻，标准阻值应为10kΩ或更大。

c.检查氧传感器线束（氧传感器至ECM）：点火开关关闭，断开氧传感器E21和ECM E81连接器，按照表7-2检查线束的阻值，应符合表中规定。如不符合则修理或更换线束。

表7-2 传感器线束检查

检测仪连接	条件	规定状态
E21-1（HT1B）—E81-17（HT1B）	始终	小于1Ω
E21-3（OX1B）—E81-99（OX1B）	始终	小于1Ω
E21-4（E2）—E81-100（EX1B）	始终	小于1Ω
E21-1（HT1B）或E81-17（HT1B）—车身接地和其他端子	始终	10kΩ或更大
E21-3（OX1B）或E81-99（OX1B）—车身接地和其他端子	始终	10kΩ或更大

③ 大众车系氧传感器检测。2016款捷达氧传感器电路如图7-13所示。前氧传感器G39的T4a/l、T4a/2端为加热元件插头，其中T4a/1端供电来自J317端子30继电器经熔丝SC218（15A）提供蓄电池电压，T4a/2端为搭铁端，接ECU，由ECU控制加热时间；T4a/3、T4a/4端为氧传感器信号端，其中T4a/3为信号电压正极，T4a/4为信号电压负极（即搭铁端）。具体检测方法如下。

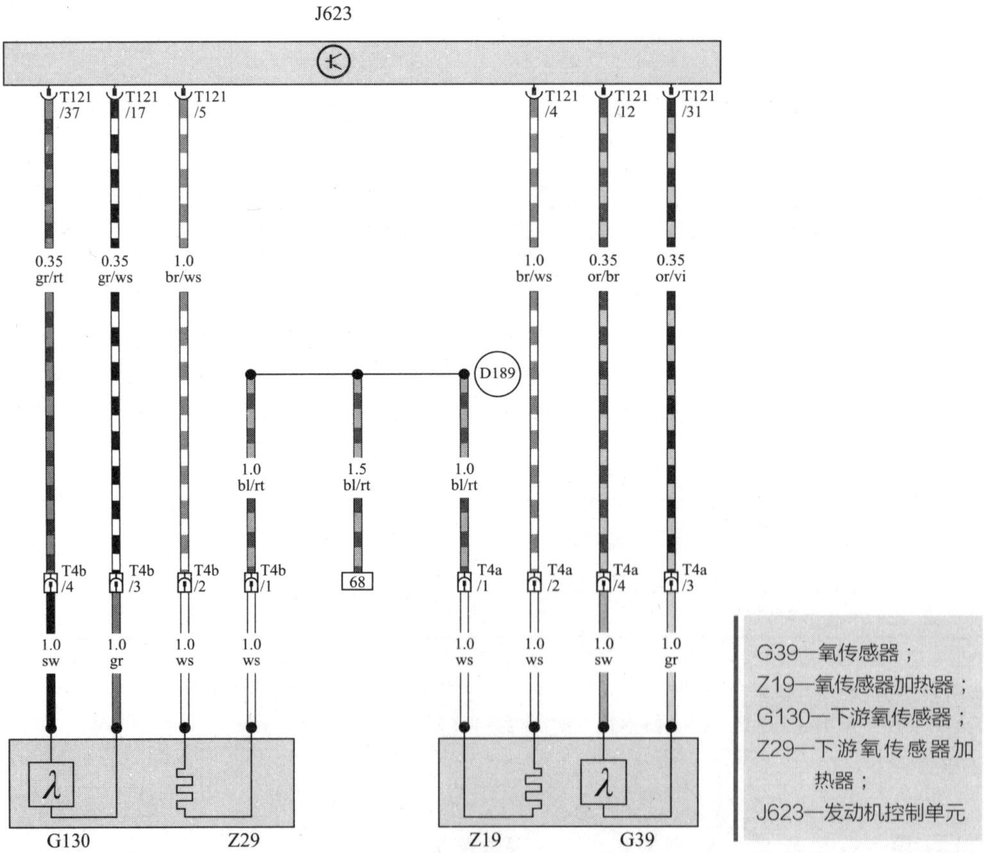

图7-13 2016款捷达氧传感器电路

a.检测加热元件的电阻：拔下氧传感器线束插头，检测插头上端子T4a/1与T4a/2之间的电阻，在常温下该阻值应为1～5Ω。如果常温下该阻值为无穷大，则说明加热元件断路，应更换氧传感器。

b.检测传感器加热元件的供电：氧传感器加热元件的电压为蓄电池电压。断开氧传感器插头，启动发动机，检测连接器插座上的端子T4a/1与T4a/2之间的电压，电压值应不低于11V。如果该电压值为0，则说明熔丝SC218（15A）断路或端子30继电器触点接触不良，分别进行检修即可。

c.检测传感器的信号电压：使发动机转速在2500r/min运行约90s，插头与插座连接，将数字式万用表连接到氧传感器端子T4a/3与T4a/4的连接导线上。当供给发动机浓混合气（加速踏板突然踩到底）时，信号电压应为0.7～1.0V；当供给发动机稀混合气（拔下空气流量计至发动机之间的真空管）时，信号电压应为0.1～0.3V。否则说明氧传感器失效，应予以更换。

7.2.3　二氧化钛式氧传感器

（1）二氧化钛式氧传感器的工作原理

二氧化钛式氧传感器与二氧化锆式氧传感器在测量氧气浓度的原理上有很大的不同。二氧化锆式氧传感器是以浓度差电池原理为基础，通过浓度差异产生电压，判断混合气的稀与浓；二氧化钛式氧传感器则是利用气敏电阻的原理，通过氧气浓度引起的二氧化钛电阻值的改变来判定混合气状态，故又称电阻型氧传感器。

二氧化钛的电阻值与温度和含氧量有关。当周围气体介质中的氧元素多时，二氧化钛的电阻值增大；反之，电阻值减小。

（2）二氧化钛式氧传感器的构造

传感器前端的护罩内是一个二氧化钛厚膜元件。精密电阻和二氧化钛敏感元件一起组成二氧化钛式氧传感器。二氧化钛元件为一圆板状电极，在绝缘体（陶瓷）的一端，装有精密电阻元件，从两元件的两端和中间连接点各引出一根导线，三线分别是基准电源端、传感器输出端和接地端。同时，由于在低温状态下，二氧化钛电阻值增大，影响其正常的性能，因此为使其快速升温以活化其性能，可在绝缘体表面缠绕钨丝并加热线圈。从中又引出2根导线，形成5线制二氧化钛式氧传感器，如图7-14所示。

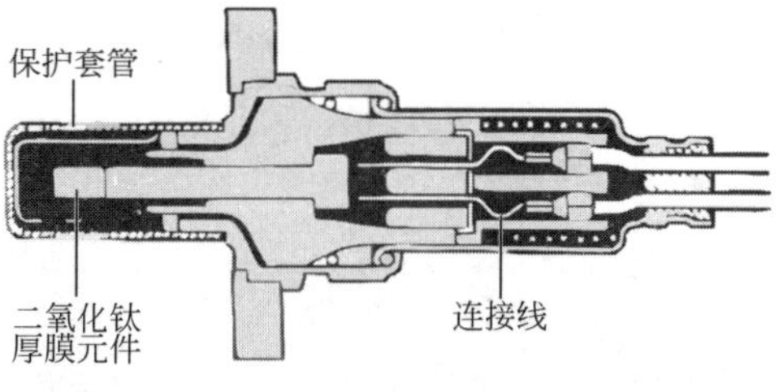

图7-14　二氧化钛式氧传感器构造

其工作原理是ECU将一个恒定的5V电压加在二氧化钛式氧传感器的一端上，当排出的废气中氧浓度随发动机混合气浓度变化而在理论空燃比附近变化时，氧传感器的电阻随之跃迁改变，ECU信号端子上的电压降也随之变化。混合气浓时，氧含量低，二氧化钛的电阻值较低，信号点电位为高电位电压（将近5V）；反之，信号点电位为低电位电压（将近0）。

（3）二氧化钛式氧传感器的检测方法

二氧化钛式氧传感器加热电阻的检查，同二氧化锆式氧传感器基本相同，在此不再赘述。下面主要介绍其不同于二氧化锆式氧传感器的检测方法。

① 万用表测阻法。是利用二氧化钛式氧传感器的电阻特性来判断其在暖机状态和非暖机状态下的电阻值，以此来判断其是否损坏。正常氧传感器的电阻值，充分暖机状态电阻值在300kΩ左右（不同厂家此值不同）。拆下传感器并暴露在空气中，冷却后测量其电阻值，若阻值很大，说明传感器良好；反之，则说明传感器已损坏，应予以更换。

② 二氧化钛式氧传感器波形检测法。对于采用1V参考电压的二氧化钛式氧传感器，其测试方法、波形图等和二氧化锆式氧传感器相同；对于采用5V参考电压的二氧化钛氧传感器，需要注意，良好的二氧化钛氧传感器输出端电压，应以2.5V为中心上下波动。

7.3 NO_x传感器

NO_x是可燃混合气在高温、高压下燃烧后的产物，是NO和NO_2等的总称。NO_x主要是在高温富氧的条件下生成的。当空气过量时，N_2与O_2在电火花的作用下，产生了NO，而NO被空气中的O_2氧化为NO_2。燃烧过程排放的氮氧化物中，95%以上可能是NO，其余的是NO_2。尾气中氮氧化物的排放量取决于燃烧温度、反应时间和空燃比等因素。

NO_x传感器确定废气中氮氧化物和氧气的残留量并把此信号传给氮氧化物控制单元。其主要功能如下。

用来识别和检查催化转换器的功能是否正常；用来识别和检查催化转换器前端宽域型氧传感器调节点是否正常或是否需要修正；检测NO_x浓度。传感器产生的信号被传送至氮氧化物传感器控制单元。当NO_x氧传感器感测到氮氧化物存储式催化转化器的存储空间达到饱和时，就会启动一个氮氧化物再生周期，即提供给ECU信号，使发动机在短时间内生成更浓的混合气体，使排气温度升高，转化器钡涂层便开始释放氮氧化物，氮氧化物会随之被转化为无害氮气。信号失灵时的影响：如果NO_x传感器的信号发生故障，则发动机仅能在均质充气模式中运行。

NO_x传感器一般安装在排气管的催化转换器之后。NO_x传感器包含两个腔室、两个泵室、四个电极和一个加热器，如图7-15所示。传感器元件是用二氧化锆制成的。此材料的典型特点是，如果对它施加电压，它就能使负的氧离子从负电极迁移到正电极，相当于气泵将氧气从一侧泵入另一侧。因此，习惯上也被称为氧气泵。

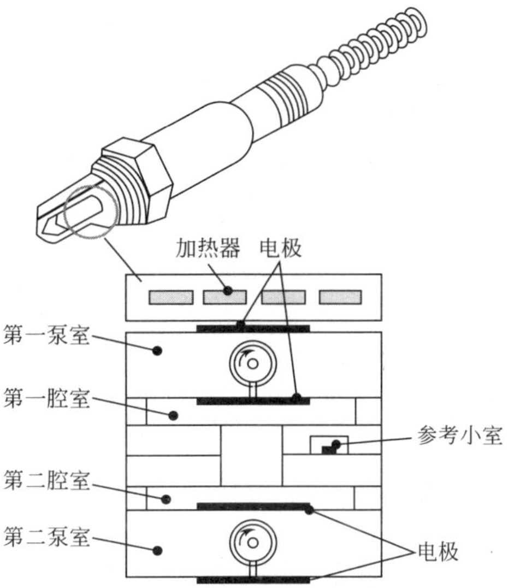

图7-15　NO_x传感器构造

NO_x传感器工作过程可以分为两个阶段。

（1）确定第一腔室中的λ值

如图7-16所示，一部分废气流入第一腔室中。由于废气中的氧气残留量与参考小室中的氧气残留量不同，因此能在电极上测量出一个电压。氮氧化物传感器控制单元将此电压设定为恒定的0.45V，这相当于空气/燃油比λ=1。如果偏离此数值，氧气会被泵出或者泵入，使0.45V的电压保持恒定。

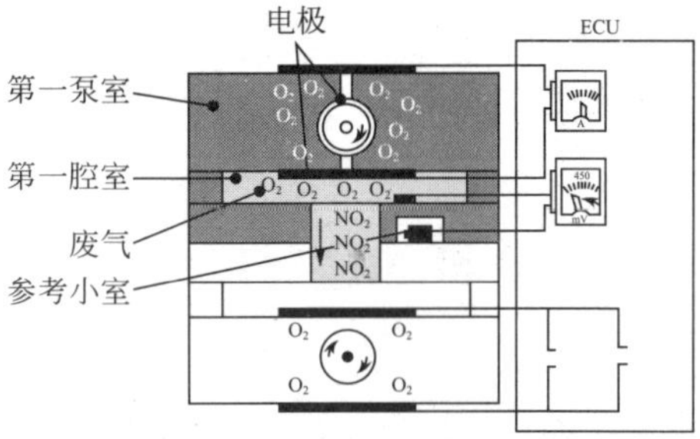

图7-16　确定第一腔室中的λ值

（2）确定第二腔室中的氮氧化物残留量

如图7-17所示，不含氧气的废气从第一腔室进入第二腔室，废气中的氮氧

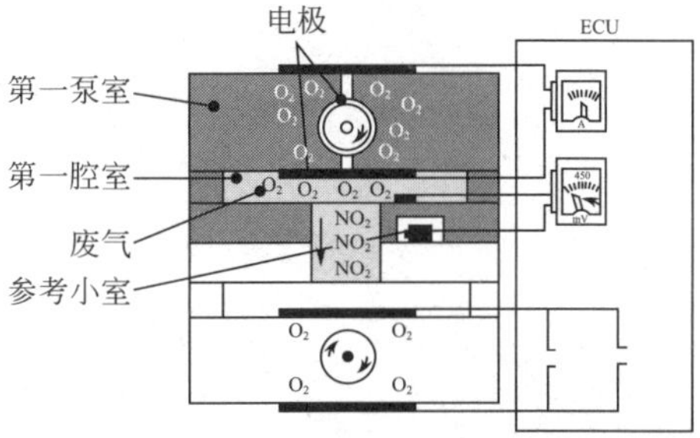

图7-17　确定第二腔室中的氮氧化物残留量

化物分子被一个特殊的电极分裂成氮气和氧气。因为第二腔室内部电极和外部电极上电压被调整至恒定的0.45V，所以氧气泵必须通入电流，使氧离子从内部电极迁移到外部电极。在此过程中氧气泵流动的电流表征的是第二腔室中的氧气残留量。因为氧气泵的电流大小与废气中的氮氧化物成正比，所以能够确定氮氧化物的残留量。

Chapter 8

8 爆震、碰撞传感器

8.1 爆震、碰撞传感器基础知识

爆震是汽油发动机燃烧室中末端混合气自燃所造成的一种不正常燃烧现象。爆震不但会产生尖锐的敲缸声，还会使活塞、连杆、曲轴等机械部件受到过度的冲击，造成机械损坏，并导致发动机过热，从而大大缩短发动机工作寿命。因此应对发动机的爆震加以控制。目前常用检测发动机振动的方法来判断有无爆震，这种方法可获得高输出信号，灵敏度高，安装简单，应用最为广泛。

碰撞传感器也被称为安全气囊传感器，用于检测汽车发生碰撞时的汽车减速度，安全气囊控制器根据碰撞传感器的信号判断汽车碰撞的强度。开关式碰撞传感器也被用作安全传感器（安全开关），串联在气囊点火器的电源电路中，用于防止气囊误爆。

8.2 爆震传感器

8.2.1 爆震传感器分类、作用与识别

用于发动机机体振动检测的爆震传感器有共振型和非共振型两大类，共振型又分为磁致伸缩式和压电式两种，非共振型有压电式。由于共振型传感器在发动机爆震时输出的电压比较高，因此无需使用滤波器即可判别有无爆震产生；而非共振型的爆震传感器需经滤波器检测出爆震的信号。现代绝大多数汽车采用共振型压电式爆震传感器，它是利用发动机产生爆震时，其振动频率和传感器本身的固有频率一致而产生共振的现象来检测爆震是否产生。其输出信号为电压，电压值的大小表示爆震的强度。

爆震传感器通常安装在发动机的侧面，有的发动机还装有两个爆震传感器。在发动机上的安装位置见图8-1。

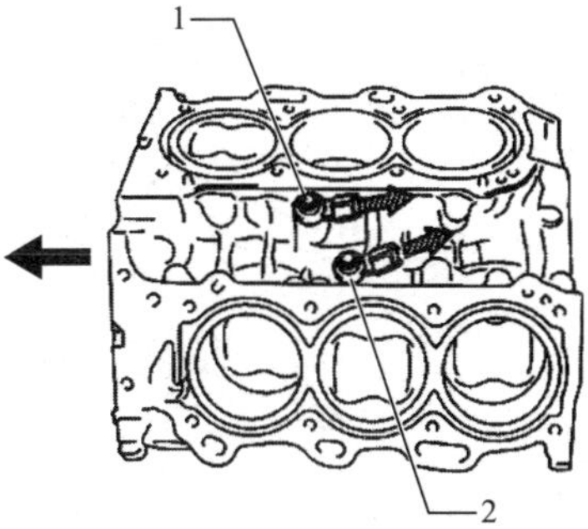

(a) 双爆震传感器发动机

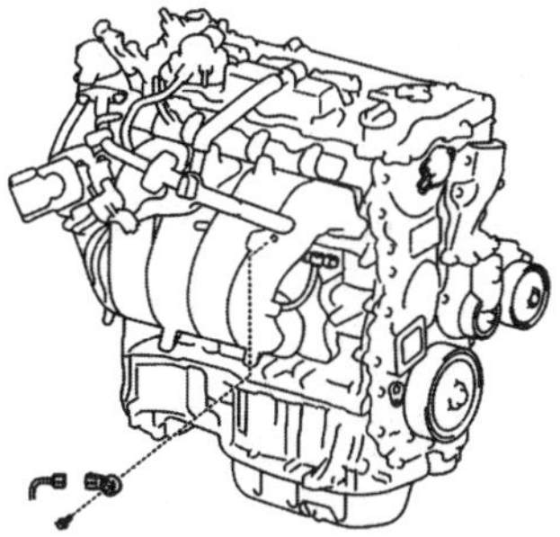

(b) 单爆震传感器发动机

1,2—爆震传感器

图8-1 爆震传感器安装位置

8.2.2 压电式爆震传感器

(1) 安装位置识别

压电效应就是指当沿着一定方向向某些电介质施力而使其变形时，其内部会发生极化，同时在其表面产生电荷的现象。压电式爆震传感器是利用结晶或陶瓷多晶体的压电效应和硅压电效应，把爆震传到缸体上的机械振动转变成电信号。

共振型爆震传感器是由与爆震几乎具有相同共振频率的振子和能够检测振动压力并将其转换成电信号的压电元件构成；非共振型爆震传感器是用压电元件直接检测爆震信息的。

(2) 传感器分类

① 共振型压电式爆震传感器。共振型压电式爆震传感器的结构主要由压电元件、震动片、基座等组成，如图8-2所示。

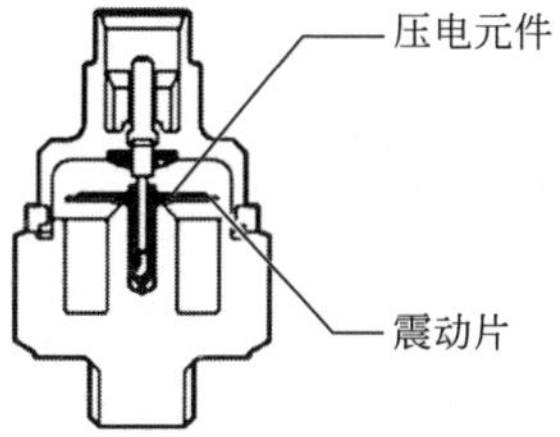

图8-2 共振型压电式爆震传感器结构

压电元件紧密地贴合在震动片上，震动片则固定在传感器的基座上。震动片随发动机的振动而振荡，波及压电元件，使其变形而产生电压信号。当发动机爆震时的振动频率与震动片的固有频率相同时，震动片产生共振，此时压电元件将产生最大的电压信号。由于该爆震传感器在发动机爆震时输出的电压比较高，因此即可判别有无爆震产生。

② 非共振型压电式爆震传感器。如图8-3所示，非共振型压电式爆震传感器由平衡块、压电元件、壳体、电气连接装置等组成。平衡块由螺钉固定在壳体上，两个压电元件同极性相向对接，输出电压由两个压电元件的中央取出。这种传感器与共振型传感器结构的不同之处在于它内部没有震动片，但设置了一个平衡块。平衡块以一定的预紧力压紧在压电元件上。当发动机产生爆震时，发动机缸体的振动传到爆震传感器壳体上，平衡块就产生一个正比于加速度的交变力，壳体与平衡块之间就产生相对运动，使夹在中间的压电元件所承受的压紧力发生变化，压电元件承受推压作用力产生电压，并作为电信号输出。非共振型压电式爆震传感器结构简单，制造时不需要调整。

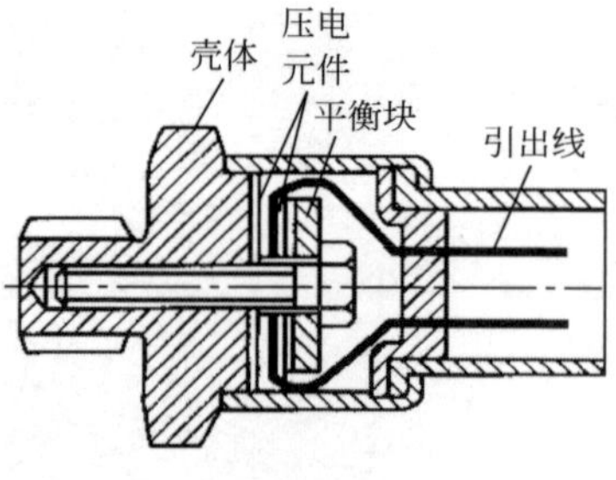

图8-3 非共振型压电式爆震传感器结构

（3）两种传感器的不同

① 电压。共振型在爆震时输出电压明显增大；非共振型输出电压增大不明显。

② 测量。共振型电压易于测量，但传感器必须与发动机配套使用；非共振型用于不同发动机时，只需调整滤波器的频率范围就可以工作，不需要更换传感器，通用性比较强，但爆震信号的检测复杂一些。

③ 共振型爆震传感器的输出波形可以直接观察出爆震的波形，即爆震点；而非共振型的爆震传感器需经滤波器检测出爆震的信号。

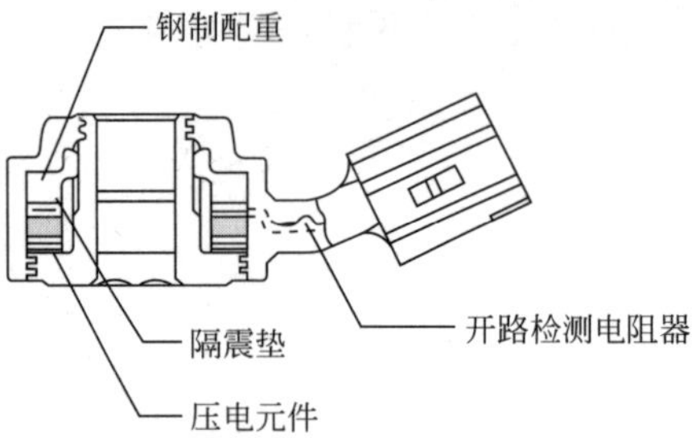

图8-4 平面（非共振）压电式爆震传感器

（4）爆震传感器的应用

① 丰田发动机中爆震传感器的应用。2016款丰田皇冠、丰田凯美瑞、丰田卡罗拉等车型发动机采用了平面型（非共振）爆震传感器。如图8-4所示，平面型（非共振）爆震传感器由钢制配重、压电元件、隔震垫、开路检测电阻等组成。爆震造成的震动传递至钢制配重上，配重的惯性将压力施加到压电元件上。该操作产生电动势，如图8-5所示。

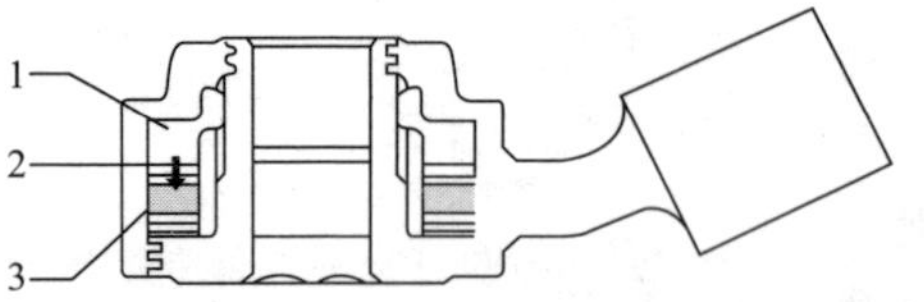

图8-5 平面（非共振）压电式爆震传感器原理

1—钢制配重；
2—惯性；
3—压电元件

开路/短路检测电阻器集成于传感器。点火开关转到ON时，爆震控制传感器内的开路检测电阻器和ECM内的电阻器使端子KNK1的电压保持恒定。ECM中的集成电路（IC）持续监视端子KNK1的电压，如图8-6所示。如果在爆震控制传感器和ECM之间出现断路或短路，端子KNK1的电压将发生变化，ECM会检测到这一变化并存储诊断故障码（DTC）。

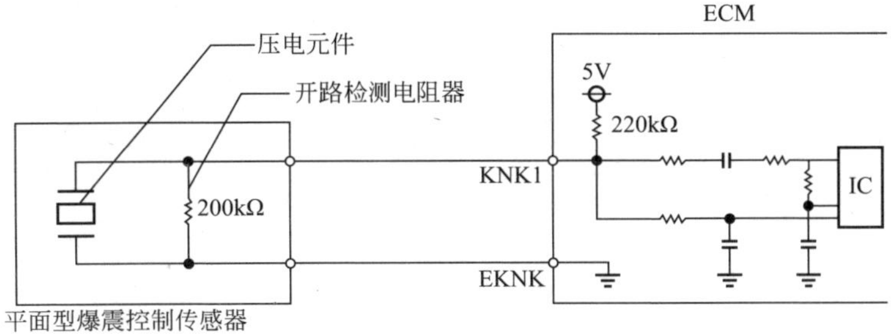

图8-6　平面（非共振）压电式爆震传感器开路电阻电路

② 通用车系爆震传感器应用。通用新凯越、君威、科鲁兹车系同样都采用了平面压电式爆震传感器。爆震传感器系统使用一个或两个平面响应双线或三线传感器。传感器使用压电晶体电动技术，根据发动机振动或噪声水平，产生一个振幅和频率变化的交流电压。振幅和频率取决于爆震传感器检测到的爆震水平。发动机控制模块通过2个独立的信号电路接收爆震传感器信号。

如果发动机控制模块确定爆震存在，则它将延迟点火正时以降低爆震。发动机控制模块能以一个单独气缸为基础控制火花延迟。发动机控制模块将一直尝试返回零补偿水平或火花延迟。被校准的爆震传感器通过诊断发动机控制模块、爆震传感器导线或爆震传感器电压输出内的爆震传感器电路来检测故障。一些诊断也会进行校准，以检测由外部影响产生的持续性噪声，如松动/损坏的部件，或过大的发动机机械噪声。

（5）爆震传感器电路连接

2016款丰田皇冠5GR-FE发动机使用了两个爆震传感器，电路如图8-7所示。爆震传感器B1的端子1、2分别与发动机控制单元ECM的端子26、33连接。爆震传感器B1在发动机暖机并将发动机转速保持在4000r/min时，输出如图8-8所示的脉冲信号波形。

爆震传感器B2的端子1、2分别与发动机控制单元ECM的端子25、32连接。爆震传感器B2在发动机暖机并将发动机转速保持在4000r/min时，同样输出如图8-8所示的脉冲信号波形。

2015款通用别克新君威爆震传感器电路如图8-9所示。

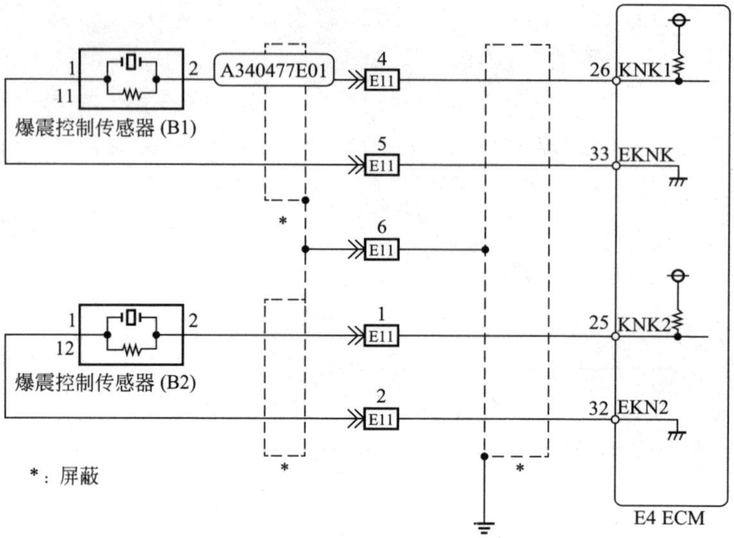

图8-7　2016款丰田皇冠爆震传感器电路

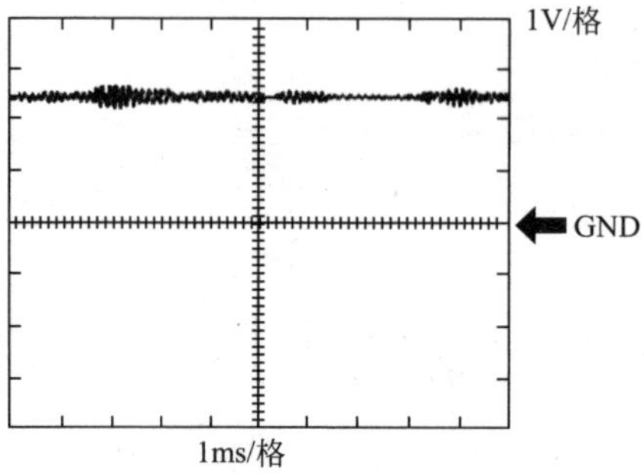

图8-8　爆震传感器输出波形

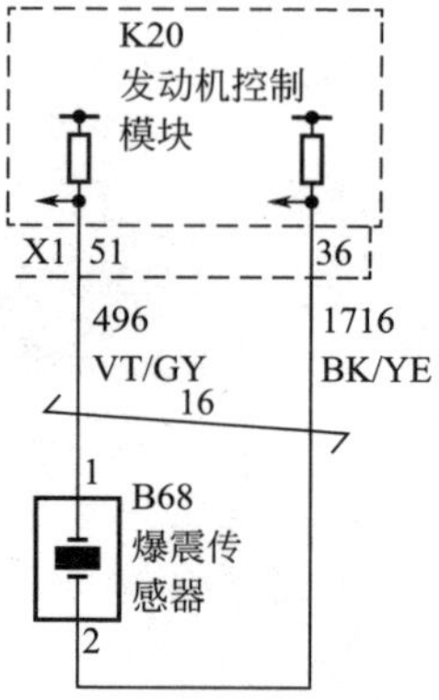

图8-9　别克新君威爆震传感器电路

（6）压电式爆震传感器的检测

① 丰田车系爆震传感器检测。2016款丰田卡罗拉爆震传感器D1电路和传感器端子如图8-10所示。

a.传感器供电检查：关闭点火开关，断开爆震传感器端子D1；打开点火开关，检查端子1和端子2之间的电压，标准值应为4.5～5.5V。

b.传感器线束检查：关闭点火开关，断开传感器端子D1和发动机控制单元ECM端子B39，按照表8-1检查线束连接器之间以及与车身搭铁之间的电阻，应符合表8-1所示。否则修理或更换线束。

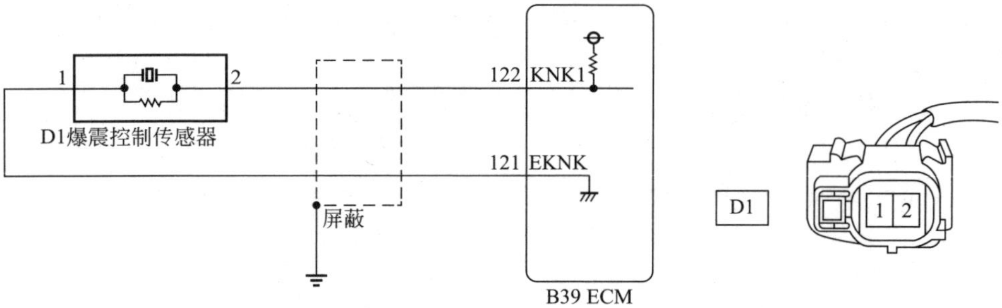

(a) 卡罗拉爆震传感器D1电路　　(b) 端子

图8-10　2016款卡罗拉爆震传感器D1电路与端子

表8-1　传感器线束检查

检测仪连接	条件	规定状态
D1-2—B39-122（KNK1）	始终	小于1Ω
D1-1—B39-121（EKNK）	始终	小于1Ω
D1-2或B39-122（KNK1）—车身搭铁	始终	10kΩ或更大

c.传感器输出信号波形检查：关闭点火开关，断开爆震传感器端子D1，再打开点火开关，启动发动机使之怠速运转直至发动机暖机，再将发动机转速提高至4000r/min，用示波器或万用表电压挡检测传感器的两个接线端子1与2，应有如图8-8所示波形输出。否则，应更换爆震传感器。

② 日产新天籁车系爆震传感器检测。日产新天籁车系V6发动机采用了两个爆震传感器，电路如图8-11所示。

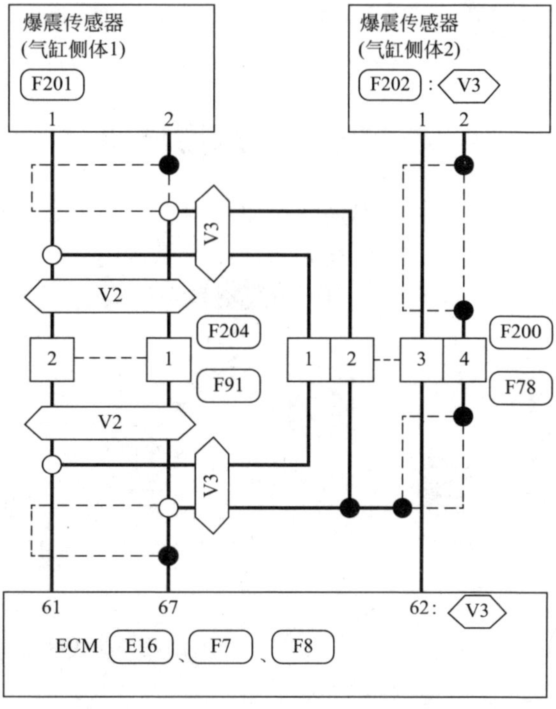

图8-11　日产新天籁车系爆震传感器检测

a.检查传感器输入信号电路连接（以爆震传感器F201为例）：关闭点火开关，断开传感器F201线束插头和ECM

插头F8，检查F201线束侧端子1和F8线束侧端子61之间是否导通。标准值应导通，如不导通则修理或更换线束。

b.检查传感器接地端线束（以爆震传感器F201为例）：关闭点火开关，断开传感器F201线束插头和ECM插头F8，检查F201线束侧端子2和F8线束侧端子67之间是否导通。标准值应导通。如不导通则修理或更换线束。

c.检查传感器本体电阻（以爆震传感器F201为例）：关闭点火开关，断开爆震传感器F201线束接头，使用量程超过10MΩ的电阻表检查爆震传感器端子1和2之间的电阻，标准阻值为532 ～ 588kΩ。如检查结果不符，则更换爆震传感器。

③ 通用别克新君威车系爆震传感器检测。别克新君威车系爆震传感器电路见图8-9。

a.供电检测：将点火开关置于OFF位置，断开B68爆震传感器处的线束连接器；将点火开关置于ON位置，测试低电平参考电压电路端子2和搭铁之间的电压是否低于0.3V。如果高于0.3V，应检查低电平参考电路是否对电压短路。

b.信号端子测试：将点火开关置于OFF位置，断开B68爆震传感器处的线束连接器；将点火开关置于ON位置，测试信号电路端子1和搭铁之间的电压是否低于0.3V。如果高于0.3V，则测试低电平参考电压电路是否对电压短路。

c.线束检查：将点火开关置于OFF位置，断开K20发动机控制模块的X1线束连接器和传感器B68线束连接器。分别检查X1/36 ～ B68/2和X1/51 ～ B68/1之间的电阻值。标准值应小于5Ω。如不符合规定则修理或更换线束。

8.2.3 磁致伸缩式爆震传感器

磁致伸缩式爆震传感器应用较早，它是一种磁电感应式传感器，属于共振型爆震传感器。其结构如图8-12所示，由永久磁铁、靠永久磁铁励磁的强磁性铁芯以及铁芯周围缠绕的感应线圈和壳体组成。

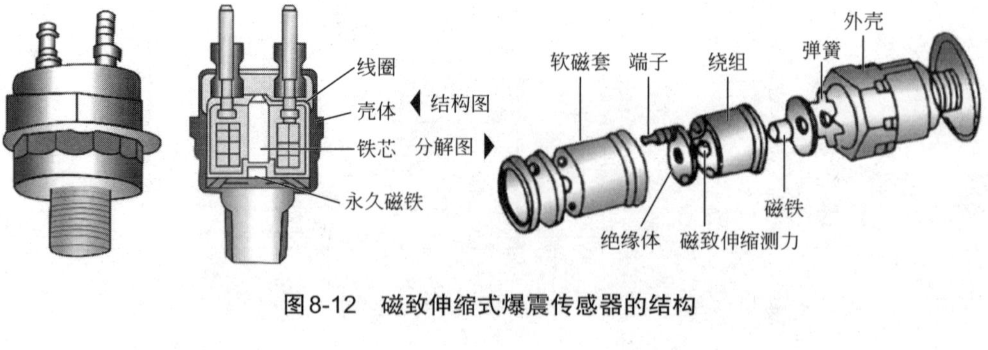

图8-12　磁致伸缩式爆震传感器的结构

磁致伸缩式爆震传感器安装在发动机上，它将发动机振动的频率转换成电压信号，来检测爆震强度。其工作原理是当发动机的气缸体出现振动时，外壳和感应线圈绕组随发动机振动，磁铁因弹簧的存在，由于惯性而保持不放，这样磁铁和感应线圈间便存在相对运动。根据电磁感应原理可知，绕组中会有感应电动势产生。当频率在7kHz左右时，传感器将产生共振，使传感器感应线圈的感应电压显著增大。图8-13为磁致伸缩式爆震传感器的输出特性。

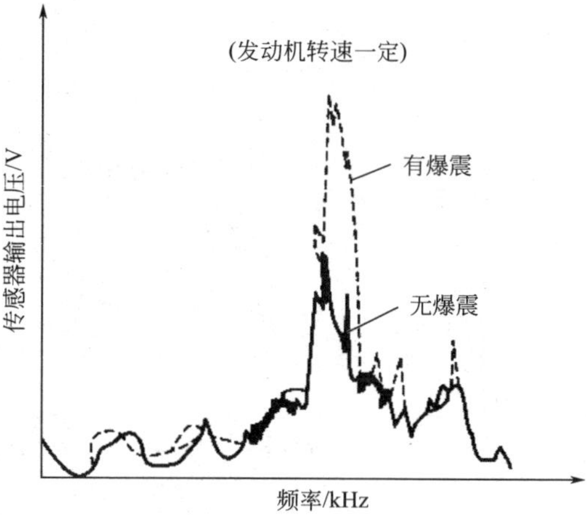

图8-13　磁致伸缩式爆震传感器的输出特性

8.3 碰撞传感器

8.3.1　碰撞传感器分类、作用与识别

碰撞传感器应用于安全气囊系统中。作用是在汽车发生碰撞时检测碰撞强度，并将信号传递给SRS控制单元，控制单元根据此信号决定是否引爆安全气囊气体发生器给安全气囊充气。

现代汽车碰撞传感器主要有加/减速度型，如丰田车系（减速度型）、奥迪车系（加速度型）；压力式，如奥迪前部侧面碰撞传感器；惯性式，如奥迪Q7*X*/*Y*轴中间碰撞传感器等。另外还有水银碰撞式、偏心锤式等，这些碰撞传感器目前已不常用，本书不作详细讲述。

一般碰撞传感器安装在汽车的前部或侧面，有些高端车型碰撞传感器较多会安装在特殊部位，如图8-14所示，带A者为带SRS窗帘空气囊的车型。如上面提到的奥迪Q7*X*/*Y*轴中间碰撞传感器安装在变速器通道上，驾驶员侧后座椅安装在横梁区域内，如图8-15所示。

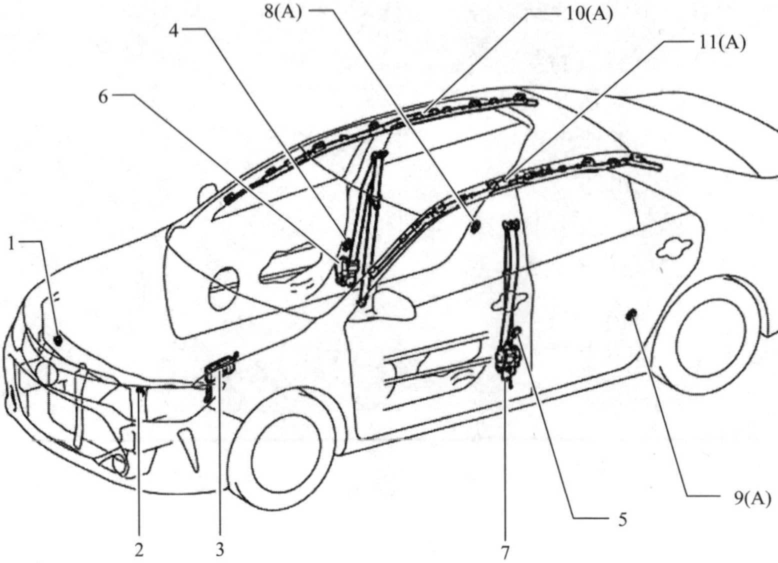

图8-14　碰撞传感器安装位置

1—前碰撞传感器（RH）；
2—前碰撞传感器（LH）；
3—ECU；
4—侧面碰撞传感器（RH）；
5—侧面碰撞传感器（LH）；
6—前座椅外侧安全带（RH）；
7—前座椅外侧安全带（LH）；
8—2号侧面碰撞传感器（RH）；
9—2号侧面碰撞传感器（LH）；
10—窗帘空气囊总成（RH）；
11—窗帘空气囊总成（LH）

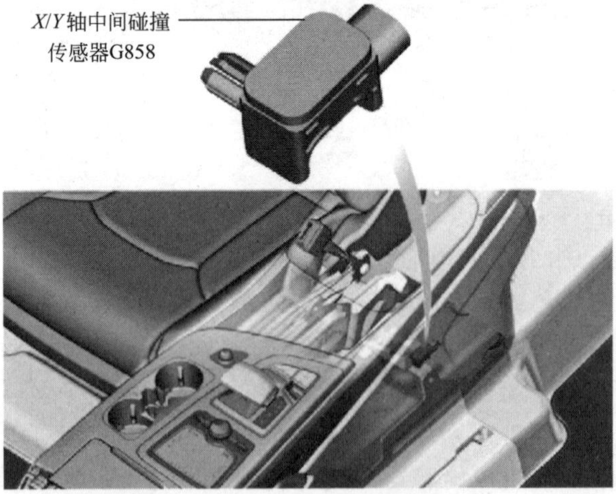

图8-15　奥迪Q7*X*/*Y*轴中间碰撞传感器

8.3.2　压力式碰撞传感器

压力式碰撞传感器是指车辆在发生碰撞时，压力作用在传感器的压电晶体上，压电晶体产生变形，从而使其输出电压发生变化的现象。

压力式传感器按照工作原理分为压电式压力传感器和电容式压力传感器。

压电式压力传感器工作原理如图8-16所示，传感器单元是个密封的空腔，其上蒙着附有压电晶体层的膜片。压力作用到膜片上时，膜片会内凹，这就引起压电晶体上出现电荷迁移。电子分析机构将这种电荷迁移转换成电压，并将电压信号传送给安全气囊控制单元。

电容式压力传感器的结构就像一个电容器，如图8-17所示。电容器片1固定在一个密封的空腔内；电容器片2以膜片的形式处于张紧状态。如果膜片上有压力，那么电容器片之间的距离就会发生变化。电子分析机构会对这种变化进行处理，并将信号传送给安全气囊控制单元。

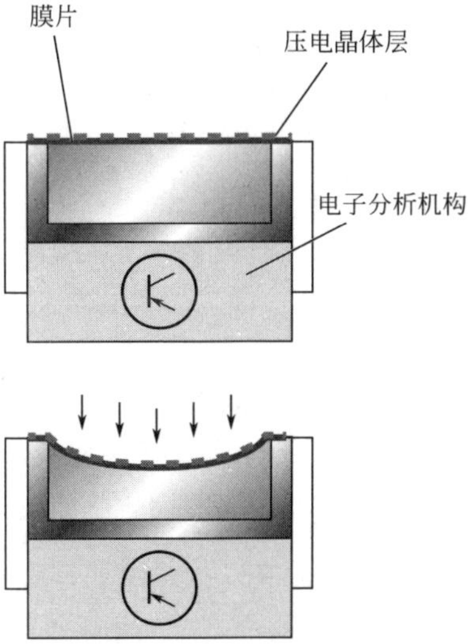

图8-16　压电式压力传感器工作原理

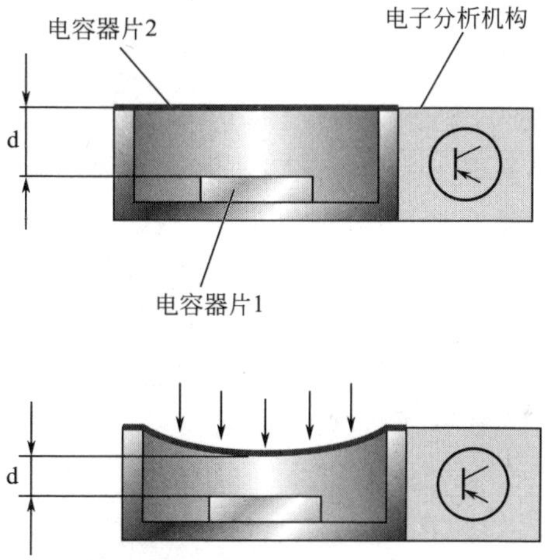

图8-17　电容式压力传感器工作原理

奥迪车系侧面安全气囊碰撞传感器和后座椅侧面安全气囊碰撞传感器有两种：一种是压力式传感器，一种是加速度传感器。

压力式侧面安全气囊碰撞传感器和后座椅侧面安全气囊碰撞传感器分别安装在左右车门内部和左右侧C柱上，如图8-18所示。发生碰撞时，车门和左右C柱发生变形造成短时间内空气压力升高。压力传感器会侦测到这个压力升高，并把信息传给安全气囊控制单元。

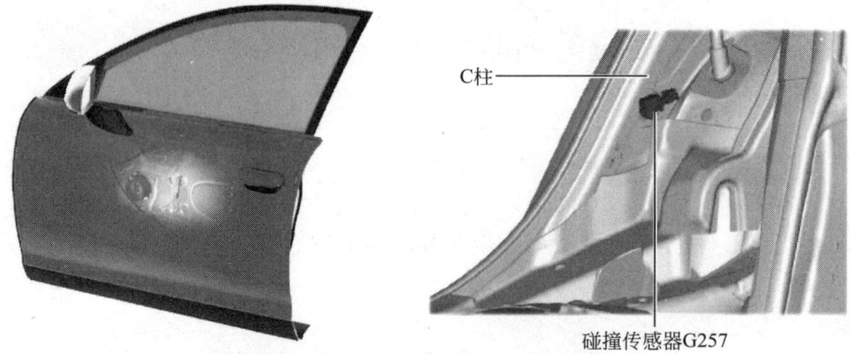

图 8-18　奥迪车系压力式碰撞传感器安装位置

8.3.3 加速度式碰撞传感器

加速度可分为速度增加的正加速度和速度减小的负加速度（减速度）。汽车制动或发生碰撞速度急剧降低过程中所使用的加速度传感器，由于是测量车辆纵向速度降低的快慢程度，因此也称为减速度传感器。从部分车型的资料中可以看到碰撞传感器也称为减速度传感器（如丰田凯美瑞、卡罗拉、皇冠等）或G传感器（日产车天籁、阳光、骐达等）。

奥迪车系前部碰撞传感器使用了加速度式，在发生事故时既测量车辆的减速，又测量纵向加速度。安全气囊控制单元根据这两个信号确定事故严重程度。根据事故情况相应的激活安全带张紧器、安全带拉紧力限制器和安全气囊的点火器。

加速度式碰撞传感器由壳体、电子分析机构和一个微机械式加速度传感器组成，如图8-19所示。加速度传感器就像一个电容器。有几个电容器片是固定的，与之相对还有可移动的电容器片，其工作状态就像一个惯性质量块，如图8-20所示。

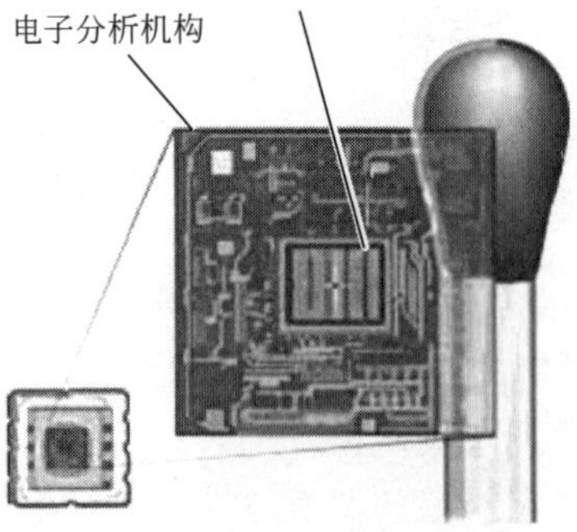

图 8-19　加速度式碰撞传感器结构

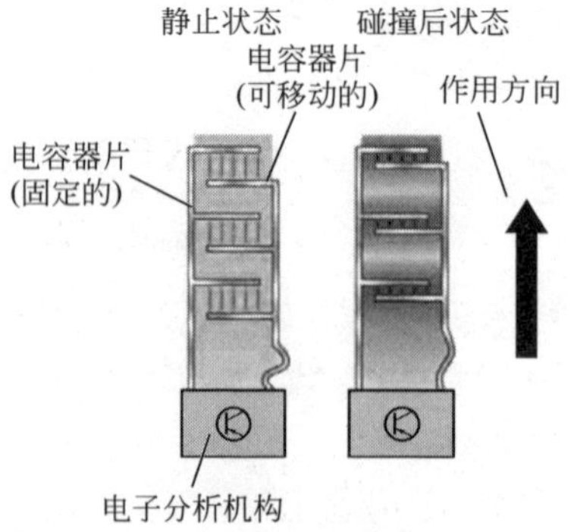

图 8-20　加速度式碰撞传感器原理

如果发生碰撞时，惯性质量块朝作用方向移动了，那么电容器的电容就会发生改变。电子分析机构会分析这个变化信息，将其变成数字信息并传送给安全气囊控制单元。

奥迪A7驾驶侧前碰撞传感器和副驾驶侧前碰撞传感器分别安装在左前和右前大灯的内侧，如图8-21所示。

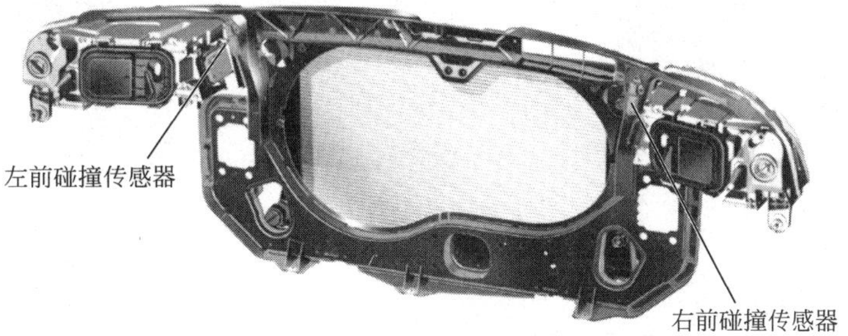

图8-21　奥迪A7左、右前碰撞传感器安装位置

2016款奥迪Q7 X/Y轴中间碰撞传感器也是一个加速度传感器，用于测量X轴和Y轴方向的车辆减速度和加速度。

2016款奥迪Q7 X/Y轴中间碰撞传感器是一个组合式传感器。借助“震动感应质量块”探测X轴、Y轴和Z轴方向的车辆纵向运动，如图8-22所示。借助“科里奥利力”原理探测X轴和Z轴方向的车辆旋转运动，如图8-23所示。

图8-22　X轴、Y轴和Z轴坐标示意图

图8-23　X轴、Z轴坐标示意图

探测X轴、Y轴和Z轴方向的车辆纵向运动：在传感器中装有一个可移动式质量块（震动感应质量块），它与用作电极的固定式电容器极板保持一定距离。震动感应质量块同样配有电极。它与固定式电极构成一个电容器，如图8-24所示。

当加速度作用于传感器时，震动感应质量块相对固定式电容器极板的位置会因惯性而发生变化，电容的物理尺寸会随之变化。此时会对电容进行数字化处理，并相应地进行分析。

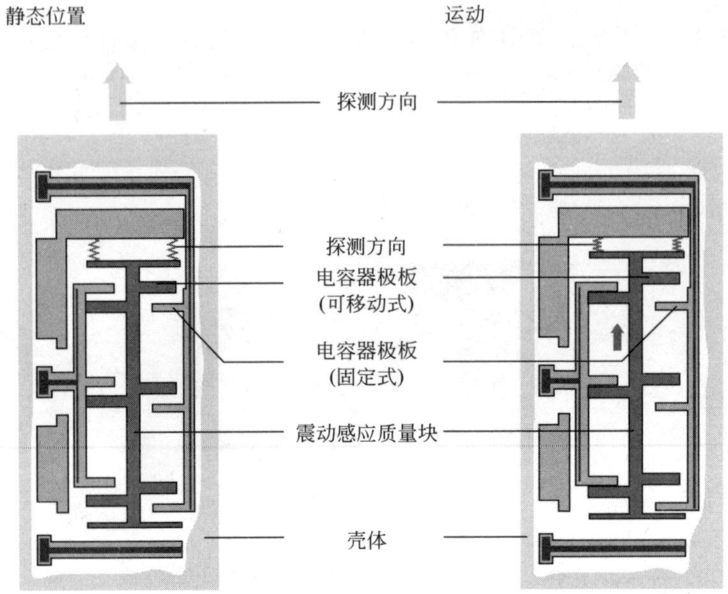

图8-24　探测X轴、Y轴和Z轴方向的车辆纵向运动原理

借助“科里奥利力”原理探测X轴和Z轴方向的车辆旋转运动：这里以一个直观的例子解释“科里奥利力”。一人站在可旋转圆盘上，向圆盘上滚动篮球，圆盘静止时篮球沿圆盘的任意直径方向滚动，如图8-25（a）所示。当篮球开始滚动的同时旋转圆盘，如图8-25（b）所示，篮球将偏离直径方向运动，偏离的角度取决于圆盘的旋转速度，这种现象就是“科里奥利力”。X轴和Z轴方向的车辆旋转运动就是利用这一现象进行的。

(a) 圆盘静止时滚动篮球　　(b) 圆盘旋转的同时滚动篮球

图8-25　圆盘在静止和旋转时滚动篮球

传感器包括一个持续引发震动的微机械主体。当车辆旋转时，震动主体的运动方向会随之改变。此时会对运动方向偏离角度（运动变化）进行数字化处理，并相应地进行分析。为了探测X轴和Z轴方向的旋转运动，在安全气囊控制单元中，侧翻传感器（用于识别侧翻碰撞）和惯性传感器（用于探测Z轴方向偏转率的ESC信号）相互错位90° 分布。

2016款奥迪Q7 X/Y轴中间碰撞传感器安装位置见图8-15。

8.3.4 水银式碰撞传感器

水银开关式碰撞传感器利用水银导电良好的特性制成。一般用作防护传感器（安全传感器）。水银开关式碰撞传感器的结构见图8-26。

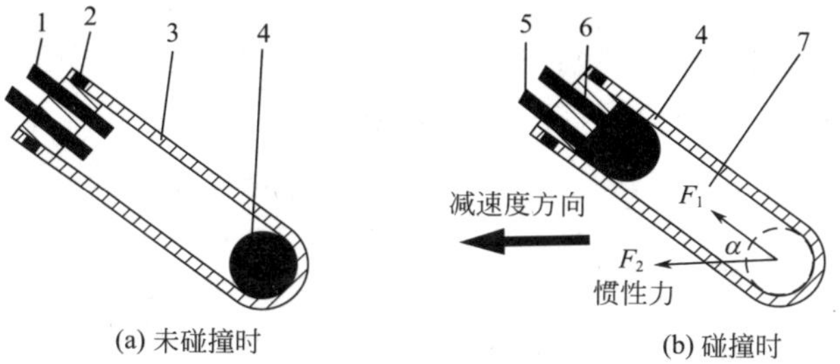

图8-26　水银开关式碰撞传感器

1—接引爆管电极；
2—密封圈；
3—壳体；
4—水银珠；
5—接电源电极；
6—螺塞；
7—水银运动方向

当汽车碰撞且减速度时，将水银珠抛向传感器电极一端，并将两电极接通，产生碰撞强度信号。

8.3.5 阻尼弹簧式碰撞传感器

阻尼弹簧式碰撞传感器属于机械式碰撞传感器，由球体、导向筒、点火针、触发杠杆、平衡弹簧、点火弹簧等组成，其结构和工作原理如图8-27所示。

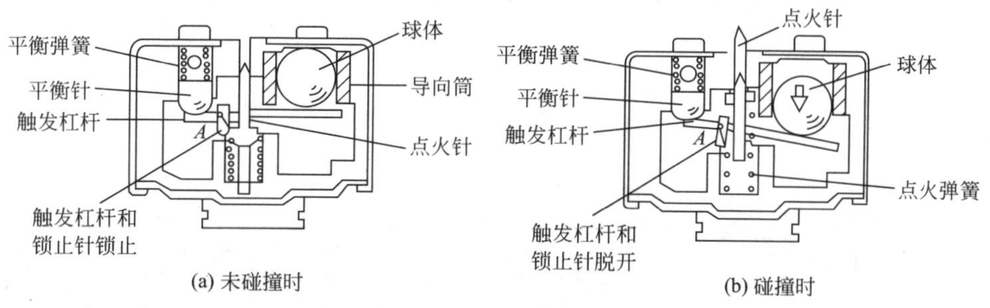

图8-27　阻尼弹簧式碰撞传感器的结构与工作原理

当汽车发生碰撞时，传感器受到一个向后的惯性力作用，传感器内球体在惯性力作用下沿导向筒向下移动，推动触发杠杆绕支点*A*转动，触发杠杆左端压缩弹簧；当冲撞减速度达到一定值时，点火针在点火弹簧作用下上移，高速冲击点火剂而点燃气体发生剂。

8.3.6 电阻应变式碰撞传感器

电阻应变式碰撞传感器主要由电子电路、电阻应变计、振动块、缓冲介质和壳体等组成。

当汽车遭受碰撞时，振动块振动，缓冲介质随之振动，应变计的应变电阻产生变形，阻值随之发生变化，经过信号处理与放大后，传感器输出的信号电压就会发生变化。SRS电脑根据电压信号强弱便可判断碰撞的强度，即碰撞激烈程度。如果信号电压超过设定值，SRS电脑就会立即向点火器发出点火指令引爆点火剂，使充气剂受热分解产生气体。

8.3.7 偏心锤式碰撞传感器

该碰撞传感器又叫偏心转子式碰撞传感器。传感器的结构如图8-28所示，主要由偏心锤、偏心锤臂、转动触点臂及转动触点、固定触点、复位弹簧、挡块和壳体等组成。

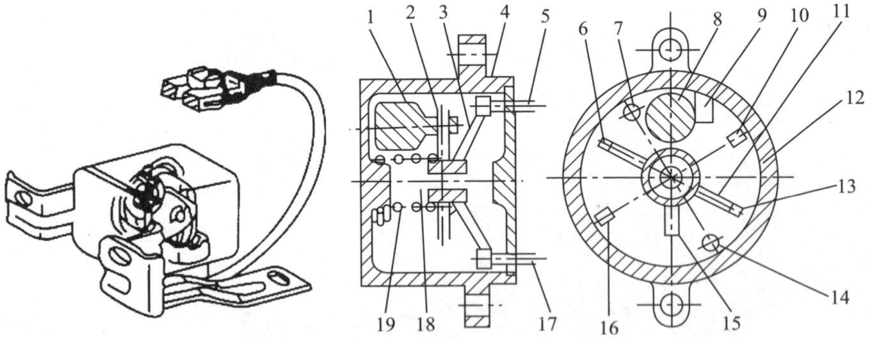

图8-28 偏心锤式碰撞传感器的结构

1，8—偏心锤；
2，15—偏心锤臂；
3，11—转动触点臂；
4，12—壳体；
5，7，14，17—固定触点引线端子；
6，13—转动触点；
9—挡块；
10，16—固定触点；
18—传感器轴；
19—复位弹簧

当传感器处在静止状态时，在复位弹簧弹力作用下，偏心锤与挡块保持接触，转子处于静止状态，转动触点与固定触点处于断开状态，如图8-29（a）所示。

当汽车遭受碰撞时，偏心锤的惯性力矩大于复位弹簧的弹力力矩，惯性力矩就会克服弹簧力矩使转子总成转动，从而带动转动触点臂转动，使转动触点与固定触点接触，接通SRS气囊的搭铁回路，如图8-29（b）所示。

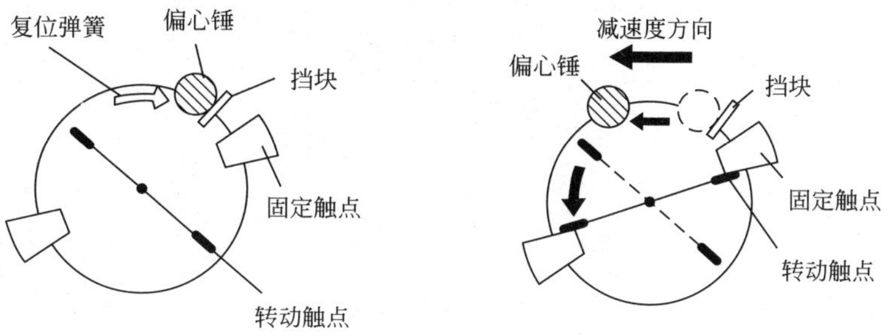

(a) 静止状态　　(b) 碰撞状态

图8-29　偏心锤式碰撞传感器的工作原理

Chapter 9

9 其他传感器

9.1 光检测传感器

9.1.1 阳光传感器

阳光传感器可以把太阳的照射情况转换成电流变化的同时对这种变化进行检测。这种传感器可用于汽车电控自动空调上，用来调节出风口温度与风量。同时丰田车型的自动灯光控制功能也使用该传感器作为主要输入信号。在丰田车系中阳光传感器又称为自动灯光控制传感器。丰田车系阳光传感器安装位置如图9-1所示。

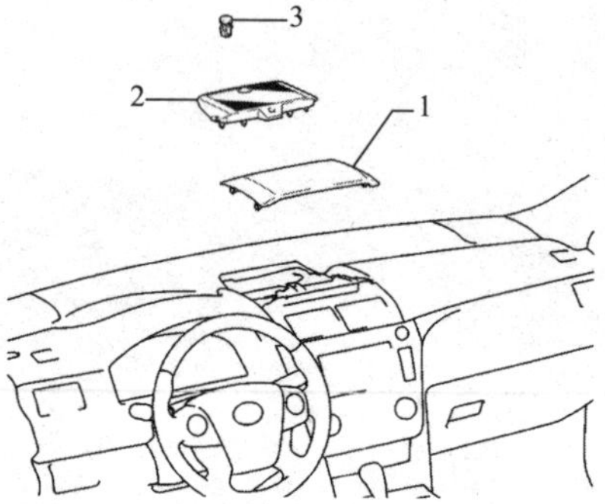

图9-1 丰田车系阳光传感器安装位置

1—中央仪表板装饰板；
2—1号扬声器开口盖总成；
3—阳光传感器（自动灯光控制传感器）

（1）结构原理

阳光传感器（自动灯光控制传感器）由光电二极管、2个放大器电路和频率转化电路组成，如图9-2所示。

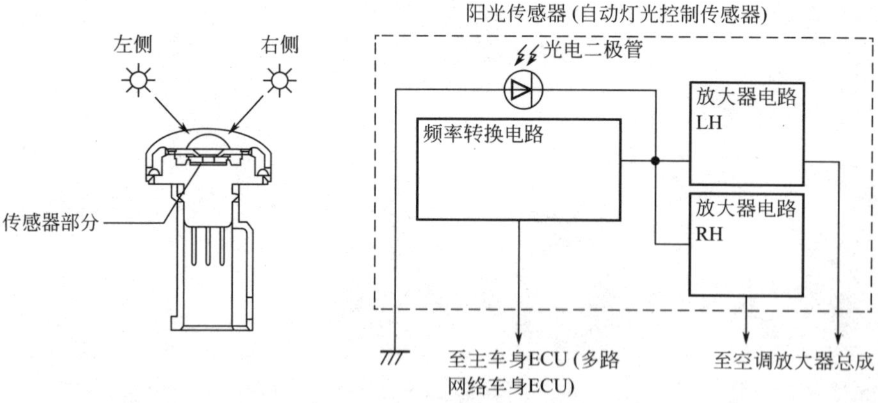

图9-2 阳光传感器结构与内部电路

阳光传感器（自动灯光控制传感器）检测（以内置光电二极管的电流变化的形式）其左侧和右侧（2个方向）日照量的变化，并将这些日照强度信号分为两路输出，一路输出至空调放大器总成以进行自动空调控制；另一路输送到主车身ECU（多路网络车身ECU）进行自动灯光的控制。阳光传感器电路如图9-3所示。

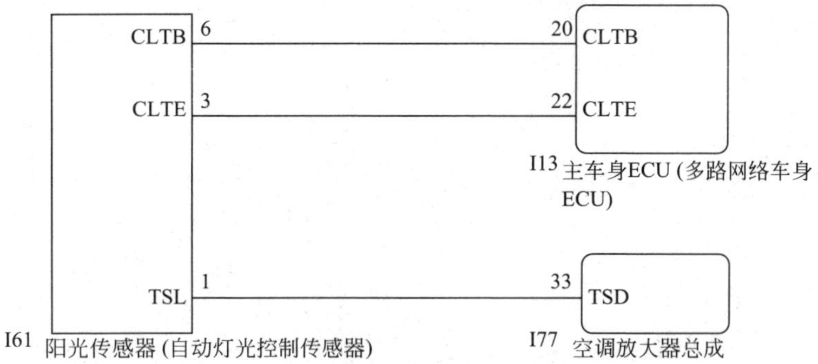

图9-3　2016款丰田凯美瑞混合动力车型阳光传感器电路

阳光传感器（自动灯光控制传感器）的输出电压根据日照量大小而变化。随着阳光的增强，输出电压增高；随着阳光的减弱，输出电压降低。空调放大器总成检测阳光传感器（自动灯光控制传感器）的输出电压变化。输出特性如图9-4所示。

（2）检测方法

① 电源电路检查（图9-3）：断开阳光传感器连接器（图9-5），打开点火开关，检查I61端子6和3之间的电压。标准值为11～14V，如不符合规定，则检查线束和连接器。

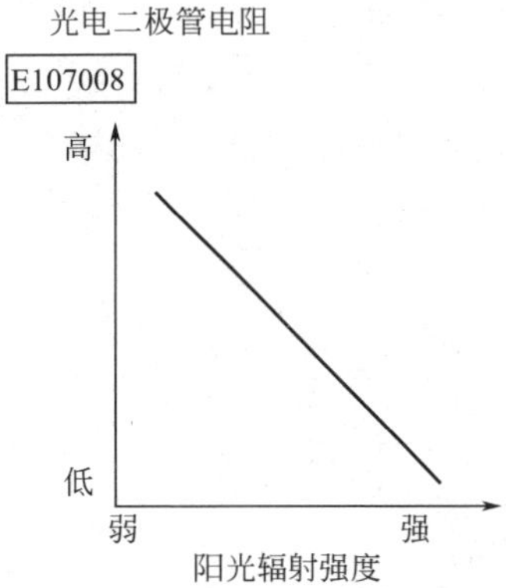

图9-4　阳光传感器电压输出特性

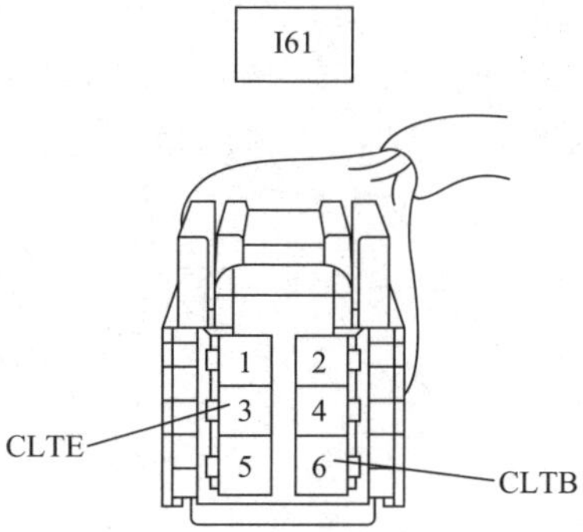

图9-5　阳光传感器端子

② 检查阳光传感器输出电压：关闭点火开关，拆下阳光传感器，再将阳光传感器重新连接到线束上。打开点火开关，使用白炽灯在距离传感器30cm位置照

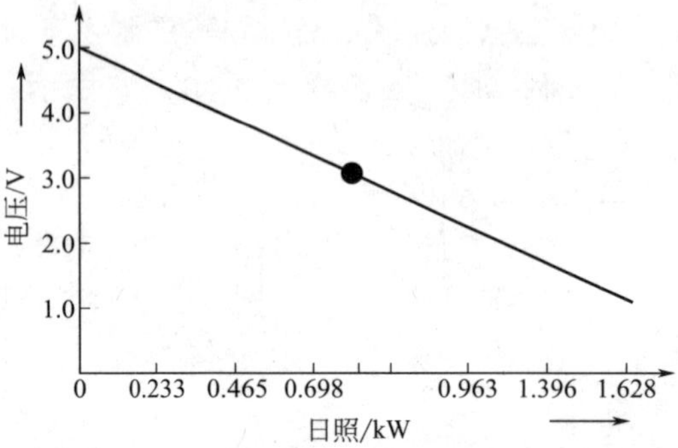

图9-6 日产天籁车系阳光传感器电压检测

射阳光传感器，此时用万用表电压挡测量传感器1、3脚输出电压应为0.8～4.3V；停止白炽灯照射并用布遮住阳光传感器，再用万用表检测传感器1、3脚输出电压，此时电压应低于0.8V。如检测结果不在上述范围内，则更换阳光传感器。

③ 电阻检测：在强阳光下测量，电阻值一般在4kΩ左右；用布遮住阳光传感器，电阻为∞。

④ 日产天籁车系阳光传感器输出电压检测：使用60W白炽灯或直接照射相当于大约0.77kW/m^{2}的光量，使用万用表检查M50/15端子和接地之间的电压，电压变化如图9-6所示。

9.1.2 光敏电阻式光量传感器

（1）硫化镉式光量传感器

传感器用硫化镉（CdS）作为半导体元件。当光线照射硫化镉（CdS）时，电阻值随之变化（周围环境暗时电阻值变大，亮时电阻值变小），能把周围光照的变化转换为电阻值的变化，以电信号的形式输入控制器。

灯光控制器安装在仪表板的上方，到傍晚时，它使尾灯点亮；当天色变得更暗时，前照灯被点亮。当对面来车时，还具有变光功能，这些都是自动完成的。

光敏式光量传感器的检查方法与日照传感器相似，可以利用改变环境光照亮度，测量其电阻的变化来判断是否损坏。检查时，随着环境光照的变化，用欧姆表测量输出端，其电阻值应随之变化。光照强，电阻值小；光照弱，电阻值大。否则，应更换该传感器。

（2）光敏二极管式光量传感器

光敏二极管式光量传感器在汽车上的应用也较为广泛，它是利用PN结光敏电动势特性制成的器件，它与普通的二极管基本相同。

当PN结上有光照射时，PN结吸收光能产生大量的电子和空穴，P型半导体上产生的电子向N形半导体中移动，N形半导体上产生的空穴向P型半导体上移动。因此，当把半导体分别装上电极并从外部短路时，从P侧电极到N侧电极有光电流通过。光敏二极管就是利用这种现象制作的。光敏二极管中的电流与射到元件的光量成正比。

这种传感器也可应用在汽车的灯光自动控制上面，通过接收该传感器的信号，灯光自动控制器可以自动地点亮和关掉前照灯和尾灯。它由检测车辆周围亮暗的传感器、尾灯及驱动前照灯继电器的自动控制器组成。自动控制器将自动控制继电器作为混合集成电路的基片，和传感器形成一个整体。

9.2 雨量（雨滴）传感器

9.2.1 雨量传感器基础知识

雨量传感器又称为雨滴传感器，主要用来检测是否下雨及雨量的大小，用于汽车自动雨刷系统、智能车窗系统。

在汽车自动雨刷系统中，若刮水器开关置于自动（AUTO）挡，则当雨滴传感器感应到挡风玻璃表面有水时，自动启动刮水电机。

雨滴传感器位于前挡风玻璃中间的顶部，靠近后视镜，通常在内视镜支架座的下方。雨滴传感器通过硅胶垫粘贴在前挡风玻璃的内侧，如图9-7所示。

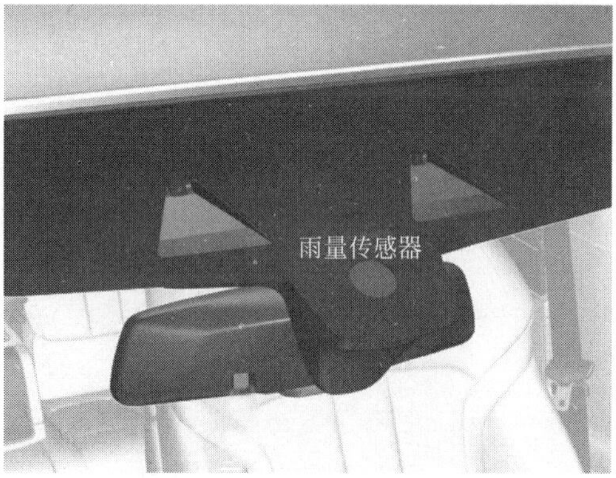

图9-7 雨量传感器安装位置

根据检测雨滴的方法不同，雨滴传感器分为四种类型：流量型雨滴传感器、电容式雨滴传感器、压电式雨滴传感器和红外线式雨滴传感器。常见的有红外线式、压电式和电容式。

9.2.2 红外线雨量传感器

（1）结构与原理

红外线雨量传感器由发射红外线的发光二极管（LED）、可吸收红外线的光

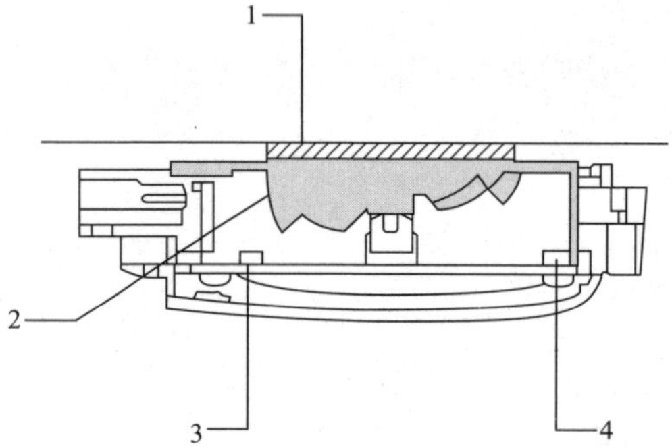

图9-8 红外线雨量传感器结构

1—雨量传感器胶带；
2—透镜；
3—光电二极管；
4—发光二极管LED

电二极管、透镜和雨量传感器胶带组成，如图9-8所示。

当挡风玻璃上没有雨滴时，则LED发射的红外线全部由挡风玻璃的外表面反射并由光电二极管吸收，如图9-9（a）所示。

当挡风玻璃上出现雨滴时，由于挡风玻璃和外部区域之间折射率的差别（空气和水之间的差别），发射的部分红外线会穿透挡风玻璃。由于有雨滴，挡风玻璃车内全光反射的能力会发生改变。由于水的存在而产生的内部反射变化使光电二极管接收的红外线量减少。然后，根据此减少量判定雨滴量。因此，为了以最佳刮水正时操作刮水器，此功能可控制间歇、低速和高速刮水器操作，如图9-9（b）所示。

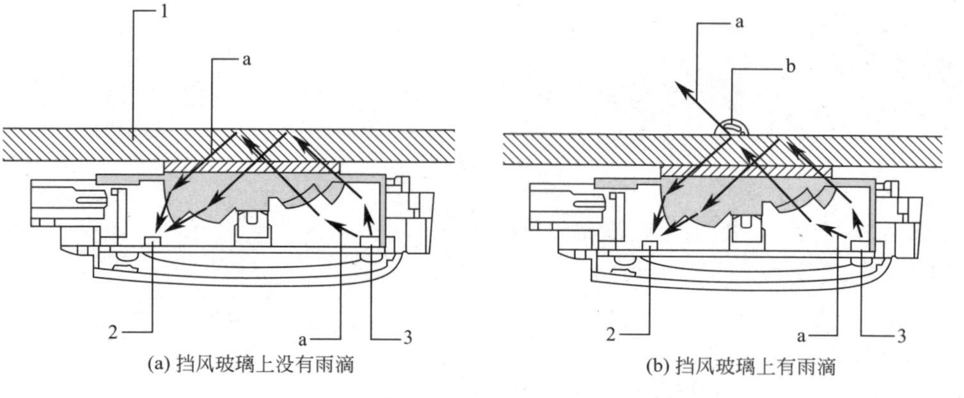

图9-9 红外线式雨量传感器工作原理

a—红外线；
b—雨滴；

1—挡风玻璃；
2—光电二极管；
3—发光二极管LED

（2）检测

2016款丰田皇冠车系雨刮洗涤系统中采用了红外线雨量传感器，其电路如图9-10所示。

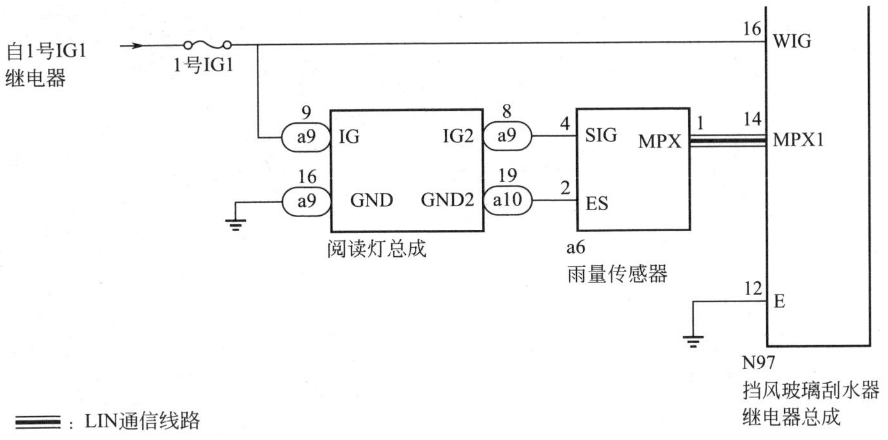

图9-10　2016款丰田皇冠车系雨量传感器电路

雨量传感器a6端子4是来自阅读灯总成插接器a9端子8提供的12V蓄电池电压；端子2为接地端，通过阅读灯总成插接器a10端子19在阅读灯内部接地；端子1输出传感器信号，通过LIN通信线路输送到N97挡风玻璃刮水器继电器总成。

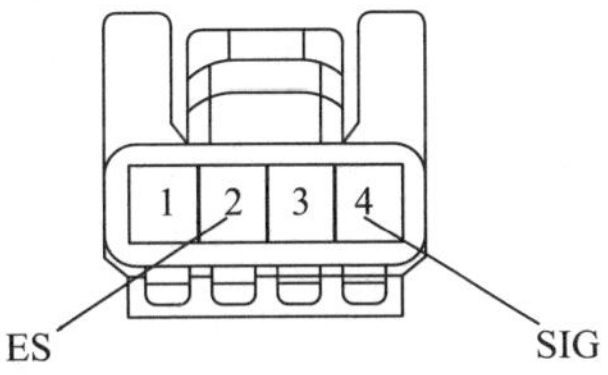

图9-11　雨量传感器a6端子

① 检查雨量传感器供电：关闭点火开关，拆下雨量传感器，断开其插接器（图9-11）；打开点火开关，用万用表电压挡测量端子4与车身接地之间的电压，标准电压为11 ～ 14V。

② 检查传感器输出信号：正常连接好雨量传感器a6插接器，使用示波器检测传感器端子1输出波形。点火开关打开时应产生脉冲波形。

9.2.3　压电式雨量传感器

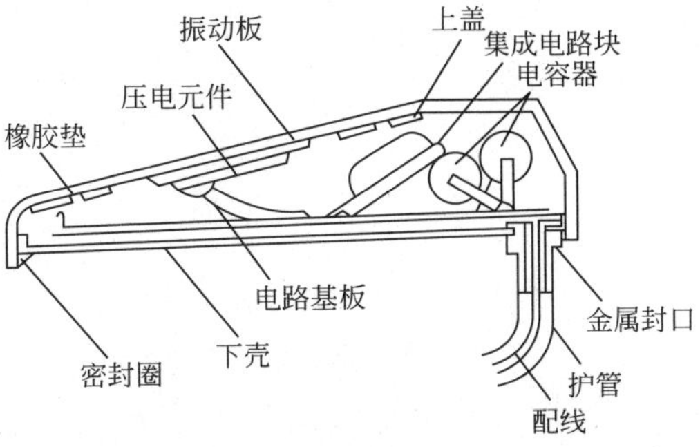

图9-12　压电式雨量传感器

压电式雨量传感器的核心元件是振动板和压电元件。压电式雨量传感器的组成如图9-12所示，主要由振动板、压电元件、放大器、壳体及阻尼橡胶构成。

雨滴落下时会引起振动板的振动，并将振动传递到内侧压电元件上，压电元件把从振动板传递来的变形转换成电压信号。当压电元件上出现机械变形时，两侧的电极上就会产生电压。压电元件上产生电压，电压大小与落到板上的雨滴的能量成正比，一般为0.5～300mV。放大电器将压电元件上产生的电压信号放大后再输入到刮雨器放大器中。

9.3 测距传感器

9.3.1 测距传感器基础知识

目前测定汽车之间或汽车与物体之间距离的方法，根据测量介质的不同，主要有超声波法、红外法、激光法和微波雷达法。

激光法和红外法，由于其检测面太小，探头需要光学窗口，容易被泥沙遮挡，而且在近距离上发挥不理想，因此在汽车上应用较少。

超声波是超过人耳听觉上限的“声波”，频率范围在20～500kHz，是一种人耳听不到的“声波”。超声波产生于机械振动，在空气中传播速度和声音相同，约340m/s。超声波探测距离相对较短，适应测距范围在0.1～3m之间。防水，防尘，少量的泥沙遮挡也无妨。目前主要应用在车辆倒车控制系统中。常见超声波传感器频率为40kHz。

电磁波是由不断变化的电场和磁场互相激发形成的。传播速度和光速相等，每秒30万千米。微波雷达常采用毫米电磁波作为探测介质，故也可称为毫米波雷达。微波具有探测距离远、穿透能力强、运行可靠以及实时性佳等优点。并且测量性能受环境及天气等外界因素的影响较小，可直接探测获得车辆与前方目标车的距离和相对速度信息。因此常被用在汽车主动安全系统中，如自适应巡航控制系统ACC、预碰撞安全系统中。

9.3.2 超声波距离传感器

人耳听到的声音的频率是有限的，超出人耳可听到的频率的高频声波称为超声波。声呐装置发出超声波，再测定超声波遇到障碍物返回的时间，在控制单元内把这一时间转换成距离并显示出来。

超声波传感器在汽车上的主要应用就是汽车倒车系统。汽车倒车系统采用的是中距离超声波传感器。此系统有两对超声波传感器，并均匀地分布在汽车后保险杠上，其中两个为发射器、两个为接收器。该系统由微机进行自动检测、控制、显示及报警。

宝马车系驻车距离监视系统采用了8个超声波传感器，前后保险杠各安装了4个。用于测量前后方车辆或障碍物距离，如图9-13所示。

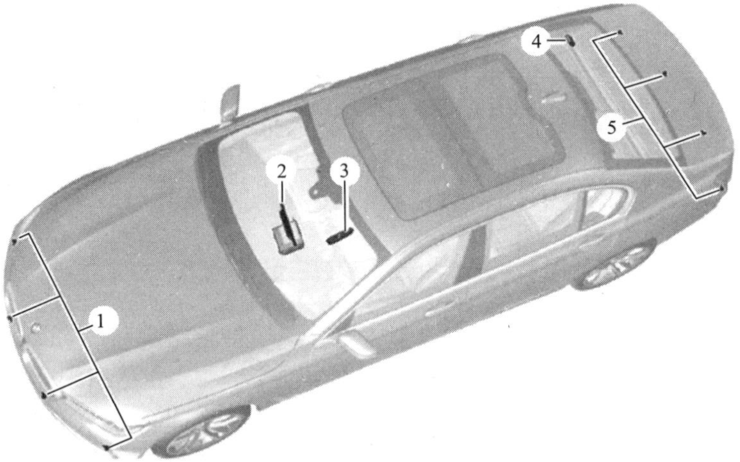

图9-13　宝马车系驻车距离监视系统

1—前部超声波传感器；
2—中央信息显示屏；
3—操作单元；
4—驻车辅助控制单元；
5—后部超声波传感器

宝马车系安装了驻车操纵辅助系统，在车速低于6km/h时，超声波传感器检测到前后方有障碍物时，该系统会自动制动车辆直至停车为止。在操作加速踏板且在出现障碍物的情况下，会进行制动器预调节并提醒驾驶员轻踩制动踏板；在未操作加速踏板且与障碍物距离很近的情况下，该功能会以最大制动力制动直至停车为止。这样可避免发生碰撞并降低损坏程度。

9.3.3　电磁波测距传感器（毫米波雷达传感器）

（1）结构与原理

测距传感器又称雷达传感器，主要用于自适应巡航系统、自动泊车系统、倒车系统等，尤以自适应巡航系统和碰撞预测安全系统应用最为普遍。

丰田皇冠（2016款）、丰田凯美瑞（2016款混合动力车型）巡航系统和碰撞预防安全系统中所采用的毫米波雷达传感器结构与原理相同，安装位置如图9-14所示。

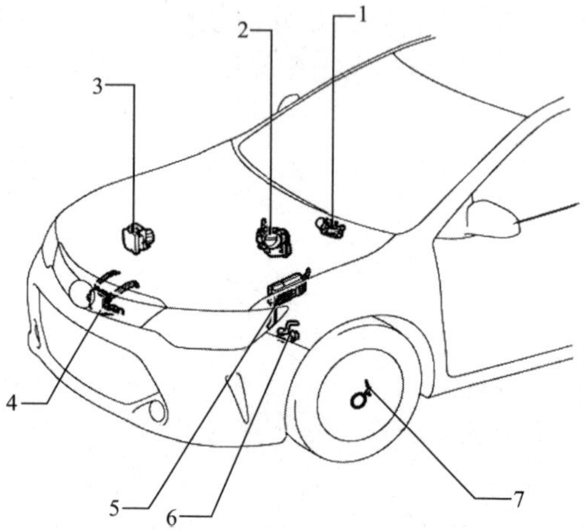

1—刮水器电动机；
2—节气门；
3—防滑控制ECU；
4—毫米波雷达传感器；
5—ECU；
6—驻车/空挡位置开关；
7—转速传感器

图9-14　毫米波雷达传感器安装位置

毫米波雷达传感器总成由毫米波雷达电路、信号处理电路和CPU组成。车速不低于2km/h时，毫米波雷达输出雷达波。毫米波雷达使用76.5GHz波段的频率。

接收天线接收反射的毫米雷达波，信号处理电路通过产生毫米雷达波并计算接收天线接收到的信号检测物体的距离、相对速度和方向，然后将该信息传输至行驶辅助ECU总成，如图9-15所示。

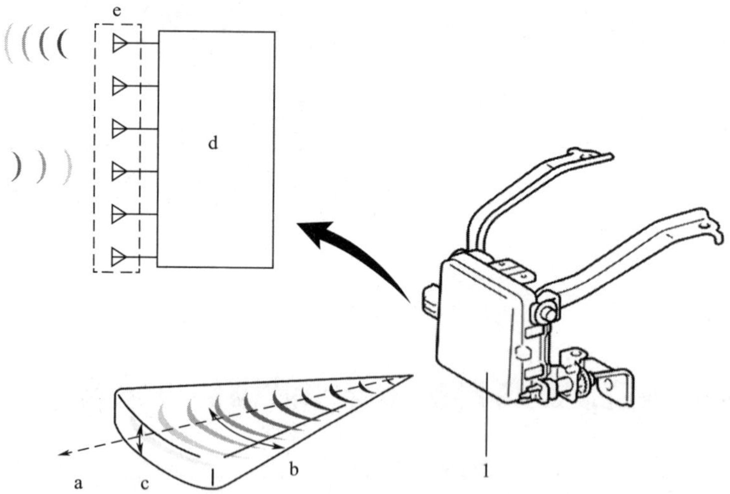

图9-15　毫米波雷达传感器组成

1—毫米波雷达传感器；
a—检测距离（约150m）；
b—水平角度（约20°）；
c—垂直角度（约4°）；
d—信号处理电路；
e—毫米波雷达电路

距物体的距离、方位角和相对速度是根据反射的毫米雷达波所提供的信息计算出来的。计算方法如表9-1、图9-16所示。

表9-1　距离、方位角和相对速度计算方法

项目	计算方法
距离	根据从毫米波雷达开始发射雷达波到毫米波雷达电路接收到反射波所用的时长来计算。检测距离约为150m（490ft）
方位角	根据反射的毫米雷达波的接收角度来计算。检测角度为水平角度约20°、垂直角度约4°
相对速度	利用反射的毫米雷达波频率的变化（多普勒效应）计算相对速度

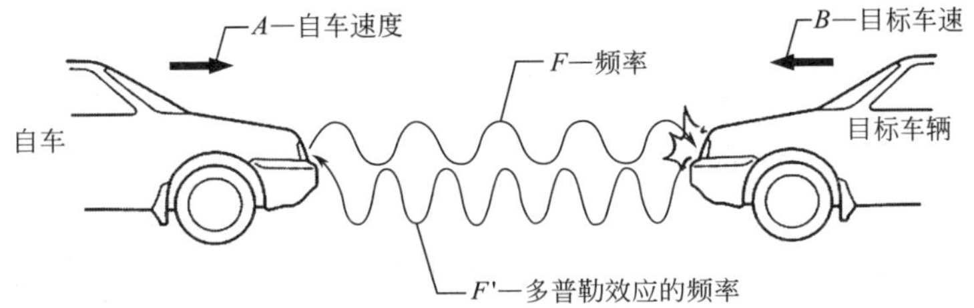

通过运用下列公式，可计算出目标车速B

$$F'=\frac{V+B}{V-A}F \quad V—波速$$

图9-16　距离、方位角和相对速度计算方法

毫米波雷达在真空中使用30～300GHz之间的极高频率和1～10mm的极短波长。碰撞预测安全系统的毫米波雷达传感器采用76.5GHz波段内的频率，如图9-17所示。

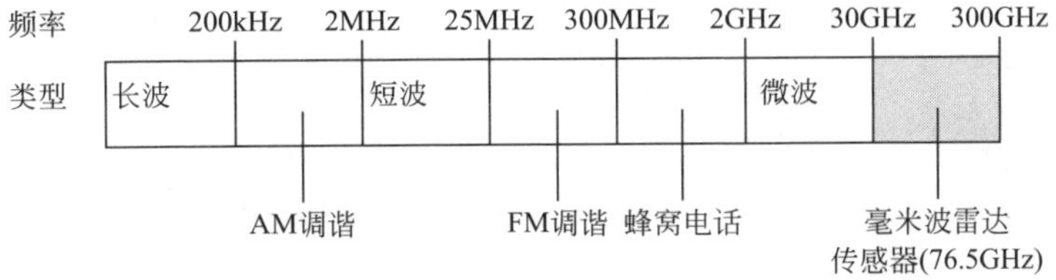

图9-17　波长频率

毫米波雷达不宜受天气状况，如雨、雾或雪的影响，具有良好的物体识别特性。因此，非常适用于碰撞预测安全系统和动态雷达巡航控制系统。

（2）毫米波雷达传感器的调整

毫米波雷达传感器信号不正常，会在碰撞预防安全系统控制单元中存储故障

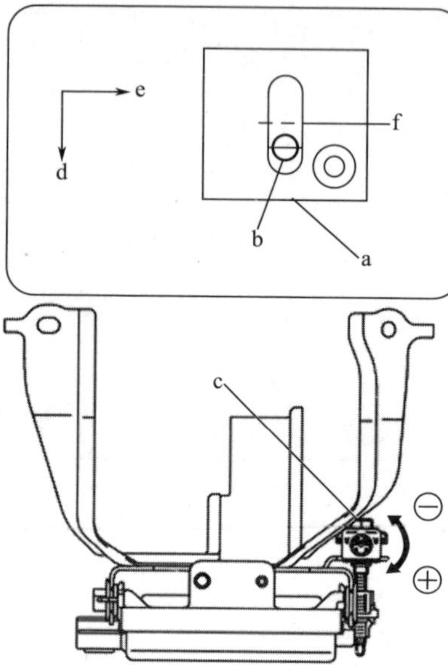

图9-18　传感器水平调整示意图

a—等级；
b—气泡；
c—螺栓；
d—车辆前部；
e—车辆左侧；
f—0°

码。确定传感器信号不正常后，需要先进行传感器调整，传感器本身不允许维修，只能更换总成。

水平调整传感器总成：确保车辆停在水平路面上。调整前需要先检查轮胎压力，并从车上卸下超重物，如行李。拆下冷气进气管密封。

清除毫米波雷达传感器水平支架上的尘土、油污和异物。在毫米波雷达传感器水平支架上固定水平仪。检查水平仪气泡是否在红色框内。如果气泡不在红色框内，则使用螺钉旋具调整螺栓，直到气泡在红色框内为止，如图9-18所示。调整方法如表9-2所示。

表9-2　调整方法

调整方向	调整步骤	调整角度
向上	将螺钉旋具向正（+）侧转动	螺钉旋具转动一圈时，调整约0.12°
下倾	将螺钉旋具向负（–）侧转动	

9.4 转矩传感器

9.4.1　转矩传感器基础知识

转矩传感器主要用于电子控制的转向系统中，如电动助力转向系统、主动转向系统、随速转向系统等。转矩传感器用来测量驾驶员操纵方向盘的转向力矩，并将其转变为电子信号输出至控制单元，从而决定助力的程度和附加角度的大小。

转矩传感器通过检测弹性扭转杆因方向盘的扭矩所产生的变形角度来测量方向盘操纵力矩。当操作方向盘时，转向扭杆将产生扭转变形，其变形的扭转角与方向盘所受扭矩成正比。因此只要测定扭转角大小，即可知道转向力的大小。

按照测试元件是否与旋转部件接触，转矩传感器可以分为接触式转矩传感器和非接触式转矩传感器。按照工作原理的不同，转矩传感器可以分为霍尔式、光电式、电位计式、电感式、分相器型、磁阻式等类型。近年来霍尔式和磁阻式转矩传感器越来越多地应用到了汽车转向系统中。

9.4.2 霍尔式转矩传感器

(1) 安装位置识别

霍尔式转矩传感器是利用霍尔效应原理，将驾驶员施加在方向盘上的力矩转换为电信号输送给转向控制ECU。奥迪A6、A7、Q5、Q7等车系采用的霍尔式转矩传感器安装在转向机构主动齿轮上，如图9-19所示。

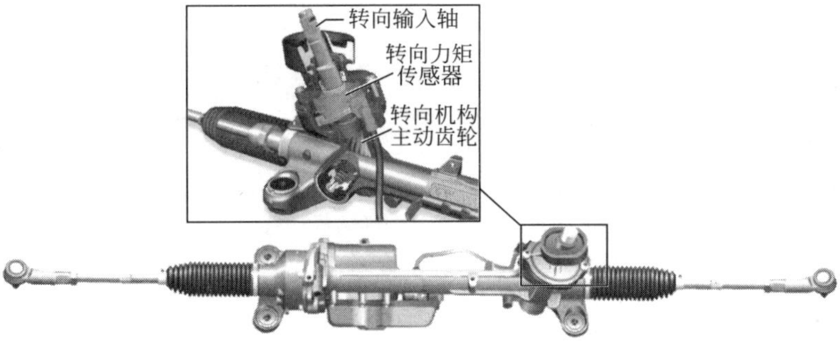

图9-19 奥迪车系转矩传感器安装位置

(2) 结构与原理

霍尔式转矩传感器结构如图9-20所示，主要由环形磁铁、定子1和定子2、霍尔传感器等组成。

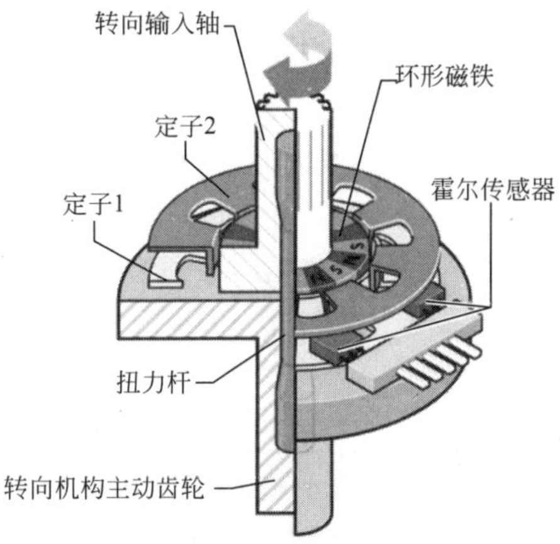

图9-20 霍尔式转矩传感器构造

在转向力矩传感器上，转向输入轴和转向机构主动齿轮是通过一根扭力杆连接起来的。该扭力杆有一定的抗扭能力。

转向输入轴上有个16极环形磁铁（8个极对），该磁铁与转向输入轴一同转动。转向机构主动齿轮上有两个定子，每个定子8个齿，定子与转向机构主动齿轮一同转动。在初始位置时，定子上的这些齿正好位于环形磁铁上相应的南极和北极之间。霍尔传感器与壳体刚性连接，不随着转动。

该传感器工作时是非接触式的，它利用磁阻效应原理来工作。定子1和定子2之间磁通量强度和方向就是转向力矩的直接量度，由两个霍尔传感器（冗余布置）来测量。根据所施加的转向力矩大小（其实就是扭转角大小），霍尔传感器的信号就在零位和最大位置之间变动。

① 零位。转矩传感器在零位时，定子1和定子2的齿正好位于两磁极之间，如图9-21（a）所示。因此，定子1和定子2都不是朝南或朝北。在这两个定子之间没能建立起磁场。这两个霍尔传感器采用5V的输入电压供电。由于在这两个定子之间没能建立起磁场，因此这两个霍尔传感器输出电压为2.5V，这表示转矩为零，如图9-21（b）所示。

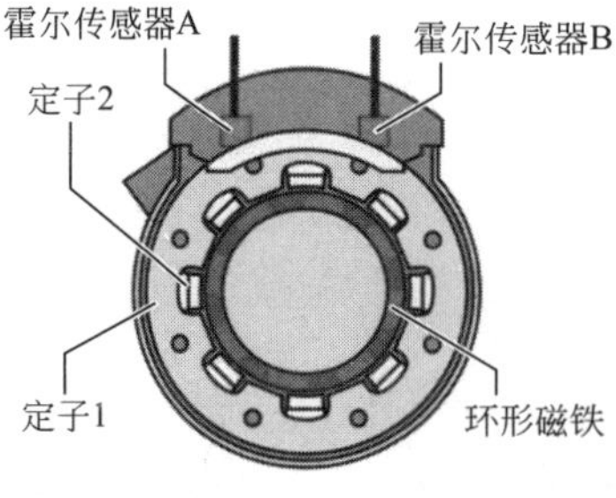

(a) 定子在两极之间

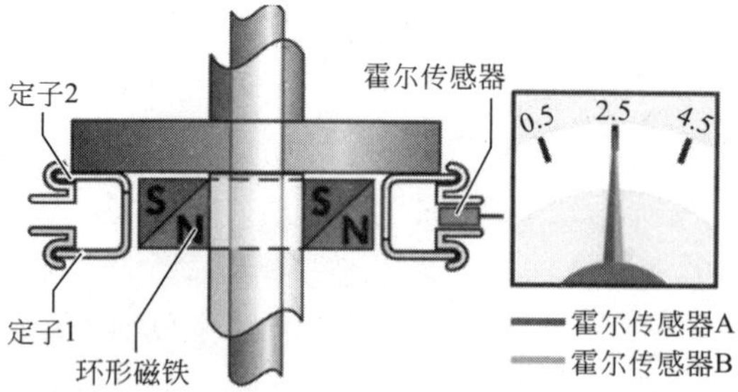

(b) 没有产生电压

图9-21　转矩传感器在零位原理

② 最大位置。如果转动了方向盘，那么转向输入轴和转向机构主动齿轮之间就会产生一个扭转角，环形磁铁相对于定子1和2就扭转了。如果定子1的8个齿正好在环形磁铁的北极上，同时定子2的8个齿正好在环形磁铁的南极上，那么传感器就是在最大位置上了。这就是说，定子1对准北极了，而定子2对准南极了，如图9-22（a）所示。

此时两个定子之间会建立起磁场，霍尔传感器会侦测到这个磁场并将其转换成电信号，如图9-22（b）所示。

如果霍尔传感器A输出4.5V最大电压，那么霍尔传感器B就输出0.5V最小电压。如果方向盘转动方向与此相反，那么霍尔传感器A输出0.5V，而霍尔传感器B输出4.5V。

如果转矩传感器损坏，则必须更换转向器了。电控单元识别出故障，控制单元会根据转向角和电机转子角计算出一个转向力矩替代信号。转向助力功能将逐渐被关闭。

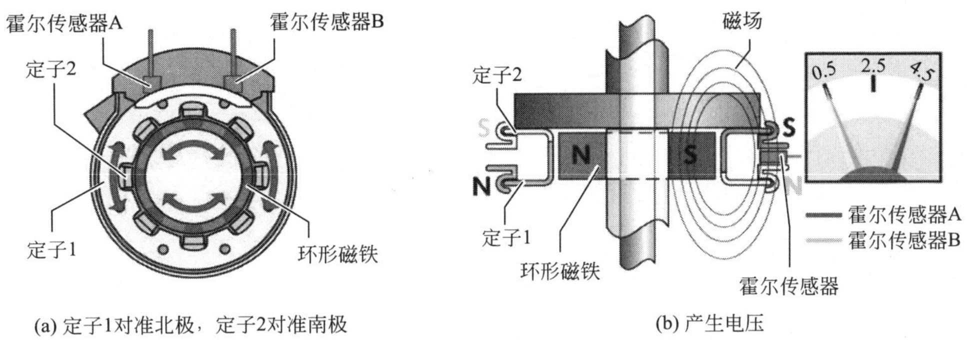

图9-22　转矩传感器在最大位置原理

9.4.3　光电式转矩传感器

光电式转矩传感器是利用光电转换原理制成的，它具有很高的精确度和可靠性。

光电式转矩传感器由遮光板、扭力杆、光电元件组（包括发光二极管和光敏晶体管）、转矩传感器模块等组成。当方向盘转动时，因转向阻力的存在，扭力杆变形。因此光电元件组输出的光电信号有差异。转向时的扭矩越大，扭力杆变形越大，差异越大，转矩传感器模块则转向ECU输出相应的信号。

光电式转矩传感器与光电式方向盘角度传感器原理基本相同，可见5.7.1节，这里不再赘述。

9.4.4　电位计式转矩传感器

电位计式转矩传感器的核心部件是扭力杆和电位计。转向轴中间连接着扭力杆，其作用是将驾驶员作用在转向盘上的转矩转换为扭转角位移。再由电位计将角位移转换为相应的电压输出。

汽车转向时扭力杆的扭转变形使电位计滑片与电阻有相对地转动，电位计的电阻相应改变，通过集电环输出相应的电压信号。

9.4.5　磁阻元件式转矩传感器

为了感知驾驶员的转向意图，在转向轴中安装一扭杆。为了测量转动和与此相应的转矩，在扭杆的一侧安装一个磁阻传感器。该传感器检测固定在扭杆另一侧的多极磁轮的磁场。多极磁轮转动，磁阻传感器中的磁阻元件电阻发生变化，从而引起输出电压的变化。该变化的电压经过放大器电路放大后输送到转向控制ECU，ECU根据此信号计算转矩。磁阻元件式转矩传感器原理如图9-23所示。

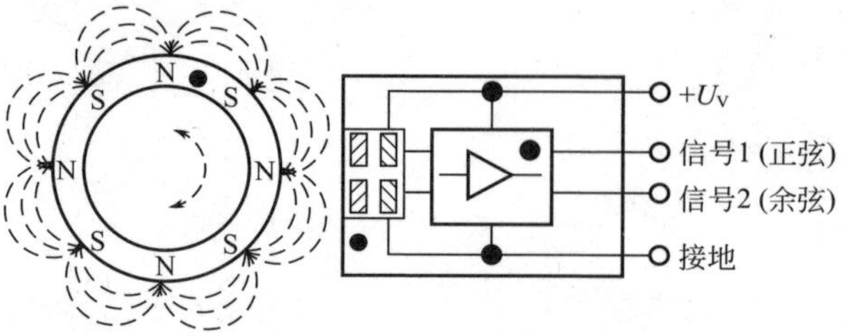

图9-23　磁阻元件式转矩传感器原理

附录 汽车导线线径及颜色表示方法

（1）导线线径

导线的线径是指导线的截面积，单位为mm^2。所谓截面积，是指经过换算而统一规定的线芯截面积，不是实际线芯的几何面积，也不是各股线芯几何面积之和。

导线的截面积主要根据其工作电流选择，但是对于一些工作电流较小的电器，为保证具有一定的机械强度，汽车电器中导线截面积不得小于$0.5mm^2$。各种低压导线标称截面积所允许的负载电流见附表1。

附表1　低压导线标称截面积允许负载电流值

导线标称截面积/mm^2	1.0	1.5	2.5	3.0	4.0	6.0	10	13
允许电流值/A	11	14	20	22	25	35	50	60

（2）导线颜色

为了便于汽车电路系统的连接和维修，汽车用导线一般都使用颜色区分。有单色导线和双色导线，部分车型还有三色导线。

单色导线整条导线颜色为某一种颜色，各国汽车厂商在电路图上大多以英文字来表示导线外皮的颜色及其条纹的颜色。国产车一般用1个字母表示一种颜色。日本车系常用单个字母表示，个别用双字母。

汽车的部分电路系统导线采用双色线。双色线采用附表3中两种颜色组成，用两个字母表示，前面字母表示主色，后面的字母表示辅助色，辅助色为环绕布置在导线上的条色带或螺旋色带。如丰田车系的L-Y，即为蓝色主色、黄色辅助色的导线，如附图1所示。

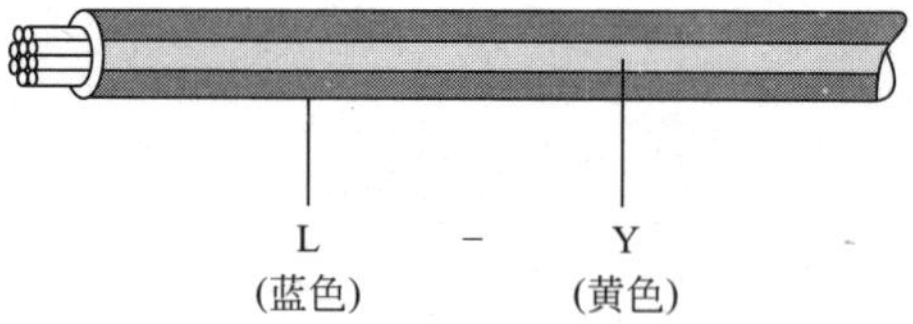

附图1　丰田车系双色导线表示方法

大众车系双色导线为螺旋色带，同样是主色在前辅助色在后。大众车系电路图导线线色表示如附表2所示，电路图如附图2所示。

附表2　大众车系导线颜色代码

字母	sw	ws	bl	ro	gn	ge	br	gr	li	or	rs
线色	黑色	白色	蓝色	红色	绿色	黄色	褐色	灰色	淡紫色	橘黄色	粉红色

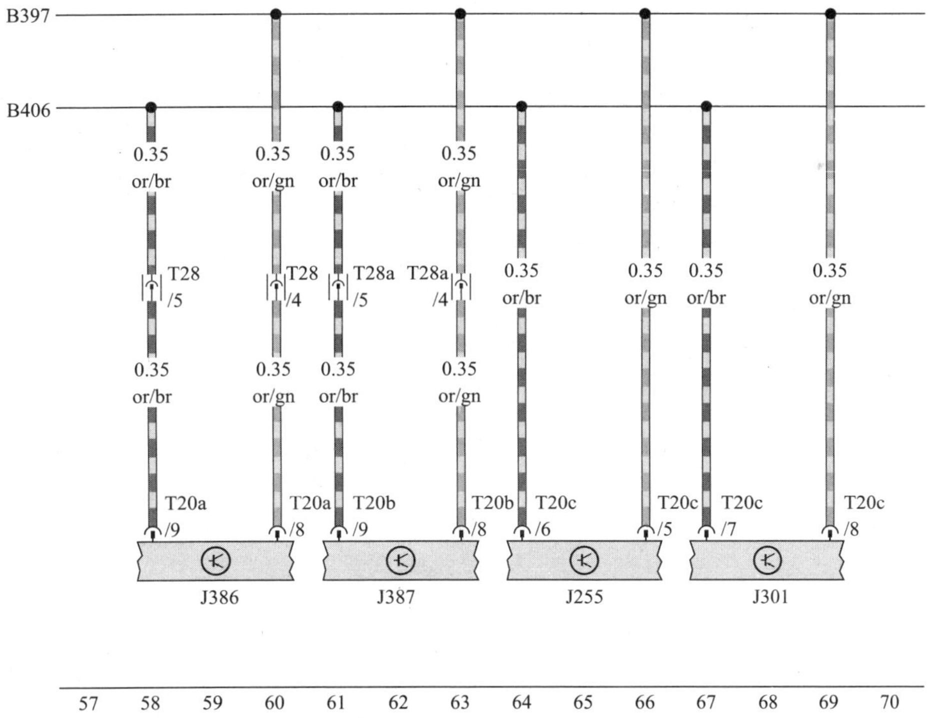

附图2　大众车系双色导线的表示方法

汽车电路中以双色为基础选用时，一般各用电系统的电源、接地为单色，其余为双色。常见车型导线颜色代码如附表3所示。

附表3　常见车型导线颜色代码

颜色	全称	国产车	丰田	本田	通用	福特	宝马	奔驰	三菱
黑色	Black	B	B	BLK	BLK	BK	BK	SW	B
棕色	Brow	Br	BR	BRN	BRN	BR	BR	BR	BR
红色	Red	R	R	RED	RED	R	RD	RT	R
黄色	Yellow	Y	Y	YEL	YEL	Y	YL	GE	Y
绿色	Green	G	G	GRN	GRN	GN	GN	GN	G
蓝色	Blue	Bl	L	BLU	BLU	BL	BU	BL	L
灰色	Grey	Gr	GR	GRY	GRY	GY	GY	GR	GR
白色	White	W	W	WHT	WHT	W	WT	WS	W
粉红色	Pink	P	P	PNK	PNK	PK	PK		P

续表

颜色	全称	国产车	丰田	本田	通用	福特	宝马	奔驰	三菱
橙色	Orange	O	O	ORN	ORN	O	OR		O
褐色	Tan		BR		TAN	T	TNSW		
深蓝色	Dark Blue				DKBLU				
深绿色	Dark Green				DKGRN				
浅蓝色	Light Blue		SB		LTBIU				SB
浅绿色	Light Green		LG		LTGRN				LG